한국외국어대학교 국제지역연구센터
HK+국가전략사업단 학술총서

북방 문화의 갈등과 통합

이 책은 2020년 대한민국 교육부와 한국연구재단의 지원을 받아 수행된 연구임
(NRF-2020S1A6A3A04064633)

한국외국어대학교 국제지역연구센터
HK+국가전략사업단 학술총서

북방 문화의 갈등과 통합

정기웅 | 김진형
이은경 | 송병준
윤지환 | 박근찬
강준영 | 정보은
이광태 | 정원대
정태요 | 전세영

한국학술정보

한국외국어대학교 국제지역연구센터 HK+국가전략사업단은 한국연구재단의 '초국적 협력과 소통의 모색: 통일 환경 조성을 위한 북방 문화 접점 확인과 문화 허브의 구축'이라는 과제를 2020년부터 7년 연구과제로 진행하고 있습니다. 본 총서는 2년 차 연구의 주제인 '접점의 모색과 확인'이라는 연구 결과를 모은 것입니다. 접점의 모색과 확인은 '인문 공간의 탐색'과 '통일환경조성을 위한 소통과 통합 정책의 추구'라는 양 갈래 하에 이루어지고 있습니다.

본 총서에 실린 12편의 논문들은 이러한 흐름 속에서 이루어진 연구자 각자의 관심 분야에 대한 천착과 사색의 결과입니다. 연구의 내용은 노태우 정부 이래 역대 한국 정부의 북방정책에서부터 북방 문화의 교류와 충돌 양태 및 경제, 영토, 공공외교, 애니메이션, 문화 이론에 이르기까지 매우 다양합니다. 본 사업단은 이러한 내용을 대표할 수 있는 표제로 '북방 문화의 갈등과 통합'을 선택하였습니다. 갈등 하에서도 소통의 확대를 통한 협력의 추구를 바탕으로 언젠가는 진정한 통합에 이르게 되길 기대해 봅니다.

앞으로도 우리 사업단의 총서 시리즈에 많은 관심과 격려 부탁드립니다.

감사합니다.

한국외국어대학교 국제지역연구센터
HK+국가전략사업단장 강준영

노태우 정부 이후 역대 정부의 북방정책: 통일정책에서 국가전략으로*

Ⅰ. 들어가는 말

문재인 대통령은 2017년 6월 26일 북방경제를 주관하기 위한 위원회 설립을 지시하였고, 이에 근거하여 동년 8월 '북방경제협력위원회'가 출범하였다.[1] 동년 9월 7일 러시아 블라디보스토크에서 개최된 제3차 동방경제포럼에 참석한 문재인 대통령은 기조연설을 통해 '신북방정책' 구상을 제시하였다(청와대 2017). 1988년 노태우 대통령의 취임사에서 '북방외교'가 등장하고[2] 이후 연달아 성사된 공산권과의 외교정상화로 스포트라이트를 받았지만 다음 정부들에서는 그 존재감이 희미하였던 한국정부의 '북방정책'이 한 세대 이후 다시 전면에 대두된 것이다.[3]

---

* 이 글은 『국제지역연구』 제25권 제1호(2021.01)에 게재된 "노태우 정부 이후 역대 정부의 북방정책: 통일정책에서 국가전략으로" 논문을 수정·보완한 것입니다.

한국 북방정책의 탄생에 관해서는 논자에 따라 여러 다른 주장이 존재하지만, 대개의 경우 박정희 대통령이 1973년 6월 23일 발표한 '평화통일에 대한 외교정책 특별선언' 즉 소위 '6·23선언'을 그 시발(始發)로 간주한다. 할슈타인 원칙(Hallstein Doctrine)의 포기와 사회주의권 국가들에 대한 문호개방을 선언했던 '6·23선언'은 특별하게 언급될만한 결과를 낳지는 못했지만, 이후 전두환 정부 시기 이범석 외무장관의 '북방정책' 연설과[4] 노태우 정부 시기의 '북방정책'으로 연결된다.

북방정책의 등장은 휴전 이후 한 세대에 이르는 기간 동안 냉전적 양극구조에 종속되어 피동적 위치를 벗어나지 못하고 있던 한국외교가 일대 전환점을 맞게 되었음을 의미한다. 탈냉전으로 상징되는 신국제질서의 도래는 한국외교의 피동성과 체계종속성이라는 한계를 벗어날 수 있는 기회를 제공하였고, 한국외교는 이 기회를 적극 활용하고자 하였다. 북방정책은 특히 한미동맹으로 상징되는 한국외교 중심축의 변화가능성을 제시하였다.

체계적 환경 변화의 도래 이후, 한국외교는 북방정책으로 상징되는 변신의 노력을 거듭해 왔으며, 체계적 구속성과 약소국으로서의 한계성을 극복하고자 하였다. 그 결과 오늘날 문재인 정부에 이르러서는 중견국으로서의 가치외교를 기치로 내걸고 한반도 운전자론으로 상징되는 외교의 자주성 및 동맹의 동등성과 상호성을 그 어느 때 보다 강하게 주장하고 있다. 한반도 신경제지도 구상 및 '동북아플러스 책임공동체 형성'이라는 문재인 정부의 비전은 이러한 외교적 지향성의 발로(發露)라고 할 것이다.

이처럼 북방정책의 탄생은 한국외교사에 하나의 커다란 획을 그은 것은 물론, 한국외교의 전환을 이룬 계기가 되었다고 평가되지만, 노태우 정부의 퇴장과 함께 그 존재감이 희미해졌고, 문재인 정부에 들어와 신북방정책이 주창되기 전까지는 '지나간 시절의 흘러간 외교정책' 정도로 간주되었던 경향이 있었음을 부인할 수 없다. 그러나 '북방정책'이라는 동일한 명칭이 사용되지 않았을 뿐, 대한민국 외교정책의 역사 속에서 북방에의 지향성은 면면부절 존재해 왔다. 특히 1987년 민주화 이후 출범한 역대 대한민국 정부들은 그 외교정책에 있어 특정한 방향성을 특별한 어휘로 천명하여왔는데, 각자의 독특성 속에서도 한 가지 변하지 않는 것은 어떠한 형태로든 북방에 대한 지향성이 포함되어 있었다는 것이다.

이것은 무엇 때문인가? 본 연구는 북방을 향한 우리의 갈망의 근원으로서 세 가지를 제시하고자 한다. '첫째, (과거: 지극히 민족주의적인 관점에서) 잃어버린 고토(古土)에 대한 향수와 우리 핏속에 흐르고 있(다고 주장되어지곤 하)는 북방 DNA, 둘째, (현재: 현실적 관점에서) 경제영토 확장에 대한 열망, 셋째, (미래: 이상적 관점에서) 통일에 대한 희구'가 그것이다. "과거는 기억을 통해 현재에 재현되고, 미래는 기대를 통해 우리의 삶에 현재화된다(홍원표 2011, 18)"는 언명처럼 북방에 대한 우리의 갈망은 과거와 현재, 그리고 미래의 세 측면을 모두 포괄한다. 따라서 북방정책의 탄생과 그 변화 및 발전과정에 대해 고찰하는 것은 한국외교의 과거를 돌이켜보고 현재를 점검하며 미래를 대비하기 위해 반드시 필요한 작업이라고 생각된다.

이러한 인식 하에 본 연구는 노태우 정부 이후 김영삼, 김대중, 노무현, 이명박, 박근혜, 문재인으로 이어지는 대한민국 정부의 북방정책을 검토하는 것을 목적으로 한다. 연구의 구성은 다음과 같다. 가장 먼저 우리가 의미하는 북방에 대해 논하고, 북방정책의 탄생과 정체성을 고찰한다. 이후 역대정부의 북방정책과 남북한 관계를 살펴보고, 세 가지 분석수준의 시각에서 북방정책을 검토한다. 이러한 연구결과를 기반으로 북방정책의 변화를 평가하고, 결론으로서 향후 북방에 대한 우리 외교정책의 지향점을 제시할 것이다.

II. 북방과 북방정책

1. 북방의 의미

지리적 방향성으로서의 북쪽을 지칭하는 '북방'이라는 용어의 사용은 우리에게 매우 일상적인 것이지만, '북방정책'과 관련되었을 때의 '북방'은 좀더 복합적인 의미를 갖는다. '북방정책'의 출범 이후, 정책용어로서의 '북방'이 의미하는 바는 꾸준히 변해왔다고 볼 수 있다.

북방외교의 태동기 국립외교원의 전신인 외교안보연구원은 "북방외교는 한국 북쪽에 있는 소련, 중국, 북한과 ① 개별적으로, ② 2개국과 동시에, ③ 혹은 중·소·북한과 동시에 관계개선을 구하는 외교정책과 외교행위를 뜻함"이라고 정의하였다(외교안보연구원 1988). 이때의 북방은 매우 한정적인 의미로 사용되고 있음을 알 수 있다.

한 세대가 지난 2017년의 북방은 훨씬 많은 국가, 넓은 지역을 지칭한다. 신북방정책의 주요 추진주체라고 할 수 있는 북방경제협력위원회가 규정하고 있는 신북방대상국가는 '러시아, 몰도바, 몽골, 벨라루스, 아르메니아, 아제르바이잔, 우즈베키스탄, 우크라이나, 조지아, 중국(동북3성), 카자흐스탄, 키르기스스탄, 타지키스탄, 투르크메니스탄(가나다 순)'의 14개국이다.[5]

1988년이나 2017년의 두 경우 모두 '북방'의 대상이 무엇인지 밝히고 있지만, '북방정책'이라는 용어에서 사용되는 '북방'이라는 단어가 어떤 공간적 확정성을 갖는다고 규정짓는 것은 적절치 않을 것 같다. 그것은 우리가 사용하는 '북방'이 매우 다양한 의미를 갖기 때문이다. '북방'은 지리적으로 북쪽에 위치한 국가들을 가리키기도 하고, 북한과 관계있는 국가들을 가리키기도 하며, 구 공산권 국가들을 지칭하거나, 한반도 북쪽의 모든 땅들, 즉 중국과 러시아는 물론 저 멀리 중앙아시아와 동유럽까지를 포함하기도 한

다. 이 중 어느 특정한 지역만을 북방으로 규정짓기에는 '북방정책'이 갖는
함의가 너무 크고, 전술한 모든 것을 타 포괄하기에는 우리의 현실적 역량이
미치지 못한다.

아렌트(Hannah Arendt)는 '어느 것이 나타나는 한 그것은 단일의 형태로 존
재할 수 없으며, 모든 것은 누군가에 의해 지각되기 마련'이라고 주장하였다
(Hannah Arendt 지음, 홍원표 옮김 2019, 66). 아렌트의 방식을 빌려 쓰자면 북방이란
'인식의 맥락에서 우리가 규정하는 공간'이며 이 '규정된 공간'은 단일의 형
태로 존재하지 않는 동시에 우리의 행동을 구속한다고 말할 수 있을 것이다.
즉 북방정책 및 그와 관련된 연구에서 의미하는 '북방'이란 지리적으로 고정
된 어떤 공간이라기보다는 '화자의 목적과 의도, 연관된 의제 및 이슈'에 따
라 그 의미가 구성되고 변화되어 온 복합적이고 중층적인 '상상의(imagined)'
영역이며, 그 성격은 매우 '가변적(variable)'이자 '구성적(constructive)'이라고 이
해하는 것이 보다 적확할 것이라고 생각한다.

2. 북방정책의 탄생

전술한 바와 같이 북방정책은 비적성국가에 한하여 대공산권 문호개방을
천명한 1973년의 6·23선언과 1983년의 북방외교의 천명에서 그 연원을 찾
아볼 수 있다. 이를 감안한다면 북방정책을 노태우 정부의 독창적 착상이라
고 보기는 힘들다. 그러나 북방정책이 실질적으로 작동하고 주목받게 된 것
은 노태우 정부 시기였다는 점은 부인할 수 없다. 북방정책은 어떻게 탄생되
었는가?

한반도는 그 지정학적 위치로 말미암아 국제정세의 영향을 크게 받아온
땅이다. 그리고 그러한 국제정세의 영향은 긍정적인 경우보다는 부정적인

경우가 훨씬 많았다. 20세기 초반, 우리가 결코 원치 않았음에도 경험해야 했던 식민의 시절과 해방과 분단, 전쟁과 휴전, 그리고 분단의 고착화와 냉전적 상황들은 한국외교에 있어 결정적 제약구조로서 작동하였다. 특히 전쟁과 분단은 세계적 차원의 냉전과 맞물리면서 매우 공고한 구도로 한국외교와 우리의 삶을 지배해왔다(김경원 2006; 김태현 1998; 오기평 1994; 정일영 1993; 홍현익 2012).

탈냉전은 우리에게 이러한 구조적 제약으로부터의 탈출을 꿈꿀 수 있는 기회를 제공하였다. 1970년대 초반 도래하였던 데탕트의 시기가 남북관계 개선의 기회를 제공하였던 것처럼, 1980년대 후반 세계적 차원에서 진행된 탈냉전의 움직임과 화해·협력의 조류는 남북관계에 있어서도 새로운 화해와 협력의 기회를 제공하였으며, 한국외교를 지배해 왔던 냉전구조로부터의 탈출을 시도하게 하였다.

냉전적 적대구조로부터의 탈출을 꿈꾸는 가운데 한국정부는 1988년 7월 7일 '민족자존과 통일번영을 위한 대통령 특별선언' 즉 소위 '7·7선언'을 발표하고 민족공동체로서의 남북이라는 인식 하에 남북관계의 획기적 개선을 추구하였다. 이를 위해 남북 간의 직접적 접촉 보다는 우회적 접근법을 택하였으며, 이는 공산권과의 관계개선 및 수교로 나타났다. 1988년 8월 헝가리와의 상주대표부 교환설치 및 1989년 2월의 국교수립을 시작으로 폴란드, 유고슬라비아, 체코슬로바키아, 불가리와 등과 연이어 수교의정서에 서명함으로써 공산권과의 관계개선을 적극 추진하였고, 이러한 일련의 국교수립외교는 1990년 9월의 한소수교(韓蘇修交), 1992년 8월의 한중수교(韓中修交)로 그 정점에 이르게 되었다.

3. 북방정책의 정체성

북방정책의 특성에 대해서는 여러 가지 다양한 견해가 존재하지만, 지금 껏 논의된 바를 바탕으로 정리하면 대략 세 가지 중층적 성격을 갖는 것으로 정리할 수 있을 것 같다. 그것은 통일정책, 외교·안보정책, 그리고 국가전략 으로서의 모습이며,[6] 이들 세 가지 특성은 서로 독립적이기보다는 상호의존 적인 동시에 복합적이고도 중층적으로 존재한다. 즉 통일정책과 외교정책, 그리고 국가전략의 세 가지 특성들이 결합하여 '북방정책'이라는 하나의 범 주를 구성하고 있다고 정의할 수 있을 것이다(〈그림 1〉 참조).

〈그림 1〉 북방정책의 정체성

북방정책의 초기에는 통일정책과 외교·안보정책으로서의 특성이 강조되 었다. 이 시기에는 북방정책이라는 용어만큼이나 북방외교라는 용어가 빈 번히 사용되었다. 외무부(1992, 44)는 "국제질서와 한반도 주변정세의 변화를 능동적으로 활용하며 한반도 안보환경을 개선시켜 새로운 남북관계를 설정할 목적 하에"북방정책을 본격적으로 추진하기 시작했다고 밝히고 있다. 공보처(1992, 97)는 북방외교의 목표를 "중·소를 비롯한 전통적인 친북한 사회주의 국가와의 관계 정상화를 이룩함으로써 북한으로 하여금 한반도의 현실을 받아들이도록 함; 북한이 개혁·개방 정책을 통하여 국제사회의 책임 있는 일원이 되도록 유도함; 북방 사회주의 제국과의 관계정상화를 통하여 종래 서방국가만을 대상으로 하였던 한국외교를 전방위 외교로 광역화시킴; 중·소 등 사회주의 국가와의 통상경제교류 등을 통하여 경제적 실익추구를 도모함" 등으로 정리하고 있다.

상기한 바와 같은 목표를 감안한다면, 북방외교는 사회주의권 국가들과의 실질적인 관계 개선 그 자체보다 "중·소 등과의 관계정상화를 통하여 평양의 문을 두드리는 '간접·우회적 전략'으로 대북한 전략의 성격을 더욱 강하게 띠고 있는" 것이다. 그리고 그 성격은 북한을 고립시키고 약화시킴으로써 우리의 안보를 도모하는 국가안보전략의 성격이 아닌 북한과의 관계개선을 통해 통일의 기반을 조성하는, 즉 위협을 직접적으로 관리하는 국제안보전략의 성격을 갖는다(김태현 1998, 46). 이러한 시각은 북방정책의 통일정책이자 외교·안보 정책으로서의 특징에 주목한다.

전웅(1993, 29)은 북방정책과 북방외교를 결합하여 북방외교정책이란 표현을 사용하면서 그 성격을 "남북한 간의 평화정착과 평화적 통일을 위한 원교근공의 전략이고 간접접근 전략으로서 북한을 협상테이블로 끌어내려는 포위·압력 전략이다. 즉 북한의 배경세력을 동원하는 스리쿠션전략"이라고 규정하였다. 여기서는 북방정책의 통일정책으로서의 모습이 강조되고 있다고 볼 수 있다.

전재성(2003, 23-45)은 북방정책의 목표를 '한반도의 평화정착과 평화적 통일기반 조성, 소련, 중국, 기타 동구권 국가들과의 관계개선을 통한 외교영역 확대와 국제적 지지기반 확충, 경제적 진출과 자원공급원 확보를 통한 국가 이익의 추구' 등으로 보았고, 이 중 가장 중요한 것은 북방으로의 우회를 통한 평화통일의 모색으로 보았다. 북방정책의 출범으로부터 꽤 시간이 흐른 전재 성에 이르러서는 북방정책을 국가전략으로서 파악하는 경향이 드러난다.

　문재인 정부의 신북방정책에 이르러서는 국가전략으로서의 모습이 두드 러지게 부각된다. "신북방정책은 평화를 기반으로 유라시아 국가와의 협력 을 강화하는 대륙전략이다. 남·북·러 3각 협력(나진-하산 물류사업, 철도, 전력망 등) 추진기반을 마련하고 한-EAEU(유라시아경제연합)간 FTA 추진과 중국 '일대 일로' 구상 참여 등을 통해 동북아 주요국 간 다자협력을 제도화하고 나아가 한반도·유라시아 지역을 연계해 나가는 정책이다."[7] 문재인 정부의 신북방 정책에서 통일과 북한은 찾기 힘들다. 통일과 북한 대신 '평화와 번영을 위 한 국가전략'이 자리하고 있을 뿐이다.

　이처럼 시간의 흐름과 주변환경의 변화에 따라 북방정책의 목적성 또한 변화해 왔으며, 이와 같은 변화 가능성과 복합성이 북방정책의 정체성을 구 성하는 중심적 요소로서 작동하고 있다고 볼 수 있다.

III. 역대 정부의 북방정책과 남북한 관계

1. 역대 정부의 북방정책

　노태우 정부시기 적극적으로 추진되었을 뿐만 아니라 화려한 가시적 성 과를 자랑했던 북방정책은 김영삼 정부시기에 들어와서는 그 자취를 감추게 된다. 이는 북방정책이 가져다준 성과에 취해 탈냉전에 대해 북한이 느끼는 위협감과 위기감을 과소평가하고 그로 인해 북한의 반격 혹은 반작용으로 인해 파생될 수 있는 위기적 상황에 대한 대처에 소홀했기 때문이었다고 평가할 수 있다.

노태우 정부시기 한국정부의 북방정책은 대단히 공세적이었다. 이 시기 북한은 수세적 입장에 취해 있었지만, 그것에 근거하여 북한이 미래에도 계속 수세적일 수밖에 없을 것이라고 여겼다면 그것은 전략적 판단 실패에 다름 아니다. 북한이 느꼈던 위기감은 김영삼 정부의 출범과 함께 북한이 공세적 입장에 나섬으로써 '핵 위기'라는 이름으로 표출되었다. 1993년 3월 12일, 북한의 NPT 탈퇴선언으로 촉발된 한반도 위기 상황 하에서 노태우 정부의 '북방정책'의 영광은 흔적도 없이 사라졌다. 핵 위기에도 불구하고, 김영삼 정부는 세계화 정책을 통하여 구 공산권과의 관계를 지속적으로 확대시켜 나갔지만, 노태우 정부시기만큼이나 뚜렷한 목적성을 가진 북방정책이 존재하였다고 보기는 힘들다.

제네바 합의로 김영삼 정부는 핵 위기에서 겨우 벗어났지만, 결국은 경제위기를 극복하지 못함으로써 IMF 쇼크와 함께 퇴장하였다. 이후 출범한 김대중 정부는 경제회복의 강력한 추진과 함께 '햇볕정책'으로 지칭되는 대북 화해 협력 및 포용 정책을 추진하였다. 다행이라고 할까? 한국외교정책의 가장 강력한 구조적 제약요인인 미국 요소가 이번에는 저해 요인으로 작동하지 않았다. 미국의 클린턴 행정부는 구 공산권 국가에 대해 '시장 확대, 민주주의 확산, 미국주도의 다자주의 확립·확산'을 추구하였고, 이러한 가운데 김대중 정부의 대북 포용정책은 큰 무리 없이 추진되었다(이강국 2018, 137).

김대중 정부는 또한 북방정책에 경제적 이익추구를 바탕으로 하는 확장의 개념을 결합하여 강력한 국가전략적 성격을 부여함으로써 향후의 방향성에 큰 영향을 미쳤다. 김대중 정부는 남북철도 연결을 기반으로 한반도 종단

철도(TKR)망과 시베리아 횡단철도(TSR), 중국 횡단철도(TCR), 만주 횡단철도 (TMR) 등이 하나로 연결되는 유라시아 철도망을 '철의 실크로드'라 명명하여 제시하고 유라시아 국가들의 관심과 협조를 요청하였다. 김대중 정부 시절 제시된 북방과의 연결은 노무현 정부의 '동북아 평화번영정책'과 '동북아 물류 중심지화' 구상으로 이어졌으며, 이명박 정부의 '3대 신실크로드'를 거쳐 박근혜 정부의 '유라시아 이니셔티브', 그리고 문재인정부의 '신북방정책'에 이르기까지 그 기본 아이디어가 사라지지 않고 계속해서 이어지고 있다.[8]

〈그림 2〉는 노태우 정부 이후 역대 정부의 북방정책을 정리한 것이다. 각 정부는 각기 다른 표현으로 정책의 목표와 방향성을 제시하였음을 알 수 있다. 그러나 우리의 국가전략 혹은 외교정책에 있어 북한은 변수가 아닌 상수로 존재하며, 따라서 어떠한 형태로든 정책내용에 포함될 수밖에 없을 뿐만 아니라, 북방을 향한 지향성은 사라지지 않는다. 이런 까닭에 북한 핵과 경제위기로 다른 곳에 신경을 쓸 여력이 부족했던 김영삼 정부시기를 제외하고는 이후 모든 정부에서 북방을 향한 정책이 주요한 위상을 차지하고 있음을 확인할 수 있다.

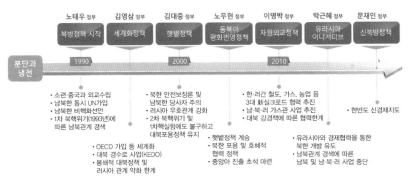

출처: 변현섭 (2020), 6의 표를 저자가 수정.

〈그림 2〉 노태우 정부 이후 역대 정부의 북방정책

2. 역대 정부의 북방정책과 남북한 관계

역대 정부의 북방정책을 고찰함에 있어 북한을 사이에 두고 전개되는 안보정책과 통일정책 사이에 존재하는 본질적 갈등관계와 그것이 주는 제약에 주목할 필요가 있다(백종천·김태현 1998, 14). 안보정책은 본질적으로 현상의 유지를 목표로 하는 보수적인 정책영역인 반면 통일정책은 현상의 변경을 목표로 하는 정책이다. 따라서 두 정책 간에는 본질적 길항관계가 발생할 수밖에 없다.

다른 한편으로, 북한이 갖는 특수성은 한국 정부의 정책적 일관성과 선명성을 저해하는 역할을 한다. 북한은 우리에게 형제인 동시에 적이기도 하다. 이와 같은 이중성은 북한에 대한 일관적 정책설정을 어렵게 만든다. 어디에 초점을 맞출 것인가의 문제를 둘러싼 갈등이 상존하기 때문이다. 특히 민주화와 함께 국내여론에 대한 부담이 커진 상황에서 대북정책 설정에 있어 남남갈등이 제약요인으로 작동하는 상황이 빈번히 발생하였다.

앞서 제2장에서 밝힌 바와 같이 북방정책은 통일, 외교·안보, 국가전략의 세 가지 특성을 동시에 갖고 있지만, 행정부의 성격에 따라 세 가지 특성 중 일부가 더욱 두드러지는 경향성을 노정한다. 이는 시기적 상황과 더불어 북한과의 관계 형성에 있어서도 일정 부분 영향을 끼친다고 볼 수 있다.

〈그림 3〉은 역대 정부의 북방정책과 두드러진 정책지향성 및 남북간 관계진전의 방향성을 저자 임의로 표시한 것이다. 쉽게 확인할 수 있듯이 북방정책의 추진과 남북관계의 진전이 어떤 명확한 상관관계를 갖는다고 보기는 어렵다. 즉 '우리가 추진하는 북방정책의 성격에 따라 북한과의 관계 진전이 영향을 받는 것은 아니다'는 것을 미루어 짐작할 수 있다. 그보다는 오히려 '우리가 추진하는 북방정책의 현실화를 위해서는 북한과의 우호적 관계 및 북한의 협조 확보가 필수적'이라고 보는 것이 맞을 것 같다.

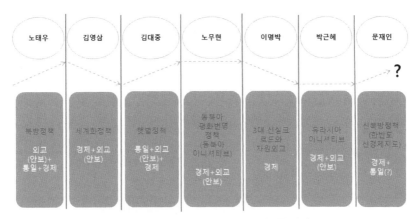

〈그림 3〉 역대 정부의 북방정책과 남북한 관계

　　북한 협조 확보의 필요성은 우리의 국가역량 및 경제수준이 확장·상승되어 북방정책이 국가전략적 성격을 강하게 띠면 띨수록 더욱 커진다고 볼 수 있다. 즉 북방정책이 출범하던 시기에는 그 목표의 방향성이 외교·안보와 통일에 보다 더 치우쳐 있었다면, 지금에 이르러서는 외교·안보나 통일보다는 보다 큰 틀에서의 국가전략적 성격이 더 커져 있다고 볼 수 있는 것이다. 이는 국가역량의 강화 및 위상 변화, 그리고 통일에 대한 국민여론의 변화에 따른 자연스러운 현상이라고 할 수 있다. 세 가지 분석수준에서의 접근을 통해 이러한 변화의 모습을 보다 정확하게 이해할 수 있다.

IV. 북방정책의 변화와 전략적 시각

1. 세 가지 분석수준에서의 접근과 북방정책

　　외교정책결정과정 분석을 위한 분석의 수준은 크게 정책결정자(개인 및 정책결정집단)수준, 국가·사회수준, 국제체제수준의 세 가지(혹은 네 가지) 수준으로 분류할 수 있다(Singer 1961; Carlsnaes 2016, 113~129; Viotti and Kauppi 2012, 8~12; 남궁곤 2012, 26~50). 외교정책은 결국 환경, 국가행위자, (개인적 혹은 집단적 수준의) 내부행위자 및 외부행위자들 간의 상호작용의 결과이며, 북방정책의 결정과정 분석에도 이러한 기준이 적용될 수 있을 것이다.

먼저 국제체제수준에서 접근했을 때 노태우 정부에서 지금에 이르는 동안 북방정책에 결정적 영향을 미칠 만한 수준의 체계적 변화는 없었다고 볼수 있다. 현재의 상태는 북방정책이 출범했을 때와 마찬가지로 탈냉전의 세력구도가 지속되고 있는 상태라고 볼 수 있기 때문이다. 물론 국제체제가 일극이냐 다극이냐, 미국의 헤게모니가 도전받고 있느냐 아니냐에 관한 논쟁은 존재할 수 있지만, 전체적으로 평가했을 때 냉전종식 이후 구축되었던 체계 수준의 세계질서가 결정적 변화를 맞이하였다고 보기는 힘들다.

다음, 국가·사회수준에서의 접근이다. 한국의 경우 경제적으로 꾸준히 성장하였고, 군사정부의 종식과 민주화의 진전이라는 변화를 경험하였으며, 통일문제에 대한 내부적 이견의 조정이 쉽지 않은 상태이지만, 국내정치적 요인들이 외교(북방/대북) 정책에 미치는 영향력이 결정적 변화의 모습을 보였다고 보기는 힘들다.

그렇지만 국가자체의 역량과 위상은 변화하였다. 노태우 정부 시기만 하더라도 한국의 국제적 위상은 약소국이었다. 김덕(1992, 5)은 『약소국외교론』에서 "한반도의 분단이 강대국 정치의 산물이기 때문에, 세계 유일의 분단국 입장에서 생각하는 약소국 외교의 문제는 남달리 중요하고 절실한 의미를 지닐 수밖에 없다."고 밝히고 있으며, 김정원(1996, 21)은 『한국외교발전론』에서 "세계체제 내에서 대한민국은 지난 반세기 동안 '약소국'과 '발전적 정치체제'라는 두 가지 주요한 특징을 지니고 있었다."라고 주장한다. 전웅(1993,

30)은『한국외교정책: 이론과 실제』의 제1장 "한국외교정책의 전통과 연구현황"에서 "약소국은 항상 불안과 긴장 속에서 살아야 할 운명이고 한반도역시 그 예외는 아닐 것이다."라고 주장한다. 약소국으로서의 한국에 대해반론을 제기할 여지가 없다.

그러나 30여년의 시간이 흐른 후 김우상(2016, 10)은 "이제 한국은 외교지평을 넓혀 나아가야 할 때가 되었다 … 대한민국의 '중추적 중견국' 외교는한국외교 대전략의 세 번째 핵심축이 되어야 한다."고 주장하고 있으며, 김상배(2020, 13)는 "2018년 이후 한반도 주변정세의 변화는 중견국 외교 연구를 새로운 지평에서 거론할 상황을 창출 … 한국의 외교적 역할에 대한 기대가 커지면서 '한반도 운전자론' 또는 '중재(仲裁)외교' 등과 같은 용어를 거론하며, 한국의 역할을 적극적으로 평가하는 분위기가 무르익었다."고 밝히고있다. 이들의 언명에서 확인할 수 있듯이 한국의 국가위상은 약소국에서 중견국으로 변화하였으며,[9] 이러한 변화는 국가 외교정책의 목적성 및 방향성에도 영향을 미칠 수밖에 없다. 이는 출범 초기 외교·안보와 통일에 치중해있던 북방정책이 신북방정책에 이르러서는 국가전략적 성격을 강하게 드러내는 이유라고 볼 수 있다.

마지막으로 정책결정자 개인(혹은 집단) 수준의 접근이다. 노태우에서 문재인에 이르기까지, 대한민국은 7인의 대통령을 선출하였다. 노태우가 취약한정통성을 극복하기 위해 새로운 외교정책방향을 설정하고 북방정책을 적극적으로 추진했다면, 김영삼은 민족을 우선시 하는 취임사와 함께 등장했지만, 북한 핵 위기로 인해 약소국 외교의 한계를 노정할 수밖에 없었다. 김대중은 전임정부로부터 물려받은 IMF 위기 극복이라는 과제 하에서 경제회복에 힘쓰면서도 대북 포용 우선, 정경분리 원칙, 대화 우선이라는 대북포용적정책을 견지하였다. 노무현은 김대중의 정책을 승계하고, 중앙아시아 진출의 초석을 마련하였으며, 동북아 균형자론을 주창함으로써 한국외교의 자주성을 강화하고자 하였다. 이명박은 실리추구를 우선순위에 두는 가운데, 정경분리원칙을 고집하였지만, 북한의 도전에 대한 외교적 대응에 실패하였을 뿐만 아니라 대북 문제를 국내정치 전환용으로 사용함으로써 그 한계를 노정하였다. 박근혜는 통일대박론과 유라시아 이니셔티브를 주창하였지만, 동시에 개성공단폐쇄를 결행함으로써 북한에 대해 일관된 사인을 보내는데 실패하였으며, 이명박 시기와 마찬가지로 북한 문제를 국내정치 전환용으로 사용하였음을 부인할 수 없다. 박근혜는 결국 탄핵당해 대통령의 자리에서 물러나야 했고, 그 뒤를 이은 문재인 정부는 한반도 운전자론을 주장하는 가운데 남북정상회담과 남북미 정상회담을 성사시켰다.

이들 7인의 대통령들은 각기 다른 개성과 정치환경, 국가위상 속에서 외교정책을 결정하고 추진하였다. 체계수준의 변화가 미미하고, 국가·사회수준에서의 결정적 변화가 없었다고 전제한다면 (물론 국가의 위상 변화는 존재하였지만) 결국 외교정책의 세 가지 분석수준 가운데 북방정책의 변화에 직접적 영향을 끼쳤다고 볼 수 있는 것은 정책결정자 수준의 변화라고 할 수 있을 것이다.

2. 전략적 시각의 적용

앞 절의 연장선상에서 메스키타(Bruce Bueno de Mesquita 2011; 2014)의 전략적 시각을 적용함으로써 북방정책의 변화에 대해 보다 명확한 설명이 가능해진다. 메스키타는 국가지도자의 외교정책 결정은 정권유지라는 지도자 자신의 개인적 이해관계에 의해 주도되며, 국제정치와 국내정치는 서로 연관되어 있어 국제적 상호 작용이 계속 일어나고, 국가들 간의 관계 및 지도자들 간의 관계는 전략적 계산에 바탕을 두고 있다고 주장하였다.

상기한 세 가지 전제들 중 두 번째, 즉 국제정치와 국내정치의 연관이 던지는 함의는 '첫째, 중·장기적 국가이익을 추구하는 외교정책으로 인해 단기적으로 정권교체와 같은 위협을 느낄 때, 지도자는 그러한 중·장기적 정책을 포기할 가능성이 높으며; 둘째, 국가들 간의 국력분포와 같은 국제체제의 구조적 요인 뿐 아니라 국내정치적 요인도 국제정치에 영향을 미치는 중요한 변수로 작용하며; 셋째, 전략적 시각에 의하면 국내정치의 구조가 매우 중요'하다는 것이다. 따라서 대통령제인지, 내각책임제인지, 소선거구제를 채택하는지, 대선거구제를 채택하는지 등의 국내정치의 제도적 장치에 따라 지도자, 정치 엘리트, 일반대중과의 관계가 정립되고 정부의 정책유형이 결정된다. 이러한 전제를 받아들이고, 〈그림 2〉와 〈그림 3〉을 결합하여 노태우 이후 문재인 정부까지의 상황을 도식화 하면 〈그림 4〉와 같이 정리할 수 있다.

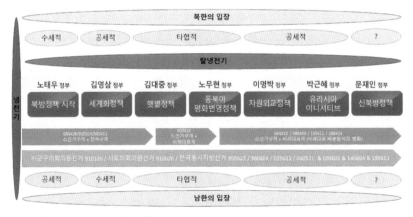

출처: 정기웅(2020), 312의 그림을 변형

〈그림 4〉 북방정책과 남북한 관계 및 국내정치의 구조[10]

〈그림 4〉에서 확인할 수 있듯이, 노태우 정부 이후 오늘에 이르기까지 한국의 국내정치 구조가 결정적으로 변하였다고 보기는 힘들다. 선거구제와 비례대표 선출방식의 소소한 변화는 있었지만, 정치구조 자체에 영향을 끼칠만한 결정적 변화는 없었기 때문이다. 그렇다면 결국 한국의 북방정책 변화는 지도자 개인 혹은 정책결정자 집단의 정책성향에 따라 결정되어졌다고 볼 수 있을 것이다.

3. 북방정책의 변화와 그 결정 요소

〈그림 5〉는 상기한 주장들을 감안하여 역대정부의 대북관계를 임의의 사분면 위에 표시한 것이다. 이 그림은 온전히 저자의 자의적 판단에 따른 것이며, 노태우 정부를 기준점으로 잡고 있고, 이후 정책 및 상황의 변화에 따

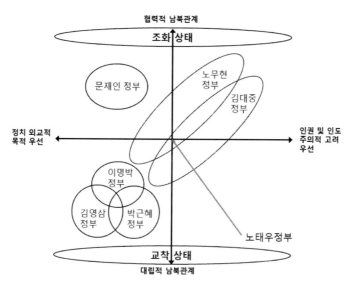

〈그림 5〉 노태우 이후 역대정부의 대북관계

라 드러나는 남북간 친소(親疏)의 정도를 나타내고 있다. 이와 같은 행정부 변화에 따른 위치 변화, 즉 역대 한국정부가 북한과의 관계에 있어 각기 다른 입장을 취하는 것은 무엇 때문인가?

변화의 이유는 여러 가지가 존재할 수 있지만, 정책결정자 수준에 초점을 맞춰 보자(전절에서 본 연구는 세 가지 분석수준에서의 접근을 시도하였고, 북방정책에 대한 접근에 있어 가장 유의미한 분석수준은 정책결정자 수준이라고 주장하였다).

하나는 정권을 획득한 지도자(혹은 집단)의 이념적 성향에 초점을 맞추는 것이다. 우리 사회의 일상적 구분에 따른 보수와 진보 중 어느 쪽에 속하느냐에 따라 북한과의 관계가 협력적이 되느냐 혹은 대립적이 되느냐가 결정되었다고 주장하는 것이다. 이러한 접근법에 따르면 김영삼, 이명박, 박근혜 정부는 하단에 위치하고, 노무현, 김대중, 문재인 정부는 상단에 위치하게 된다. 그러나 이러한 접근법은 북한과의 관계가 협력과 대립을 오간 것은 설명할 수 있지만, 북방정책의 성격이 통일 및 외교·안보에서 국가전략으로 바뀐 것은 설명하지 못한다.

메스키타(Bruce Bueno de Mesquita 2011; 2014)의 전략적 사고에 등장하는 승자연합(winning coalition)[11]의 개념을 연결시킴으로써 정책의 변화를 설명할 수 있다. 정책결정에 있어 정책결정자가 가장 신경을 쓰는 것은 자신 혹은 자신을 포함한 통치집단의 전략적 이익이다. 즉 정책결정자(혹은 집단)는 자신의 정치적 우월성을 유지시켜 줄 수 있는 승자연합의 구성형태에 신경을 쓸 것이라는 추론이 가능해진다. 이와 같은 승자연합은 인구 통계적 변화(demographic change)의 영향을 받을 수밖에 없다.

한국의 대북정책-본 연구에서는 북방정책의 탄생 및 발전과 직접적 관계가 있는 것으로 전제되고 있는-에 가장 크게 관심을 갖고 영향력을 행사하고자 하는 집단은 누구일까? 여러 집단을 제시할 수 있겠지만, 이산가족 혹은 실향민 집단이 그 중 주요한 하나라는 것은 누구도 부인할 수 없을 것이다. 그러나 안타깝게도 이산가족 1세대 생존자 수는 갈수록 줄어들어(〈그림 6〉 참조) 등록된 13만여 명 중 8만여 명이 세상을 떠나고 생존자도 3분의 1이 80세 이상 고령이다(백소용 2020). 이는 간단한 계산으로 정부가 더 이상 이산가족이 중심이 되는 분단 1세대의 여론에 크게 신경을 쓸 필요가 없다는 것을 의미한다. 즉 갈수록 줄어드는 분단 1세대와 통일에 대한 감정이 전혀 다른 분단 2세대 및 3세대를 감안할 때, 정부의 입장에서는 대북관계에서 더 이상 '통일'에 매달릴 필요가 없다는 결론을 도출해 낼 수 있다.

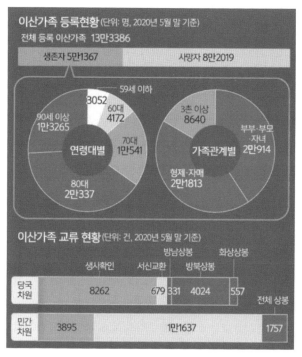

출처: 백소용 (2020).

〈그림 6〉 이산가족 등록 및 교류 현황

사실 정부는 표면적으로는 단 한순간도 통일을 포기한 적이 없지만, 이미 상당히 오래전부터 정부 정책의 우선순위에서 통일이 맨 윗자리를 차지하지 못한다는 것은 공공연한 비밀이었다. 한 예로서 외국인 기자의 눈으로 바라본 한국의 통일정책은 허울 좋은 것이었다. 브린(Michael Breen, 장영재 옮김 2018, 71~73)은 그의 저서 『한국, 한국인』에서 "1989년 이후 한국정부는 북한을 합병할 능력을 갖추지 못했음을 깨달았다."고 주장하면서, 1991년 초 당시 외무부차관보와 나눈 대화를 다음과 같이 소개하고 있다. "우리의 목표는 더 이상 통일이 아니다. 우리는 북한과의 통일을 원하지 않는다. 그러나 통일에 대한 우리의 공식적 입장은 북한과의 민주적 통일이다. 통일 과정이 평화롭게 진행되기 위해서는 점진적·단계적 프로세스가 바람직하다. 오래 걸릴수록 좋다. 나 개인적으로는 영원히 통일이 되지 않아도 무방하다." 1990년대 초반, 이미 정부의 고위당국자가 통일을 바라지 않는다고 밝혔던 것이다.

비단 브린의 지적이 아니라고 할지라도 해마다 진행되는 서울대학교 통일평화연구원의 통일의식조사, 지금은 중단되었지만 2009년부터 2016년까지 진행되었던 통일연구원의 통일예측시계 프로젝트, 그리고 빈번히 진행되는 통일에 관한 여론조사들은 우리 국민이 더 이상 통일을 간절한 목표로서 바라지 않고 있음을 명확히 보여준다.[12] 즉 통일을 바라는 국민의 숫자가 절대적 의미에서나 상대적 의미에서 모두 줄어들었고, 이는 정치지도자 집단이 더 이상 통일을 정책의 우선순위로 고려할 필요가 없어졌다는 것을 뜻한다. 이는 북방정책이 왜 지금까지와 같은 변화의 궤적-즉 통일정책 및 외교·안보정책에서 국가전략으로의 변화-을 밟아 왔는지를 설명해줄 수 있다. 이러한 설명을 받아들인다면, 같은 맥락에서, 향후 북방정책은 통일정책의 성격이나 외교·안보정책의 성격을 띠기보다는 '국가전략'적 성격을 담지하게 될 가능성이 훨씬 더 크다고 말할 수 있을 것이다.

V. 나가는 말

본 연구에서는 노태우 정부 이후 역대 정부의 북방정책의 변화과정을 고찰하였다. 출범 초기 통일 및 외교·안보 정책적 정향성을 보여주었던 북방정책은 작금에 이르러서는 국가전략적 성격을 강력하게 노정하고 있으며, 이러한 정향성은 앞으로도 지속될 것으로 예측된다.

한국의 외교정책은 오랜 동안 구조적 제약에 강하게 구속되었으며, 약소국이라는 태생적 한계를 벗어나지 못하고 있었다. 이런 속에서 우리의 적대관계는 인지적 일관성(cognitive consistency)에 의하여 규정되었다. 즉 "소련은 우방 미국의 적인 동시에, 적국 북한의 우방이라는 의미에서 한국의 적이며, 북한은 우방 한국의 적이며 동시에 적국 소련의 동맹국이라는 점에서 미국의 적"이라는 논리이다. 인지적 일관성의 원칙에 따르면 "모든 긍정적 요소간의 관계는 긍정적 (혹은 중립)이고 모든 부정적 요소간의 관계도 긍정적 (혹은 중립)이며 긍정적인 요소와 부정적인 요소간의 관계는 부정적 (혹은 중립)이다." 예를 들자면 친구의 친구는 친구, 적의 적은 친구, 그리고 적(친구)의 친구(적)는 적으로 규정된다(Jervis 1976; 김태현 1998, 33에서 재인용).

그러나 지금의 세상은 이러한 인지적 일관성이 더 이상 적용되기 힘들다. 탈냉전의 도래와 이슈의 위계(hierarchy of issues)의 붕괴는 적과 친구의 경계를 모호하게 만들었고, 이어 진행된 세계화와 네트워크화는 이와 같은 모호성을 더욱 가중시켰다. 앞으로의 세계는 국가행위자, 비국가행위자, 그리고 비인간행위자들이 상호 작동함으로써 적과 친구의 구분이 더 이상 무의미한 그런 세상이 될 것이다.

이러한 변화는 한국정부의 북방정책에도 영향을 미침으로써 그 정향성과 목적성을 결정지을 것으로 예측된다. 이미 언급한 바와 같이 통일정책과 외교·안보정책, 그리고 국가전략은 별개의 것이 아니며, 상호의존적이고 중층적으로 존재한다. 이 가운데 한국의 북방정책은 문재인 정부의 신북방정책이 보여주듯이 향후 거시적 국가전략으로서의 성격을 지향하게 될 것이다.

문재인 정부의 한반도 신경제지도와 신북방정책 및 신남방정책의 구조도를 중국의 일대일로의 구조도와 같이 놓고 보면 매우 유사한 호선을 노정하고 있음을 발견할 수 있다(〈그림 7〉 참조). 이는 이미 우리 국가의 전략이 세계를 대상으로 하고 있음을 보여준다.

출처: 좌측그림 – 중국학 위키백과[13] / 우측 그림 – 신남방정책특별위원회[14]

〈그림 7〉 일대일로 VS 신경제지도

북방정책은 오늘의 한국외교에 어떤 함의를 갖는가? 탈냉전의 진행 및 세계적 세력균형의 변화, 그리고 불가예측적 진행과 함께, 냉전 시대의 단순하고 종속적이며 예측 가능했던 외교정책은 필연적 변화를 경험하였다. 한국외교는 국내 정치적 조건, 북한의 대응, 지역구도의 변화 및 국제정치적 역학관계에 의해 영향 받으면서 결정의 자율성을 확보하지 못한 채 그 선택을 강요받았던 경험이 있다. 현재도 그러한 구조적 제약으로부터 완전히 자유로운 것은 아니지만, 그럼에도 불구하고 국가위상의 변화와 세계적 세력구도의 변화는 한국외교의 자율적 선택의 가능성을 확장시켰다.

북방정책의 등장은 이러한 변화의 상징이지만, 안타깝게도 우리에게 북방은 아직 희미하며, 실체화하지 않았다. 우리에게 북방은 아직까지는 비전이고 개념이며 목표일 뿐, 실체는 아니다. 이것을 실체화하기 위해 우리는 힘의 작동에 대한 현실주의적 인식에 기반을 두고 미래를 향한 협력을 꿈꾸는 이상주의적 정향을 굳건히 구축해야 한다. 현실과 이상의 교호 속에서 우리의 북방은 실체화 할 수 있을 것이다.

이러한 기반 위에 우리는 '신북방정책'의 다음을 보장할 수 있는 '제2의 북방정책'을 준비해야 한다. 향후 한국의 북방정책은 〈그림 7〉의 오른쪽 구조도가 보여주듯이 세계를 대상으로 하는 '대륙세력과 해양세력을 아우르는 허브 혹은 포탈로서의 한반도'를 중심으로 거시적인 민족발전의 전략으로서 준비되어야 한다. 김상배(2016)의 표현을 빌자면 '신흥무대(新興舞臺, emerging state)'의 중심축으로서의 한반도를 준비해야 하는 것이다.

마지막으로 언급하고자 하는 것은 이러한 과정에서 북한의 존재를 항상 염두에 두어야 한다는 것이다. 우리외교에서 언제부터인가 북한에 대한 고려가 일방적인 것으로 바뀌고 있다는 느낌을 갖게 된다. 즉 북한과의 관계설정에 있어 북의 입장이나 반응을 고려하지 않고, 우리의 입장만을 내세우는 매우 일방적 태도를 노정하고 있다는 것이다. 국가 간의 관계는 결국 복수의 행위자가 하는 게임과 같고, 게임의 결과는 일방의 선택만이 아닌 양자 혹은 다수의 선택이 맞물려 결정된다. 따라서 외교정책은 고도로 전략적이어야 하며, 상대의 입장과 예측되는 반응을 반드시 염두에 두어야 한다. 우리 국가의 북방정책의 성공을 위해서는 북한의 협조가 절대적으로 필요하며, 이를 위한 설득과 협력의 자세를 견지해 나가야 한다. 신북방정책의 비전을 현실화시킬 수 있는 한국외교의 대전략(Grand Strategy)을 기대한다.

김진형

제2장

북방 문화 접점 식별을 위한
이론적 토대와 확장성 검토

I. 들어가는 말

2022년 현재 대한민국 대통령직속 북방경제협력위원회에서 지칭하는 북방의 범위는 동북아시아, 중앙아시아, 러시아, 코카서스 3국, 동부유럽 3국을 포함한다. 구체적으로, 러시아, 중국(동북 3성), 몽골, 카자흐스탄, 우즈베키스탄, 키르기스스탄, 타지키스탄, 투르크메니스탄, 벨라루스, 우크라이나, 조지아, 몰도바, 아르메니아, 아제르바이잔 14개국을 지칭한다(〈그림 1〉). 〈그림 1〉에서처럼 북방은 한반도와 지리적으로 연속성상에 있고 역사적으로도 다양한 상호교류(예. 실크로드를 통한 문명교류)와 때로는 분쟁(예. 나선정벌)을 통해 영향을 주고받아 왔다. 그러나, 1945년 한반도 분단 이후 북방지역과의 지리적 연속성은 단절되어 그에 따른 경제·외교적 상호작용은 굉장히 미온하였다. 특히, 1991년 국제질서 속 냉전 체제가 무너질 때까지 정치 이념적 대립으로 인해 공산권 특징이 강했던 북방지역과의 단절은 역사적 당위성을 내포하고 있었다. 본격적으로 대한민국 정부의 북방에 대한 정책적 기조의 변화는 현재 시행중인 신북방정책(2017년 6월 현재의 대통령직속 북방경제협력위원회가 설립)의 원류라고 할 수 있는 1988년 노태우 정부와 함께 시작되었다. 당시 초기 북방에 관한 정부의 입장과 정책은 한반도의 평화와 번영에 기초하면서 기존 공산권을 향한 적대 정책의 일부를 완화하고 경제·외교 분야에서 협력을 시작하는 매우 기초적인 수준이었다.[1] 반면, 현재의 신북방정책은 북방의 성장 잠재력과 한국과 상호보완적인 북방국가들의 경제구조에 눈을 돌리며 미래 신(新)성장 동력 확보를 위한 북방 지역의 중요성을 확대해 나가고 있다.[2]

출처: 대통령 직속 북방경제협력위원회 분류 기준 적용 저자 제작.

〈그림 1〉 신북방 지역의 범위와 해당국가

최근 미·중 갈등이 장기화함에 따라 북방지역 내 역학적 변화와 이념에 따른 세력 변화가 지속적으로 발생하고 있다(예. 최근 미군의 아프가니스탄 철수). 또한, 한국은 미국과 전통적 우호국이며 중국과 경제상호의존도가 높다는 면에서 신(新)냉전(New Cold War) 대립의 최전선이라 볼 수 있다. 직·간접적인 군사적(예. 남중국해, 대만해협에서의 해양력의 대립), 외교적(예. 일대일로, QUAD, AUKUS 를 기반으로 한 신냉전 체제의 형성), 경제적 충돌(예. 중국-호주간 석탄, -일본과의 희토류, -한국과의 요수 수출 갈등)이 지속적으로 발생하며 한국과 인접한 지역에서의 갈등 양상이 빈번히 발생하고 있다.[3] 이러한 국제사회에서의 갈등 양상을 최소화하기 위해 기존 다수의 연구들은 국가간 정치·경제 시스템의 유사성과 차별성 분석을 통해 해결책을 찾으려 시도하였고 상당한 정도의 설명력을 갖는다고 볼 수 있다(예. 민주주의와 사회주의, 동맹국과 비동맹국, 시장자본주의와 공산주의, 산업구조 등의 유사점과 차별성에 대한 이해와 분석). 그러나, 정치적, 경제적 접근은 때때로 각자의 노골적인 목적의 표출로 인해 수신자로 하여금 비우호적 요소를 만들 수 있다. 현 대한민국 정부의 신북방정책은 한반도를 기반으로 한 평화 증진과 그에 따른 경제협력과 연계된다. 본고는 이러한 정책을 실현하기 위해서 국가간 비우호적 요소의 최소화는 필수적이며 상대 국가와의 공통된 요소를 끌어내는 것이 효과적인 전략이 될 수 있다고 제안한다.

구체적으로, 본 연구는 국가간 비우호적 요소를 경감하여 분쟁을 최소화하는 방안으로 문화적 접근을 제안한다. 상술했듯이, 북방지역은 한반도 분단이전 우리와 문명적 교류를 오랜 기간 경험하였다. 그러면서, 공통의 행위를 유발하는 가치, 규범 형성과 나아가 포괄적인 문화적 요소에 영향을 미쳤을 것이라 가정할 수 있다. 본고는 이를 문화접점이라 규정하고 국가간 문화접점의 식별은 평화를 수반하는 지속적인 경제적 번영과 협력의 새로운 대안이라 제안한다. 이에, '문화접점 규명을 위한 문화적 개념은 무엇인지', 그에 따른 '이론적 토대와 적용 가능성·확장성'을 식별·제안하는 것을 목적으로 한다.

II. 문화적 접근을 위한 이론적 토대

문화 개념은 학자간 그 정의와 범위를 조금씩 달리하고 다양한 개념들을 포괄적으로 내포하는 특징을 갖는다. 본 연구는 이러한 특징을 고려하여 폭넓은 문화의 개념과 범위를 포함하는 정의를 적용한다. 바로 '공간, 집단 등 일상생활에서의 가치와 정체성에 투영'[4]된 것이고, 이러한 문화는 생태적(ecological), 역사적(historical) 변혁과 상호작용을 통해 사회-정치제도(socio-political institutions)에 반영되어 나타나는 것으로 규정한다.[5] 또한, 이러한 문화는 특정 공간을 규정하는 사회와 개인이 규범(norms), 가치(values), 행동(behavior)에 대한 변동성(variation)을 어떻게 인식하는가에 대한 정도에 따라 경직성(tightness)과 유연성(looseness)의 특성을 갖는 것으로 구분된다.[6] 〈그림 2〉는 문화의 경직성 정도가 어떻게 형성되는지 사회적 차원에서 개인적 차원으로 이어지는 개념적 체계를 시각화하여 나타낸 것이다. 사회적 차원에서 사회 규범과 그 위반에 대한 제재의 강도는 생태적·역사적 요소와 사회적·정치적 제도와의 상호작용을 통해 영향을 주고받으며, 그렇게 형성된 사회 규범과 그 위반에 대한 제재의 강도를 일상생활에서 개인이 어떻게 인식하고 어느 정도의 강도로 자기점검과 통제로 연계하는지에 따라 경직성-유연성이라는 총체적인 특징으로서 발현된다. 〈그림 2〉를 기반으로 구체적인 요소들의 작용을 살펴보면, 자연재해, 침략, 자원의 부족, 질병 등에 노출이 더 많은 공간일수록, 그러한 위협요소로부터 생존하기 위해 강한 규범과 제재가 형성·발전되고, 이는 사회적 차원에서 위반에 대한 강한 제재로 나타나 개인적 차원에서 이를 강하게 인식하고 자기점검과 강한 통제로 이어질 수 있게 영향을 주고받는다. 문화 경직성-유연성 이론에서는 이러한 현상을 문화 경직성이 높다고 지칭한다.

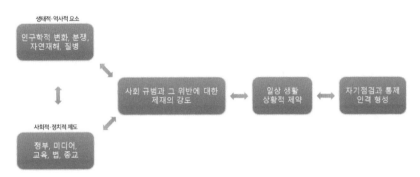

출처: Gelfand, M. J. et al, "Differences between- tight and loose cultures: A 33-nation study", *Science*, No. 332 (2011), pp.1102. 참조. 저자 제작.

〈그림 2〉 문화 경직성 형성의 차원적(dimensional) 개념 체계

III. 북방 문화 접점 연구와 문화 경직성 개념의 적용

문화 접점이란 특정 공간/집단에 투영되어 형성된 가치체계와 정체성의 유사점이라 정의할 수 있다. 가치체계와 정체성은 특정 공간/집단에서의 공통의 행위를 유발하고, 그 행위를 유발하는 가치, 규범은 문화적 보편성과 특수성으로 발현된다. 본 섹션에서는 상술한 문화 경직성-유연성의 개념이 북방 지역 문화 접점 식별에 유용한지 그 적정성에 대해 이해하고자 한다.

공간적 또는 지리적 연속성은 특정 공간/집단사이 상호작용의 가능성을

높이는 중요한 요소이다. 생태적, 역사적 충돌에 따른 문명 교류가 대표적 증거이며, 따라서 본고에서 제시하는 북방과 한반도 지역의 지리적 연속성은 문화 접점을 형성할 수 있는 충분한 근거를 갖는다고 볼 수 있다. 〈그림 3〉은 한반도를 기점으로 문화 경직성 정도에 따른 국가간 유사도를 시각화 한 것이다. 흥미롭게도 세계를 지리적 연속성을 갖는 6개의 큰 땅덩이, 즉 6대주 (아시아, 유럽, 아프리카, 남아메리카, 북아메리카, 오세아니아)로 구분했을 경우 한반도와 멀어질수록 문화 경직성이 약해지는 것으로 나타난다. 다시 말해, 문화 경직성 현상으로서 문화 접점은 지리적으로 멀어질수록 문화적 보편성으로서 유사점은 낮아진다는 의미이다. 이를 바탕으로 문화적 접점을 해석하자면, 오랜 기간 우리의 우방/동맹국인 미국을 포함한 서구 민주주의/자본주의 국가보다 북방지역과의 문화 접점이 상대적으로 더 강하게 나타날 수 있다는 것

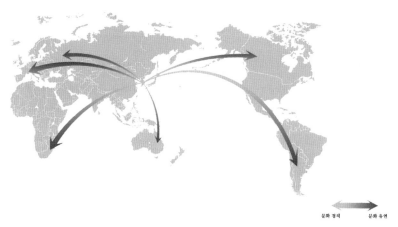

문화 경직   문화 유연

출처: Uz, Irem. (2015)와 Gelfand, Michele J., et al. (2011) DB를 통합하여 문화 경직성-유연성 기반 지도 저자 제작.

〈그림 3〉 지리적 연속성과 문화 경직성-유연성

이다.

〈표 1〉은 문화 경직성 지수 정도에 따라 78개 국가를 6대주로 재분류한 것이다. 지리적 연속성을 갖는 즉, 한국을 포함한 아시아, 동유럽 국가들은 대부분 문화 경직성이 높게 나타나고, 지리적 연속성을 공유하더라도 물리적 거리가 멀어질수록 문화 경직성이 약하게 나타난다. 다시 말해, 오랜 기간 지리적 연속성은 지역간 충돌과 변혁을 거치면서 각 지역의 제도, 규범 등을 통해 일상적인 문화에 반영되었다고 볼 수 있다. 지역의 특수성을 반영하며 그 형성과정은 지역마다 다를 수 있지만, 문화 경직성-유연성이라는 지역의 보편적 가치로도 발현될 수 있다는 의미다. 전자는 지역의 문화적 개별성, 후자는 지역간 문화적 보편성으로 지칭될 수 있다.

종합적으로 북방지역과 한국의 문화 접점을 식별하는데 있어서 문화 경직성 현상은 유용한 이론적 개념이라 볼 수 있다. 역사적으로, 한반도가 남북으로 분단되기 이전 우리는 북방지역과 오랜 기간 충돌과 문명교류를 이어왔다. 문화 경직성-유연성 이론의 개념적 체계(〈그림 2〉참고)를 바탕으로 이러한 상호교류는 각 지역의 제도, 규범 등의 지역적 특수성과 보편성에 기여하였다고 볼 수 있다. 오랜 기간 일상생활에 반영되어 문화적 보편성으로 발현되어 문화 경직성이라는 접점을 공유할 수 있게 된 것이다. 이는 보편성이라는 거시적 관점과 형성과정에서의 개별성이라는 미시적 관점을 연결시켜 문화 접점을 통한 상대방과의 공통된 요소를 끌어내는 효과적인 방안이 될 수 있다.[7] 즉, 본고가 제안하는 신북방정책의 평화적 실현을 위해 국가간 비우호적 요소를 최소화할 수 있는 전략의 기초를 제공할 것이다.

<표 1> 6대주 기반 문화 경직성-유연성 분류

오세아니아(낮음)	아메리카(높음)	아메리카(낮음)	아시아(높음)	아시아(낮음)
뉴질랜드	멕시코	브라질	중국	이스라엘
오스트리아	페루	베네수엘라	일본	홍콩
		미국	터키	
		캐나다	대한민국	
		아르헨티나	싱가포르	
		푸에르토리코	인도	
			말레이시아	
			파키스탄	
			키르기스스탄	
			베트남	
			이란	
			필리핀	
			사우디아라비아	
			방글라데시	
			요르단	
			인도네시아	

아프리카(낮음)	아프리카(높음)	유럽(낮음)		유럽(높음)
남아프리카공화국	우간다	우크라이나	덴마크	독일
	탄자니아	에스토니아	마케도니아	이탈리아
	짐바브웨	헝가리	세르비아 몬테네그로	오스트리아
	알제리	네덜란드	벨라루스	영국
	나이지리아	스페인	불가리아	포르투갈
	이집트	벨기에	체코	노르웨이
	모로코	프랑스	슬로바키아	보스니아 헤르체코비나
		룩셈부르크	그리스	아이슬란드
		스웨덴	러시아	폴란드
		칠레	슬로베니아	라트비아
		독일	크로아티아	루마니아
		북아일랜드	리투아니아	몰도바
		핀란드		알바니아
		아일랜드		말타

노트. Uz, Irem. (2015)의 경우 지수(indes)값 53.1, Gelfand, Michele J., et al. (2011)의 경우 지수(index)값 6.5 를 기준으로 총 78개 국가의 문화 경직성-유연성을 6대주 기반으로 구분하여 저자 제작.

IV. 문화 경직성 이론적 토대의 확장성 및 국가간 비교연구의 적용

본 섹션에서는 문화 경직성 개념을 이용해 북방 문화 접점 연구의 적용 가능 사례를 소개하고 이론적 틀의 확장성 및 국가간 비교연구 가능성을 살펴본다. 문화 경직성 개념을 바탕으로 한국과 지리적으로 가장 근접한 북방 지역이며(〈그림 3〉과 〈표 1〉 참조) 역사적으로 오랜 교류의 역사를 공유한 국가는 당연 중국일 것이다. 따라서, 확장된 범위의 북방 문화 접점 연구를 위한 예비 단계로서 우선적으로 한국과 중국의 문화 접점 연구 적용 방안과 비교연구 가능성 식별을 시도할 것이다. 지난 2019년 국제저명학술지인 Proceedings of the National Academy of Science of the United States of America(PNAS, 2021년도 Impact Factor 11.205)에서 중국 31개 성(省) 단위의 문화 경직성 DB를 발표하였다. 이 DB는 응답자 11,662명, 연구연한 3년(2014-2017년), 31개 성 (省)을 지역단위로 하고, 다양한 사회·경제 지표(예. 개방성, 생활 만족도, 집단주의, 전통성, 사회 순응도, 지역 총생산 등)에 대한 개선(refining) 과정이 검증되었다. 또한, 몇몇 지표에 대한 외생성(exogenous) 검증이 완료되어 시계열 분석에 용이하게 설계되었다. 본 연구자의 예비분석 결과에 따르면 다음의 지표들이 문화 경직성과 연관된 지표들로 식별되었다: 권력 거리(power distance), 일상생활에 대한 정부 또는 권력의 개입(government intervention in daily life), 베이징과의 물리적 거리(distance to Beijing). 이러한 지표들과의 연계성은 중국 특유의 경제발전 메커니즘인 권력-자본경제(Power-capital economy) 체제와 관련된다.[8] 중요한 발견은 중국의 권력-자본에 대한 접근성과 문화 경직성 현상이 밀접하게 관련되어 있다는 것이다. 특히, 이는 권력-자본의 작동을 규명하기 위해 문화 경직성의 개념을 연계·적용할 수 있는 가능성을 제공하는데, 이를 통해 중국 발전 과정에 있어 가장 중요한 국가적 목표인 불균등에 대한 문화적 접근을 가능하게 만든다.[9] 이는 권력-자본의 작동이 발전과정에서 어떤 의미를 갖는지에 대한 중요한 함의를 제공하며 기존 중국 불균등 연구에 문화적 시각을 보완한다.

구체적으로, 중국의 권력-자본경제 체제에서의 권력-자본의 작동이 문화에 투영되어 그 자본의 접근성에 따른 불균등을 문화적 현상으로 규명할 수 있다.[10] 게다가, 권력-자본에 대한 취약 집단의 '권리의 빈곤(poverty of rights), 제도화된 불균등(institutionalized inequality)[11]'은 사회분할 현상과 연계되어 더 포괄적 불균등에 기여할 수 있다는 증거를 제시할 가능성을 내포한다. 이는 여타 서구 민주주의/시장경제에서 나타나는 불균등보다 일상생활에 반영되어 지역문화 속에 고착화될 가능성과 권력 집단과 연계되어 해결 가능성을 더욱 희박하게 만들 수 있는 등의 중요한 함의를 포함한다.

불균등 해소와 함께 발전과정에서의 또 다른 중국의 국가적 아젠더는 지속가능성(sustainability)이다.[12] 이에 본고는 문화 경직성 개념과 결합된 권력-자본경제 체제의 이론적 틀을 포괄적 부(comprehensive wealth)의 이론적 틀과 통합해 지속가능성 평가를 위한 이론적 틀을 제안한다. 포괄적 부의 이론적 틀은 2018년 노벨 경제학상 수상자인 William Nordhaus의 소비기반 소득(consumption-based income) 정의에 기반 한다. 포괄적 부[13]의 개념은 전통적인 이론적 틀(framework)에서 간과한 비시장 인적·지적 자본(unappropriated human and intellectual capital), 공공재화와 서비스(publicly provided goods and services)를 포함한다.[14] 이는 권력-자본에 기반한 불균등은 자본화(capitalized or monetary)된 불균등, 즉 일반적인 경제 불균등뿐만 아니라 비자본(non-monetary)화된 다양한 사회 불균등도 포함될 수 있기 때문에 적절성이 인정된다. 또한, 포괄적 부 이론은 식별된 불균등, 즉 다양한 유·무형 자본의 저량(貯量: stock)에 따른 지속가능성 평가를 할 수 있는 객관적인 이론적 틀을 제공한다. 여기서 제시하는 지속가능성 또는 지속가능한 발전이란 유·무형의 자본을 포함하는 지속적인 포괄적 부의 증가를 의미한다.[15] 이는 비시장 자본을 포함한 유·무형 자본의 감소하지 않는(non-dcreasing) 저량(stock)을 기반으로 판단하는 약한 지속가능성(weak sustainability)[16]의 개념과 일치한다.

〈그림 4〉는 앞서 설명한 중국 권력-자본경제 체제에 대한 문화 경직성 개념의 적용과 포괄적 부의 이론적 틀과 통합되는 과정을 도식화한 것이다. 권력-자본에 대한 우위집단과 열세집단을 문화 경직성 정도에 따라 연계·분류하였고, 권력-자본 접근성에 따른 결과적 현상을 포괄적 부의 이론적 틀로 연계 및 확장을 시도한 것이다. 이렇게 통합적인 프레이밍을 통해 권력-자본과 문화 경직성의 연계성과 이를 통한 유·무형, 시장·비시장 자본의 유량(flow)과 저량(stock)을 식별하여 보다 객관적인 지속가능성 평가를 가능하게 한다.

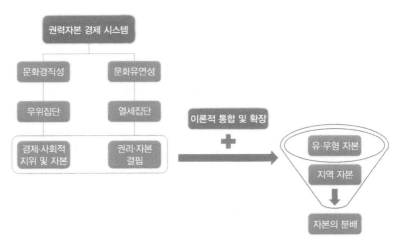

출처: 저자 작성

**〈그림 4〉 중국 권력-자본경제 시스템, 문화 경직성-유연성,
포괄적 부의 이론적 틀의 연계 및 통합**

거시적 현상으로서 중국의 문화 경직성은 한국의 문화 경직성과 유사하게 나타난다. 언급했듯이, 이러한 거시적 현상은 문화적 보편성으로 발현되지만 각 국의 문화 경직성 형성과정은 다를 수 있다. 이러한 지역간 형성과정의 차이는 문화적 개별성으로 규정될 수 있다. 이에, 중국의 문화 경직성을 형성하는데 즉, 권력-자본경제 체제를 형성하고 발전시키는데 주요 설명변수인 중국의 지방관료 또는 관(官) 주도형 경제와 그와 비교 가능한 한국 역사속(주로 고려와 조선시기 나타나는) 이속(吏屬)의 제도의 유사점과 차이점 식별을 통해 두 국가의 문화적 개별성 연구 가능성에 대한 사례로 제시한다.

먼저, 이속은 고려·조선 시대 품관(品官) 이외의 하급 관리직이다. 이들은 굉장히 포괄적인 업무를 담당하는데 중앙의 서리직에서 지방의 향리직 및 기술·잡역, 특수 임시·중간 계층의 권무직까지 중앙과 지방의 모든 관아에서 그 역할이 광범위하게 나타난다.[17] 이들은 고려 집권과정 내 관인층의 세습적 재생산과 지방세력 흡수 등 새 사회체제를 구축할 필요가 있던 시대적 요구에 따라 생성되었다고 알려진다.[18] 다시 말해, 세습 신분계층으로서 일정한 직책과 역할을 담당하며 통치체제의 일익을 담당하였다.

중국의 경우 중앙정부와 각급 지방정부는 상호 정치·경제적으로 수직 관계를 형성하고 있다. 현급 이하의 하급 지방정부는 실질적으로 기업, 지역주민들과 직접 접촉을 통해 관리하는 경제 운용의 기층 정부 단위인데, 바로 이러한 하급 지방정부의 역할이 관 주도형 경제의 속성이라 볼 수 있다.[19] 이는 중국 전통의 중앙-지방 관계에서도 나타나며 지방은 자발적으로 필요한 재원을 조달함으로서 정부가 직접 지역 경제를 관리·운용하는 특징을 갖는다.

공통적으로, 고려의 이속과 중국의 관 주도형 경제는 모두 지방에서 이루어지는 구조이면서, 지방 행정을 대부분의 영역, 즉 사회 기반 인프라부터 개인의 삶까지도 영향을 미치고 있다. 특히, 이 두 시스템/제도는 중앙과 지방

정부의 상하 관계 유지를 가능하게 하고, 원활히 작동하게 하는 통치 체계라 볼 수 있다. 반면 차이점을 보자면, 먼저 이속은 지방 행정을 위한 하나의 관직(직책) 체계이지만, 관 주도형 경제는 관리(직책)를 포괄하여 그보다 더 큰 하나의 구조 혹은 제도를 형성한다. 둘째로, 이속은 지방 내 자체적 일보다는 중앙에서 주어지는 지시 수행에 충실한 수행자(실무자) 역할로 보이지만, 관 주도형 경제는 중앙에서 주어지는 지시를 절대적으로 받아들임과 동시에 지방 자치를 책임지고 있는 지도자(지휘자) 또는 통치체제의 형태로 나타난다. 다음으로, 관 주도형 경제 체제는 경제적 영역에 그 역할이 한정되어 형성·발전되어 나타나지만, 이속은 경제적 영역에 한정되지 않는다는 특징을 갖는다. 일례로 이속은 대장경 편찬이나 무반을 통한 군역에도 관여했지만, 관 주도형 경제는 이러한 직접적 고리가 존재하지 않는 것으로 보인다. 마지막으로, 이속은 체계 자체가 갖는 이익 창출을 위한 수단(기업, 사업)이 없지만, 관 주도형 경제는 그러한 수단을 갖고 있다. 일례로 중국의 중앙정부 및 지방정부가 가진 기업(국유기업)의 자산과 영업수입 총액은 비국유기업보다 절대적으로 높다는 것은 잘 알려진 사실이며 관 주도형 경제 구조를 뒷받침한다.

이렇듯 두 국가의 문화적 보편성은 문화 경직성이라는 유사함으로 발현되었지만 그 형성과정은 문화적 개별성을 내포하고 있다. 현재, 고려·조선 시기의 이속은 제도적 개혁으로 인해 사라지거나 보이지 않는 형태로 일부 전환되었다. 반면, 중국의 권력-자본경제의 작동은 시진핑 정권의 재중앙집중화(re-centralization)로 인해 오히려 강화되어 진 것으로 보여 진다.[20]

V. 나가는 말

본 연구는 현 대한민국 정부가 시행하는 신북방정책의 효과적 수행을 보완하기 위해 북방 문화 접점에 대한 이론적 토대와 확장성을 식별하고 검토하였다. 특히, 최근 미·중 갈등이 장기화함에 따라 북방지역 내 역학적 변화가 지속적으로 발생하는 가운데 신(新)냉전 대립의 최선전이라 볼 수 있는 한반도 주변의 갈등 양상과 그에 따른 부정적 영향력의 최소화는 선택이 아닌 한국 정부의 필수적 전략이 되어야만 한다. 이에, 본고는 노골적인 목적의 표출로 이어질 수 있는 정치적, 경제적 접근을 보완할 수 있는 즉, 수신자로 하여금 비우호적 요소를 최소화할 수 있는 전략으로서 문화적 접근을 제안한다. 구체적으로, 상대 국가와의 공통된 요소를 이끌어내는 효과적 전략으로서 '문화접점 규명을 위한 문화적 개념은 무엇인지', 그에 따른 '이론적 토대와 적용가능성 및 확장성'을 식별하고 향후 연구의 방향성을 제시해 보았다.

북방과 한반도의 공간적 또는 지리적 연속성이라는 특징을 기반으로 문화 접점을 식별할 수 있는 개념으로서 문화 경직성 개념의 이론적 체계를 제시하였고, 중국과 한국의 문화 접점 연구 적용 가능성을 검토해 보았다. 거시적 관점에서 두 국가의 문화 경직성의 유사점을 문화적 보편성으로 식별하였고, 중국 관 주도형 경제 시스템과 한국 고려·조선시대 이속 제도 비교를 통해 문화 경직성 형성과정의 차이를 미시적 관점에서 문화적 개별성으로 구분시켜 보았다. 또한, 포괄적 부의 이론적 틀과 연계·통합 과정을 제시하고 지속가능성을 객관적으로 평가할 수 있는 이론 기반의 통합적 프레이밍 방안을 제안하였다.

종합적으로, 지역간 문화접점을 식별하기 위한 문화 개념으로서 문화 경직성-유연성은 거시적 발현으로 인한 문화적 보편성과 지역 특수성을 반영하는 문화적 개별성이라는 미시적 관점을 연결시켜 상대방과의 공통된 요소를 끌어낼 수 있는, 또한 비우호적 분쟁의 요소를 최소화할 수 있는 출발점이 될 것이라 판단된다.

동북아시아 교류와 충돌,
혼종문화의 접점 사할린*

I. 들어가는 말

환태평양 서쪽, 오호츠크해를 둘러싼 지역은 동북아의 첨예한 이해가 대립하는 각축의 장이다. 최근 쿠릴열도[1]를 둘러싼 영토 분쟁이 다시 고개를 들면서 러시아와 일본 간에는 정치적, 외교적으로 팽팽한 줄다리기가 이어지고 있다.[2]

쿠릴열도와 더불어 러시아의 사할린 주(州)를 형성하는 사할린섬 또한 동북아의 이해와 갈등을 집약적으로 보여주는 곳이다. 사할린섬은 러·일의 갈등 속에서 야기된 한국 근대사의 비극을 한눈에 볼 수 있는 곳으로, 우리의 역사를 바로 이해하기 위해서도 반드시 연구되어야 할 지역이다.

---

* 이 글은 『유럽사회문화』 제27호에 게재된 "동북아시아 교류와 충돌, 혼종문화의 접점 사할린" 논문을 수정·보완한 것입니다.

한인동포의 한이 서린 사할린섬은 아이러니하게도 오늘날 한국의 미래와도 직결되는 가능성의 공간으로 부상하고 있다. 러·일의 대립 속에서 한국은 현재 이 지역에서 상대적으로 이익을 취할 수 있는 위치에 놓여있다. 사할린은 한인 문화에 익숙한 곳으로 한국에 친화적이고 한류의 물꼬를 틀 수 있는 지역으로 주목받고 있다. 한국은 동북아의 질서가 재편되는 근대사 속에서 상대적으로 피해를 보기도 했지만, 그 틈새 속에서 특유의 강인한 민족적 기질로 현지에 한국문화를 이식시키는 문화침략의 선봉자가 될 수 있었다.

본 논문은 사할린섬의 역사적 궤적을 돌아봄으로써 동북아의 교류와 충돌 속에서 형성된 독특한 문화를 살펴보고자 한다. 러시아에서는 사할린 국립대의 포타포바(Н.Потапова) 등을 비롯한 다수의 연구자에 의해 사할린의 인종, 문화 교류와 혼종성을 다루려는 노력들이 이어져왔지만, 국내에서는 주로 한인의 이주 역사와 이들이 간직한 전통문화에 초점을 맞춰 연구가 진행되어왔다. 본 논문은 지금까지 국내에서 거의 다루지 않았던, 민족 간의 교류와 충돌 속에 형성된 사할린의 혼종문화를 살펴보고자 한다. 열강의 각축장이었던 사할린은 이민족의 문화와 접촉하면서 민족 간의 융합이 이뤄질 수 있었다. 혼종문화의 독특한 분위기는 사할린이 버텨낸 지난한 역사의 흔적을 드러내는 것이기도 하다.

이를 위해 먼저 사할린의 역사적 배경, 즉 사할린의 존재가 알려지고 원정대의 탐사 과정에서 일어난 러·일간의 첨예한 갈등과 대립을 다룰 것이다. 사할린을 각각 대륙과 해양으로 진출하기 위한 교두보로 여겼던 두 나라 간에는 이를 두고 팽팽한 줄다리기가 이어졌고 점령과 탈환이 반복되었다. 제국주의의 침략은 문화의 이행을 가능케 했다. 다양한 민족들의 유입과 복잡한 침탈의 역사, 그리고 유형지로서의 역사로 인해 사할린에는 이질적인 문화 요소들이 어우러지고 혼재되었다. 선주민(先住民)이었던 아이누인과 니브흑인의 문화, 그리고 러시아, 일본, 중국, 몽골, 한국의 문화가 공존하는 사할린섬은 세계 그 어디서도 찾아보기 힘든 특별한 문화지형을 가진 곳이다. 러시아 영토 최동단의 외딴 섬에 불과한 이곳이 동북아의 접점이자 여러 문화의 교집합이 가능했던 이유를 확인해보고 지리적, 경제적 유용성만큼이나 중요한 혼종문화 중심으로서의 가치를 밝히고자 한다.

II. 이민족의 유입과 제국주의 각축장

1. 지리적 요충지로서의 사할린

사할린은 타타르 해협과 오호츠크 사이에 위치한 러시아 최대의 섬으로, 세계에서 23번째로 큰 섬이다. 섬의 이름은 만주어에서 유래했다. 아무르강은 중국에서 헤이룽강으로 불리는, 흔히 흑하(黑河), 흑룡강(黑龍江)으로 알려진 강이다. '아무르(Амур)'는 만주-퉁구스어에서 보편적으로 사용되는 어간인 '큰 강'이라는 뜻의 '아마르(амар)', '다마르(дамар)'에서 왔다.

아무르강[3]은 '검은 강의 바위'라는 뜻의 '사할란 울라(Сахалян-Улла)'라고 일컫는데, 이 명칭이 중세 지도에서 제작자의 실수로 섬의 이름으로 표기되었고, 이후 다른 지도에서도 계속 사용되면서 일반화되기 시작했다. 정작 만주족은 사할린을 '쿠예(Kuye)'라고 불렀으며, 중국에서는 '쿠예 따오(庫頁島)'라고 일컬었다. '사할린' 또는 '사가렌'이라는 명칭은 청나라 황제의 명령으로 3인의 예수회 수도사가 청 제국의 판도를 측량하던 중에 아무르강 하구 맞은편에 섬이 있다는 이야기를 듣고, 만주어로 '사할란 울라 앙가 하타(Сахалян ула анга хата, 아무르강 하구의 바위)'[4]라고 부른 데서 유래했다. 당시 청나라는 사할린의 존재를 인지했지만, 직할령으로 여기지는 않아서 이곳에 직접적인 영향력을 행사하지는 않았다.

사할린의 원주민이었던 아이누인과 윌타인은 이곳을 카라프(Карап) 또는 카라프타(Карапта)로, 또한 사할린을 비롯해 아무르강 하류에 살고 있던 원주민 니브흐인은 이흐-미프(Ых-миф)[5]라고 불렀다(Бойко 1988, 18). 최초의 러시아 탐험가들은 사할린섬을 볼쇼이 섬(Большой)으로 일컬었고, 19세기 유형수들은 소콜린(Соколин) 또는 소콜리니 섬(Соколи-ный остров)이라는 전혀 다른 이름으로 이해했으며, 일본인들은 초기 '검은 자작나무의 섬' 또는 '중국인들의 섬'이란 뜻의 초카(Чжока), 시샤(Шиша)라고 불렀다.

일본은 사할린을 가라후토(樺太)라고 일컫는데, 이는 이곳의 원주민이었던 아이누인이 사할린섬을 '카무이 카라 푸토 야 모시르(камуй-кара-путо-я-мосир, 신이 강 하구에 만든 섬)'로 부른 데서 유래한다. 아이누인 역시 흑룡강 하구에서 보이는 사할린섬의 위치에 주목하여 명칭을 부여한 것이었다. 에도시대에 홋카이도를 에조치(蝦夷地)라고 부른 것에 대응해 사할린섬을 홋카이도 북쪽을 나타내는 '키타에조(北蝦夷)'라고 불렀고, 메이지 정부가 홋카이도 개척사(北海島開拓使)를 설치한 이후, 이 명칭은 가라후토로 바뀌었다. 가라후토는 일본이 사할린 남부를 영유할 당시 사용하던 명칭이었던지라, 가라후토는 사할린 남부를 지칭하고, 사할린 북부는 사가렌으로 구별해서 부르기도 했다.

이처럼 여러 민족들에게서 다양한 명칭으로 불리고 있었지만, 사할린은 오래 전부터 아무르강을 기점으로 알려져 있던 것이 분명해 보인다. '검은 물'과 '하구'에서 기원한 명칭은 인접한 강의 색깔과 강에서 바라본 위치를 토대로 고대인들이 섬을 파악하고 있었다는 것을 알려준다. 오늘날 러시아, 중국, 몽골, 북한의 유역에 걸쳐있을 정도로 그 길이와 면적도 상당한 아무르강은 고대로부터 북방의 교통로이자 동북아시아 문명의 중요한 젖줄이었다.

아무르강이 지리적 요충지였던 만큼, 고대인들은 강 너머의 지역에 상당한 관심을 갖고 있었다.

사할린에 대한 최초의 기록은 기원전 11세기로 거슬러 올라간다. 고대 중국지리서 『산해경(山海經)』에는 중국 북동쪽에 '검은 다리의 왕국'인 황구오가 있으며, 북쪽으로 더 가면 '털북숭이 왕국'인 마오밍고와 라오족의 라오밍이 있다고 언급한다.[6] 이 책의 주석은 마오밍고가 동남아시아 민족 중 하나이며 라오밍은 섬에 사는 민족 중 하나(Яншина 1977, 191)[7]라고 밝히고 있지만, 많은 연구자들은 이것이 니브흐인과 아이누인의 땅인 사할린에 대한 언급일 것으로 추측한다.

사할린섬에 처음으로 사람들이 등장한 것은 약 25만 년에서 30만 년 전인 구석기 시대 초기로 추정된다. 일부 고고학적 발견에서 드러나듯 여러 차례의 빙하기를 거치고 난 후인 홍적세 빙하기에 대양의 수면이 계속해서 낮아지면서 유라시아 대륙 본토와 사할린섬 사이에 지협이 형성된 것으로 보인다. 이를 근거로 약 2만 년 전인 홍적세 빙하기에 호모 사피엔스가 쿠나시르 섬과 홋카이도에서 사할린으로 들어왔을 가능성이 높다고 보고 있다. 신석기 시대 즈음 사할린은 사냥, 채집, 낚시로 생활하는 사람들로 가득했다.

중세 초에 사할린섬에는 두 개의 민족 집단이 확고히 자리를 잡았다. 남쪽에는 홋카이도 섬에서 온 아이누인이 정착했고, 본토의 아무르강 하구에서 온 니브흐인이 북쪽에 정착했다. 러시아인이 아무르강에 등장하기 전까지 니브흐인은 오랫동안 중국과 교류를 해왔다. 이들은 6세기 경 북캄차카 반도의 코랴크인과 연해주의 여진족인 흑수말갈의 영향을 받아 홋카이도 북부와 쿠릴열도까지 지배할 만큼 기세가 대단했다. 그러나 일본 혼슈를 차지하고 있던 에조인이 홋카이도로 쫓겨 오면서 오호츠크해에서 니브흐인과 충돌했다. 후에 아이누인이라고 불리게 되는 에조인은 11-12세기에 걸쳐 사

할린 남부까지 차지하기에 이른다.[8]

13세기에 이르러 사할린은 이전 시대와는 확연하게 구분되는 새로운 문명의 시기로 들어선다.[9] 1263년 니브흐인은 사할린을 공격한 아이누인에 맞서기 위해 몽골과 동맹을 맺었다. 고려를 복속시킨 몽골은 몽골-고려 연합군을 이끌고 일본을 정복할 목적으로 사할린을 공격해왔다. 몽골의 부대는 아무르강 하구까지 이르렀고, 북사할린의 길랴크인과 니브흐인을 정복하여 1420년대에 이르기까지 조공을 거둬들였다. 1263년에서 1426년에 이르는 동안 사할린섬은 몽골의 킵차크한국(금장한국)에 의해 초토화되었다. 1285년과 1286년 양해에 몽골은 1만여 명의 대군을 사할린에 파병했고, 약 1000척의 배를 이용하여 사할린섬 남쪽 그릴론곶까지 진군해 아이누인을 쫓아냈다.[10] 몽골의 기세는 오래가지 않았다. 사할린이 일본 본토와 상당히 떨어져 있다는 것을 알게 된 몽골은 군대를 철수시켰고, 이로 인해 원나라, 명나라, 청나라 시대를 거치는 동안 사할린은 이들의 관심밖에 벗어나 있었다.[11]

16세기 초 일본의 막부가 사할린에 관심을 두기 시작했고, 마쓰마에 가문의 한 가신이 사할린의 남부를 탐험했다. 일본과 거의 동시에 1640년 모스크비틴(И. Ю. Москвитин)이 이끄는 러시아 카자크 부대가 오호츠크해로 가서 사할린 주민들에 대한 첫 정보를 얻었다. 1645년 포야르코프(В. Д. Поярков)가 이끄는 아무르 탐사대가 처음으로 사할린의 북서쪽 해안을 탐험했다. 16세기에서 17세기에 이르는 동안 에벤크인과 월타인(오로크인)[12]과 같은 유목민들이 본토에서 사할린으로 이동해 왔다. 1689년 네르친스크 조약이 체결된 이후, 니브흐인은 러시아인, 만주인, 일본인 사이의 중개자 역할을 했다. 니브흐인은 아이누인에게 처음에는 적대적이었지만, 점차 그들 사이에 교역이 늘어나기 시작했다.

1271-1295년 사이 베네치아의 상인 마르코 폴로가 동아시아와 중앙

아시아를 여행하면서 작성한 지도 덕택에 사할린의 존재가 유럽에 알려지게 되었다. 1787년 라페루즈(Jean-François de Galaup, comte de Lapérouse)[13]가 이끄는 프랑스 탐험대가 사할린 연안을 탐사하였다. 1803년에서 1806년 기간에는 크루젠시테른(И.Ф. Крузенштерн)의 지휘 하에 '나데즈다(Надежда)'와 '네바(Нева)' 범선이 러시아 최초로 세계 일주 원정에 나섰다. 1805년 5월 14일 사할린에 접근하던 크루젠시테른의 배가 아니바 만에 정박했다. 원정대는 사할린을 자세히 탐사했고, 아이누인의 생활상을 알게 되고 선물까지 나눠주었다. 같은 해 여름에 원정대원들은 사할린의 동부 및 북서부 해안 전체와 쿠릴 능선의 14개 섬을 설명하고 지도에 표시했다. 1787년 라페루즈 그리고 1797년 W.R. 브로튼(1797)이 탐사했을 때와 마찬가지로 크루젠시테인은 본토와 모래 지협으로 연결되어 있다는 점을 고려하여 사할린을 반도로 간주했다.

사할린이 섬이라는 증거는 1808년 마쓰다 덴주로(松田十郎)와 마미야 린조(1775~1844)[14]가 이끄는 제4차 사할린 조사대에 의해 밝혀졌다. 그럼에도 불구하고 러시아의 지도제작자들은 한동안 사할린을 반도 형태로 지도에 그려 넣었다가 1849년에 이르러서야 이곳이 섬이라는 결론을 내렸다. 섬이라고 확신한 데에는 네벨스코이(Г. И. Невельской) 탐사대의 역할이 결정적이었다. 네벨스코이는 러시아 수송선 '바이칼(Байкал)'을 이끌고 아무르 강 어귀를 탐사했다. 러시아 선원들은 사할린과 본토 사이의 해협인 아무르 강 어귀의 남쪽 입구를 발견하여 사할린이 섬이라는 논쟁을 종식시켰다.

18세기에 들어서면서 러시아인은 카자크인 부대를 앞세워 모피를 찾아 북극해, 베링해, 아무르강까지 공격적으로 접근해왔다. 사할린의 원주민들은 카자크부대의 정복과 러시아인의 유입으로 인해 심각한 고통을 겪었다. 이들에게 러시아인은 악마로 불릴 정도였다. 러시아제국은 1858년 아이훈조

약과 1860년 북경 협약 이후 니브흐인의 정착촌을 완전히 장악했다. 러시아는 1857년과 1906년 사이에 사할린 지역에 식민지를 세우고, 원주민의 지도자와 많은 러시아인 범죄자 및 정치 망명자들을 그곳에 수용하였다. 수적으로 많았던 러시아인 범죄자들은 간혹 교도관으로 고용되기도 하였다. 그러나 원주민들은 타지 사람들과 함께 유입된 천연두 및 인플루엔자 같은 전염병에 취약하여 큰 피해를 보았다.[15]

이처럼 사할린이 혼종문화의 장이 될 수 있던 출발점은 상당히 오래 전으로 거슬러 올라간다. 오랜 세월에 걸쳐 러시아인은 본토의 서쪽에서, 내몽골 자치구와 아무르강에 거주하던 오로촌인은 중국에서, 아이누인은 홋카이도에서, 니브흐인은 아무르강 하구에서 사할린으로 건너왔다. 바다와 인접한 사할린은 풍부한 사냥감과 어량으로 사방에서 사람들을 끌어 모아들였다. 1895년 무렵 사할린에는 130개의 마을에 25,495명의 러시아인, 2,000명의 길랴크인, 1,400명의 아이누인, 750명의 오로촌인 및 200명의 통구스인이 살고 있을 정도로 다양한 민족 구성이 특징적이었다.

과거 동북아시아의 여러 민족들은 이 섬의 존재에 대해 어렴풋이 인식했고, 각자의 언어로 부르는 가운데 유럽으로까지 그 명칭이 알려졌다. 아무르강에서 태평양으로 이어지는 물줄기를 따라 그 끝 어딘가에 미지의 공간이 있다는 것을 인식했던 고대인들은 이곳의 가능성을 미리부터 예상했다. 동방의 변방에 위치한 이곳을 두고 섬인지 반도인지에 대한 의견이 불분명했지만, 이곳이 대륙과 해양을 연결하는 중요한 연결고리일 것이라는 예측에는 이견이 없었다. 대륙의 끝, 곧 바다로 나갈 수 있는 창구이자 바다에서 내륙으로 들어가는 관문으로서의 중요성을 인지했기 때문이다.

그 과정에서 선주민들은 피해는 상당했다. 더 나은 삶의 환경을 찾아 사할린으로 들어와 정착한 민족들은 몽골의 침략과 러시아의 시베리아 정복

시기를 겪으면서 많은 피해를 입었다. 식민지 시대가 열리면서 소수민족들의 삶은 더욱 혼란 속으로 빠져들었고, 사할린을 둘러싼 러시아와 일본의 영유권 분쟁이 본격적으로 시작되면서 이들의 갈등 상황은 더욱 심화되었다.

2. 수난과 침탈, 전략의 땅 사할린

사할린에 대한 정보가 알려지면서 이곳을 향한 러시아와 일본의 야욕이 노골화되기 시작했다. 19세기 전반기부터 20세기 중반까지 사할린은 러시아와 일본 간의 영유권 분쟁으로 인해 수난의 소용돌이에 휩싸이게 된다. 한편, 사할린을 점령하기 위한 두 나라의 경쟁은 섬을 도시화하고 현대적이고 산업적인 공간으로 변모시켰다. 섬을 쟁탈하려는 과정 속에 전쟁으로 인한 피해도 막대했다. 그럼에도 불구하고 사할린은 두 나라에게 양보할 수 없는 전략의 땅이었다. 이곳의 점령은 단순한 세의 확장이 아닌, 동북아시아의 패권을 거머쥐는 것을 의미했다.

1806년 흐보스토프(H. A. Хвостов)는 사할린이 러시아의 소유임을 선언한 후 러시아의 범선 '주노(Юнона)'와 '아보시(Авось)'[16]를 이끌고 사할린 남부의 나이보(Найбо)와 샤나(Сяна)의 일본인 정착촌과 이투루프 섬의 일본 수비대를 격파했다. 이에 대한 대응으로 1811년 쿠나시르 섬의 일본 수비대는 러시아 항해사 골로브닌(В. М. Головнин)을 포로로 잡아갔다. 골로브닌은 2년 이상 일본에서 억류되어 있다가, 러시아 행정부가 사할린과 이투루프 섬 공습이 흐보스토프의 독단적인 판단이었음을 일본 측에 확인시키고 난 뒤에야 풀려났다.

19세기 중반 네벨스코이의 지휘 하에 섬에는 러시아군 초소와 마을이 속속 등장했다. 네벨스코이는 1850년 아무르 하류에 러시아 국기를 게양하고 아무르 강 하구와 사할린섬을 러시아의 소유로 선언했다. 1853년에는 최초의 러시아인이 사할린섬 북부에 들어갔고, 러시아 선원들이 사할린 남부에 러시아 군사기지로 코르사코프[17]시(市)를 건설하였다. 러시아는 청나라와 일본의 소유권 주장에 대비하기 위해 러시아 정착민을 위한 탄광과 행정시설, 학교와 교회를 설립했다. 1853-1854년 루다놉스키(H. Рудановский)는 사할린섬을 조사하고 지도를 만들었다.[18]

1855년부터 1875년에 이르는 약 20년 동안, 러시아와 일본은 사할린에서 매우 평화로운 공존의 시기를 보냈다. 1855년 1월 26일(구력 2월 7일)에 체결된 시모다 조약(下田條約, Симодский трактат)[19]에 따라 사할린섬은 러시아와 일본이 공동 통치하고 공동 소유를 선언했다. 이는 구체적이지 않은 명목상의 조건이었고, 섬의 실질적인 지위는 1875년 상트페테르부르크조약[20]에 의해 결정되었다. 러시아가 쿠릴열도의 북부 일부를 일본에 양도하는 대신 사할린섬에 대한 모든 권리를 받음으로써 이 시기 동안 두 나라는 우호적 관계를 유지하였다.

그러나 1904년 1월 일본은 러시아와 국교를 단절하고, 그달 27일 여순항[21] 인근의 군함을 공격했다. 이것이 러일전쟁의 시작이었다. 1904년 8월 20일 일본의 순양함 쓰시마호가 아니바 만에 있던 러시아 순양함 '노빅(Новик)호'을 공격했다. 전투 후 러시아 선원들은 코르사콥스키 항 근처에 파손된 노빅호를 침몰시켰다. 1905년 5월 14일부터 15일까지 쓰시마 해전에서 러시아 함대가 패배했다. 러시아군은 19척의 선박과 10,000명이 죽거나 노획되는 손실을 입었고, 1905년 6월 일본의 대군(12개 대대, 18개 대포, 14,000명의 군인, 40척의 함선)이 사할린에 상륙했다. 전투 첫날 사할린 총독이었던 레베데프 장군은 참모들과 항복했다.

러시아는 사할린 남부와 쿠릴열도의 잃었고, 사할린은 북부와 남부로 분할되었다. 1905년 차르 정부는 미국의 압박을 받아 러시아가 사할린의 절반 (남부)과 쿠릴열도를 모두 상실하는 조건으로 미국의 포츠머스에서 일본과 평화 조약을 체결했다. 대부분의 러시아인이 일본이 점령한 지역에서 피신 했다. 약 400명의 탈옥수와 추방된 정착민만이 옹기종기 모여 살며 강도와 살인에 시달리다 6개월 사이에 일본군에게 포로로 잡혀 총살당했다. 이들은 차르 정부가 수년에 걸쳐 찾고 있던 이들이었다. 1945년에 이르는 40년 동 안 사할린의 북부와 남부의 개발은 완전히 다른 방식으로 진행되었다. 사할 린 남부(가라후토 청)의 경제와 농업이 역동적으로 발전한 반면, 사할린 북부는 러시아 전역을 휩쓴 사회적 격변으로 심각한 어려움에 처했다.

일본이 차지하고 있던 사할린 남부는 일본에 병합하려는 움직이는 이는 동시에 가라후토라고 명칭을 바꾸면서 애국심이 높아지는 분위기가 조성되 었고 산업분야에서 인구가 증가하고 기업 활동이 장려되었다.[22] 일본이 사할 린 남부를 차지한 첫 15년 동안 일본인의 숫자는 20배 이상 증가했다. 1920 년에는 105,900명, 1940년에는 가라후토에만 415,000명이 거주할 정도로 비약적으로 팽창했고, 이는 오늘날의 사할린 지역 인구에 준하는 숫자였다. 일본은 철도, 전신, 전화, 우편, 도로포장의 사업을 진행하였고 1930년대에 는 일본과 사할린 남부를 연결하는 항로를 개설하고, 학교를 세워 교육문화 를 향상시켰다.[23] 사할린 주의 주도인 유즈노사할린스크는 당시 '풍요로운 평원'이라는 뜻의 토요하라(豊原)로 불렸다.

일본군이 퇴각하면서 735개의 기업, 700km 이상 길이의 철도, 24개의 터 널, 618개의 다리, 6개의 고속도로, 13개의 비행장을 남겼다. 당시 마오카라 로 불리던 홀름스크 市에는 바다항과 어항이 건설되어 있었고 113개의 통신 기업이 가동되고 있었다. 우편물은 도보와 말을 포함한 모든 운송 수단(항공 제외)으로 배달되었다. 이 기간 동안 운영한 기업은 쌀 공장 31곳, 사케 생산 공장이 20곳, 증류소 3곳, 산업용 유지 생산 공장 2곳, 대두 생산 공장 10곳, 전분 공장 8곳, 제분소 3곳, 제과점 2곳, 비누 공장 4곳, 산소 생산시설, 설탕 공장, 과자 공장, 비스킷 공장, 도자기 생산 시설, 소시지 공장, 마카로니 공장, 제약 공장, 전나무 기름 공장, 탄광 36곳, 100개 이상의 벽돌 공장이 있었다.[24]

　일본인은 '타라'라는 명칭의 휘발유, 기름, 연료유, 코크스를 생산하는 데까지 적응했다. 가라후토에는 10개의 펄프 및 제지 공장이 있었다. 몇 년 사이 이곳의 고기잡이에 고용된 사람들의 수는 65,000명에 이를 정도였다. 한인들은 강제노동에 동원되어 광산에서 일하고, 도로와 구조물을 건설하며 목재를 벌채하는 일을 담당했다.[25] 일제 강점기 토요하라(유즈노사할린스크)의 마지막 인구 조사에 따르면 1945년에 약 391,000명이 사할린 남부에 살았다. 이중에는 일본인이 358,500명, 한인이 23,500명, 북방 민족이 812명, 러시아인이 360명이었다.

　러시아가 차지하고 있던 북부 지역은 러일전쟁 직후 정상화가 불가능할 정도였다. 1917년까지 사할린 북부 전역에는 약 7,000명 남짓한 사람들이 살았다. 대다수 마을의 인구가 줄어들었고, 일부 마을들은 버려지기조차 했다. 폐쇄된 광산에서 석탄 채굴 작업도 멈추었다. 오랜 세월에 걸쳐 강제노동을 동원하여 건설된 도로들은 썩어져 나가고 숲과 골짜기로 뒤덮였다. 중앙 정부는 사할린까지 미처 손을 쓸 겨를이 없었다.

　1905년에서 1907년에 이르는 동안 러시아는 혁명의 소용돌이에 빠져 헤어 나오질 못했다. 1918-1925년 사이 러시아 내전으로 인한 혼란은 일본에게 사할린 전체를 차지할 수 있는 절호의 기회를 제공했다. 1917년 3월, 차르 정부가 임명한 행정부는 사할린 북부에서 완전히 손을 뗐다. 사할린섬의 권력은 임시 정부 위원에게 넘어갔다. 1918년 8월 사할린 북부의 자치 정부

지도자들은 소비에트 권력 불인정 선언을 한다. 1918년 11월 옴스크 반혁명 정부의 군사장관인 콜차크(А.В.Колчак)가 이후 쿠데타로 군사독재정권을 수립하고 연합국 측의 지지와 승인을 받으며 백군 최고의 지도자로 등극했다. 콜차크 정부의 권력은 사할린 북부까지 확장되었다. 1920년 1월 13일에서 14일 사이 알렉산드롭스크[26]에서 콜차크에 반대하는 쿠데타가 일어났다. 사할린 북부의 권력은 임시혁명위원회의 손에 넘어갔고, 사할린 북부는 소비에트 권력의 것으로 선포되었다.

일본은 상황을 주도면밀하게 지켜보면서 섬의 북쪽을 점령할 결정적인 순간을 기다렸고, 신생 소비에트 세력의 약점을 파악하자마자 이를 실행에 옮겼다. 1920년 4월 22일, 일본군 상륙 부대 2,000명이 알렉산드롭스크에 착륙하여 사할린 북부를 점령했다. 사할린 북부의 권력이 일본 군정에 이양된 후 소련의 권위 있는 지지자들이 체포되고 살해되었다. 일본의 점령은 1920년부터 1925년까지 지속되다가 베이징에서 '소련과 일본 관계의 기본 원칙에 관한 협약'에 서명함으로써 끝이 났다. 베이징 협약으로 사할린 북부가 소련에 반환되자 마지막까지 남아있던 일본인 부대가 사할린 북부를 떠났고, 소비에트 행정부의 권력이 다시 섬의 북부로 확장되었다. 소련은 1945년 2월 얄타 회담에서 일본과의 전쟁에 참전하는 대신, 그 대가로 1905년 이후 일본에 속했던 사할린 남부와 쿠릴열도를 받기로 한다. 1945년 8월 8일 소련은 일본에 선전포고했고, 1905년 포츠머스 평화협정의 결과로 상실했던 영토를 원래대로 되돌렸다.

사할린은 러시아와 일본이 등장하기 이전부터 충돌이 빈번했던 곳이다. 이곳을 차지하기 위한 니브흐인과 아이누인, 몽골인 간의 경쟁은 러시아인과 일본인의 경쟁으로까지 번져나갔다. 사할린의 지리적 가치와 중요성을 두고 러시아와 일본은 오랫동안 갈등을 이어왔다. 일본에게 사할린은 대륙으로 진출하기 위한 발판이었고, 러시아에게는 태평양으로 나가기 위한 진출의 기지였다. 그런 만큼 이 두 나라는 사할린을 두고 첨예한 대립을 이어왔고, 그 과정에서 한인까지 추가적으로 투입되면서 교류와 갈등, 충돌의 역사가 반복되어왔다. 이들의 경쟁은 아이러니하게도 그 땅을 개간하고 발전시키는 주춧돌이 되었다. 러시아는 석탄 채굴이 중요한 산업분야임을 인식하고 북사할린에서 금, 아연, 철광석을 채굴했고 석유 개발에도 앞장섰다. 여기에 산업화에 박차를 가한 일본 제국주의로 인해 사할린은 열악한 환경에서 벗어날 수 있었다.

열강의 각축장이 되어 수난의 세월을 보내기도 했지만, 사할린은 다양한 민족들이 만들어낸 독특한 분위기 덕택에 러시아화 과정에도 불구하고 본토와는 또 다른 특색을 지닌 공간이 되었다. 즉, 섬이라는 폐쇄적 조건을 딛고 타문화를 거부감 없이 받아들이는 개방적 공간이 만들어진 것이다. 발견되고 점령되는 과정 내내 민족들의 유입과 이동이 잦았던 사할린의 역사는 경쟁적으로 벌인 쟁탈의 역사 속에서 아이러니하게도 산업적으로나 문화적으로 발전한 장이 되었고, 진정한 전략의 땅으로 부상하기에 이르렀다.

III. 다민족과 다문화의 공간 사할린

1. 소수민족들의 전통문화와 혼효

러시아와 일본이 들어오기 전 사할린에 거주하던 선주민은 아이누인과 니브흐인이었다. 아이누인은 17세기 말 러시아 상인들과 접촉하면서 캄차카로 들어왔다. 17세기 유럽인들은 아이누인의 모습에 충격을 받았다. 일반적인 털이 드문드문 나고 누르스름한 얼굴의 몽골인과 달리 이들은 비정상적으로 풍성한 머리털에 엄청나게 길고 풍성한 턱수염과 콧수염을 기르고 있었고, 식사 시에는 특수 막대로 이 수염을 잡고 먹었다.[27] 그들의 얼굴에서 보이는 오스트레일리아 원주민적인 특징은 여러 면에서 유럽인의 특징과도 유사했다. 이들은 여름에는 적도 지역 주민들처럼 훈도시만 입었다.

아이누인은 농업에 종사하지 않았고 채집, 어업, 사냥에 종사했다. 그렇다 보니 이들에게는 인구수를 자연환경에 맞춰 유지하는 것이 중요했다. 아이누인은 인구 폭발을 방지하기 위해 정착촌을 크게 만들지 않았고 사회적 단위는 지역 집단으로 구성되었다.[28] 이들의 문화는 삶을 유지하기 위한 넓은 자연 공간이 있어야 해서 정착촌 간의 거리가 멀리 떨어져 있었다. 아이누인은 상당히 이른 시기에 일본 열도의 모든 섬에 정착해서 널리 퍼져 살았다. 아이누인 사이에서는 담배를 피우는 문화가 널리 퍼져 있었다.[29]

아이누인의 종교는 샤머니즘이었고, 19세기 말까지 제사 문화가 아이누인 사이에 널리 퍼져 있었다.[30] 제물은 곰과 독수리 숭배사상과 관련이 있었다. 곰은 사냥꾼의 정신을 상징했고 의식을 위해 특별히 사육되었다. 제사가 거행되는 집의 주인은 최대한 많은 손님을 초대하려고 애썼다. 아이누는 곰의 머리에 전사의 영혼이 산다고 믿었기 때문에 희생 제물로 동물의 머리를 잘라 바쳤다. 그 후 이 머리는 신성하다고 간주하는 집의 동쪽 창에 갖다 놓았다. 이 의식에 참여한 것을 상징하기 위해 사람들은 빙 둘러앉아서 희생물의 피가 담긴 잔을 돌리며 마셔야 했다.[31] 사할린에는 이처럼 샤머니즘을 비롯하여 토테미즘 또한 널리 퍼져 있었다.

스페바콥스키(А. Б. Спеваковский)는 아이누인의 주된 종교관은 모든 사물에 '혼'이 있다고 믿는 애니미즘이라고 정의한다.[32] 아이누인은 사진을 찍거나 스케치하는 것을 거부했다. 그들은 이것이 생명의 일부를 앗아간다고 믿었다. 아이누인은 뱀이 위험하다는 사실에도 불구하고 뱀을 죽이지 않았다. 아이누인의 문화에서 뱀은 태양신과 직접적으로 연결되어 있었다.[33] 그들은 전통적으로 뱀을 악의 세력 혹은 악마로 간주했다. 뱀의 몸에 서식하는 악령을 죽이면 이후 이 악령이 뱀의 몸을 떠나 살인자의 몸에 들어갈 것이라고 믿었기 때문이다. 또한 뱀이 길에서 자고 있는 사람을 발견하면 그 사람의 입으로 기어들어가 그의 마음을 지배할 것이라고 믿었다. 그러면 그 사람은 미치광이가 된다고 생각했다.

아이누인의 고유한 문화는 사할린 환경에서 점차 변화되어갔다. 대표적인 예를 의복과 생활문화에서 찾아볼 수 있다. 사할린의 아이누인 의복은 만주인의 전통을 흡수하여 독특한 깃과 호크가 생겨났다.[34] 사할린의 아이누인은 총을 석궁처럼 사용했다. 사냥꾼은 곰이 다니는 길에 밧줄을 친 다음 한쪽 끝을 나무나 기둥에 묶고 다른 쪽 끝은 고정시킨 총의 방아쇠에 연결했다.[35]

제2차 세계 대전 직후 일본은 거의 모든 아이누인을 홋카이도로 이동시켰다. 일부 고립된 대표들만 사할린에 남아있을 뿐이었다.[36] 그 이전까지 아이누인의 독특한 생활상은 사할린을 대표하는 문화였다. 홋카이도에서 사할린으로 이동해 온 아이누인은 일본의 아이누인과 구별되는 고유의 문화를 창출해냈다. 이들은 내륙에서 온 민족들과 교류하고 문화적 혼성의 시대를 거치면서 새로운 정체성을 만들어갔다. 점차 본래의 문화에서 벗어나는 현상은 종교에서도 두드러졌다. 18세기 러시아는 모피를 구하기 위해 동진정책을 펼쳤고, 그 가운데 사할린과 쿠릴열도에도 러시아의 정교가 포교되기 시작했다. 러시아인은 일본인과 달리 아이누인을 부드럽게 대했고, 이로인해 젊은 세대들이 조상들의 관습을 벗어나 러시아인의 정교와 생활양식을 받아들이게 되었다.[37] 러시아에 동화되어 러시아어를 사용하고 정교로 개종한 아이누인이 대거 탄생한 것이다.

아이누인의 다양한 흡연도구는 사할린과 아무르강 하류 민족들의 전통이 가깝다는 것을 증명해준다. 아이누인과 적대적인 관계에 놓여있던 니브흐인에게서도 그와 같은 흡연도구를 찾아볼 수 있다. 뿐만 아니라 극동, 시베리아, 중앙아시아의 민족들과 마찬가지로 아이누인과 니브흐인에게서 목관악기가 발견된다.[38] 니브흐인 사이에서는 아이누인이나 월타인과 마찬가지로 인간이 나무에서 기원했다는 믿음이 있었다.[39]

아이누인보다 앞서 사할린에 거주했던 최초의 민족은 니브흐인이다. 니브흐인은 북극 지역에서부터 바이칼, 시베리아를 가로질러 사할린 지역까지 널리 분포하여 살다가 후에 동쪽으로 이주하여 아메리카 대륙에 정착한 것으로 알려져 있다. 빙하기를 거치면서 이들은 시베리아의 혹독한 기후를 이겨내는데 특화되었다. 빙하기가 끝나자 남쪽의 퉁구스인이 더 따뜻해진 북부 지역으로 밀고 올라와 부족민들을 지배했다.

니브흐인은 혹독한 추위를 이기고 공동체의 생존을 위해서 아무르 강어귀에서 3~4가구가 모여 살았다. 그러나 홍수에 취약하여 1915년과 1968년의 파괴적인 홍수로 많은 원주민들이 죽었다. 남성의 수가 여성의 수보다 훨씬 많았기 때문에 아내를 얻는 것이 매우 어려웠다. 부유한 남자는 한 명 이상의 아내를 가질 수 있었고, 가난한 남자는 평생 결혼을 하지 못했다. 니브흐인은 애니미즘에 기반한 종교를 가졌고, 특히 불을 숭배하였는데, 불은 조상의 신이라 하여 악령으로부터 부족을 보호한다고 믿었다.[40] 니브흐인 사이에서 샤머니즘은 큰 역할을 하지는 않았지만, 그럼에도 불구하고 샤먼에게 병을 치료해달라고 하거나 길흉의 예언이나 주술의 힘을 믿곤 했다.[41]

러시아는 1880년대부터 1948년까지 사할린에서 일본인 어부들의 조업을 허용하였다. 아무르 총독은 일본인과 니브흐인 어부들에게 높은 세금을 부과했고, 그 재원으로 지역을 개발할 수 있었다. 1922년 10월 혁명을 통해 소비에트 연합이 형성되었고, 새 정부는 공산주의 이데올로기를 주입시키기 위해 니브흐인에게 새로운 정책을 적용했다. 옛 명칭이었던 길랴크인을 니브흐인으로 변경하는 것이 허락되었다. 원주민들을 위한 자율 자치제도를 일부분 허용하였고, 광범위한 어업권을 인정하였다. 정부는 어업 대신 농업 정책을 장려하였고, 산업에 노동력을 강제로 착취하였다. 하지만 원주민들은 물고기를 잡는 대신 땅을 갈아 농업을 하는 것은 죄라고 생각했다. 이들의 믿음은 쉽게 바뀌지 않았지만, 지속적인 정책의 영향으로 그들의 전통적인 생활방식이 변하기 시작하였다. 전통적인 수렵 및 채집 중심의 생활방식은 자취를 감추었다. 소련 정부는 원주민들을 공산주의 체제로 빠르게 변모시켰다. 학교 및 일상에서 러시아어의 사용을 강요하고 니브흐어의 사용을 금지하였다.

원주민들에게 러시아 문화가 빠르게 이식되면서 전통적인 이야기, 신념 및 친족 관계에 대한 개념이 점점 잊히기 시작하였다. 강력한 러시아화 과정을 통해 소수민족들의 풍습은 점차 러시아문화로 흡수되었고, 소수민족들 중 일부는 일본으로 강제이주를 당하기도 했다.[42] 전통문화를 지키려는 소수민족의 반발도 거셌지만, 이들은 점차 거대한 러시아 문화권 안으로 자연스럽게 녹아들어갔다. 다원화 시대를 맞이하여 오늘날 이들 소수민족의 문화는 또 다른 움직임을 보이고 있다. 지방도시의 특화, 지역문화의 부활 및 문화재생운동의 일환으로 소수민족의 전통과 축제, 생활양식이 활발하게 복구되고 있다. 이것은 다양한 민족 구성으로 하나의 하모니를 내는 사할린만의 독특한 문화로 자리잡고 있다.

2. 일본과 한국의 문화적 영향과 교류

20세기에 들어서면서 러시아와 일본은 제국주의의 야욕을 노골적으로

드러내며 자신들의 문화를 이곳에 이식시키기 위해 혈안이 되어 있었다. 그렇게 두 나라의 문화가 앞 다투어 사할린에 뿌리내리는 가운데 한인의 등장은 또 다른 문화의 유입을 예고했다. 강제노동에 동원된 한인들이 전쟁과 분단으로 불가피하게 사할린에 정주하게 되었고, 민족적 정체성을 잃지 않으려는 노력이 전통문화의 수호로 이어지면서 러시아문화 안에 한국문화가 이식되는 독특한 현상이 발생했다.

결국 러시아와 일본이 경쟁적으로 펼친 대외 팽창 정책은 사할린을 다민족과 다문화의 공간으로 만들었다. 사할린에는 선주민이었던 니브흐인과 아이누인의 전통 및 생활양식을 비롯하여 러시아와 일본, 한국의 전통문화와 생활문화, 주거문화와 건축양식이 혼합되어 드러난다. 러시아와 일본의 정책에 따라 사람들의 이동이 이뤄졌고, 이에 동반되는 접촉과 혼효, 갈등과 협조, 수용 및 사회적, 문화적 결과는 이들 간의 관계성과 맞물려있었다. 이러한 경험이 오늘날의 사할린을 다양하고 풍부한 문화의 공간으로 변화시켰다. 과거 제국주의의 희생양이 되었던 사할린은 충돌의 장에서 교류의 장으로 변모하고 있다. 개방의 시대를 맞이하여 과거와 달리 조건 없는 민족의 이동이 가능해지자 이곳은 어느 민족에게는 한때 자신들의 조상이 머물렀던 그리운 향수의 공간이 되거나 자신들의 문화를 발견할 수 있는 이국 속 작은 고향이 되었다. 다양한 문화와 종교, 건축물을 한 장소에서 몰아볼 수 있는 것도 사할린만이 가진 매력이다.

사할린으로의 한인 이주는 일본의 전략적 계산 하에 이뤄졌다. 일본은 1926년에서 1935년에 이르는 시기 계획적인 자원개발을 위해 남사할린에 집단이민을 장려했다. 일본은 러시아보다 원주민 정책에 훨씬 더 적극적이었고 원주민 동화정책을 펼쳐나갔다.[43] 남사할린은 일본의 입장에서 볼 때 모범적인 식민지개척 사례였다. 홋카이도에서의 경험을 토대로 일본은 노동자 모집과 강제 징용을 통해 한인들을 대거 이곳으로 끌어들였다. 남사할린 인구가 폭발적으로 늘어나던 시점에 한인이 절대 비중을 차지했다는 것이 이를 단적으로 설명해준다. 식민지 정책을 공격적으로 펼쳐나가던 일본은 한인 노동력뿐 아니라 그들의 문화도 필요로 했다.

일찍이 일본은 자신들이 가진 남방문화로는 북방으로의 진출이 어렵다는 것을 체감하고 있었다. 그렇기에 그들이 북방을 얻기 위한 방책으로 삼은 것이 한국의 온돌문화였다.[44] 일본은 한국의 문화를 앞세워 사할린을 점령했다. 그럼에도 불구하고 일본은 사할린에서 자신들의 문화 또한 포기 하지 않았다. 사할린에는 일본 신사에서 볼 수 있는 '도리이(나무 문)'과 다다미 같은 남방문화의 전형은 물론 한국의 온돌문화, 러시아의 페치카 문화까지도 공존한다. 또한 러시아로 이주한 한인들은 러시아인처럼 침대를 사용하면서도 방을 개조해 구들을 만들어놓고 이불과 요를 함께 사용하곤 했다.

하지만 사할린의 한인에게서는 다른 지역의 한인에 비해 이러한 문화가 상대적으로 강하지 않았고,[45] 러시아식 삶에 많이 동화되어 있었다. 전통적인 신앙(미신, 점), 의례(관혼상제), 명절, 세시풍속 등이 잘 지켜지고 있는 반면, 세대를 거치면서 점차 한국어의 사용은 줄어들었다. 한인 3,4대에 이르면 주로 러시아어를 모국어로 하는 경우가 대부분이었다. 그런 만큼 이들의 삶도 빠르게 러시아화되었다.

한인이 러시아에 이식한 가장 강력한 문화 가운데 하나가 식문화였다. 실제로는 한국에 존재하지 않는 음식이지만, 김치의 발효된 맛을 어느 정도 구현해낸 '한국 당근(корейская морковка)'을 그 예로 들 수 있다. 김치 역시 러시아에서는 그리 낯설지 않은 단어가 되었다. 사할린의 식탁에서 한식과 일식은 외국 음식이라기보다는 오래전부터 익숙한 것이었다. 이것은 러시아인, 일본인, 한인 등이 함께 살았던 상호관계성의 경험이라 할 수 있다. 그와 같은 가장 대표적인 흔적이 언어에서 드러난다. 러시아인에 의해 도시의 기반이 형성되었더라도 실제로는 일본의 지배를 받으면서 도시와 지역 내의 많은 명칭들이 일본어로 붙여졌다. 일본인은 아이누어로 불리던 기존의 지명을 일본어로 표기하기도 하는 등 사할린의 명칭과 세부지명에까지 일본화하려는 시도를 하였고, 이런 명칭은 오늘날까지도 남아있다.[46]

'한국 당근'의 경우 한국어가 아닌 러시아어로 널리 알려져 있지만, 이 말에서도 역시 한국어의 흔적이 묻어나는 것을 확인할 수 있다. '한국 당근'을 지칭할 때 당근을 뜻하는 '모르코프카'와 함께 자주 사전에는 없는 단어인 '모르코프차'로도 발음되는 경우가 있다. 바로 이 '모르코프차'의 마지막 음절 '차'가 한국어의 무채, 당근채를 의미하는 '채'의 러시아식 발음이다. 이처럼 다양한 언어의 혼종이 만들어낸 특별한 문화가 사할린의 의식주 안에 내재해있다.

안톤 체호프는 "사할린의 남부 해안 여기저기에 일본식 가옥들이 산재해있다"[47]는 말로 이곳의 이국적인 모습을 잘 묘사한 바 있다. 사할린에 피는 흔한 보라색 꽃은 '가라후토 부시'라는 일본식 이름으로 널리 불리기도 한다.[48] 또한 동부 해안과 서해안 북부, 남서 지역의 강 이름과 해안 이름에 붙여진 니브흐어의 흔적도 찾아볼 수 있다.[49] 사할린은 비록 열강의 각축장이었지만, 국가 간의 힘겨룸과 상관없이 민족들 간에는 생활의 교류가 이어지고 삶의 경험들을 나누며 북방과 남방의 문화가 공존하는 삶이 가능한 곳이었다. 그러므로 사할린에서는 다양한 민족들이 문화적으로 교류하고 교차한 다양한 삶의 흔적들을 쉽게 확인할 수 있다.

3. 수용소의 시대와 러시아문화의 유입

러시아 정부는 자발적인 이민정책으로는 사할린섬을 성공시키기가 어렵다는 것을 알고 유형수들을 보내어 정착시키기로 결정한다. 죄수들의 노동력을 식민지개발에 이용하는 데 사용했던 러시아는 시베리아 자원 개발에 농노나 종신형을 받은 죄수들을 이용했다. 19세기 말부터 사할린에도 수용소의 역사가 시작되면서 러시아인이 대거 유입되기 시작한다. 바다로 둘러싸인 외딴 섬이라는 조건은 사할린을 최적의 수용소로 만들었다. 1875년 5월 23일의 차르 명령에 따라 사할린섬은 죄수와 정치범의 수용소가 되었다. 1858년 최초의 유형수들이 사할린에 나타났다. 스무 명의 유형수들은 도보로 시베리아를 거쳐 사할린으로 오는 데까지 14개월 이상이 소요됐고, 이 과정에서 4명이 사망했다. 섬에 도착하고 2년 뒤 이들 가운데 4명이 더 사망했다. 그럼에도 불구하고 당시 페테르부르크(당시 수도)에 발송된 전보에는 폐허가 된 섬이지만 삶에 적응할 수 있는 정도라고 쓰여 있을 정도였다. 1879년 이후부터는 죄수들을 증기선에 실어 보냈으며 기간은 평균 65일에서 75일이 소요되었다.

사할린은 매우 가혹한 수용소로 유명했다. 이들은 첫 3~5년 동안은 손과 발이 족쇄에 쇠사슬로 묶여 있었고 때로는 외바퀴 손수레에 쇠사슬로 한 차례 더 묶어놓기도 했다. 죄수들의 80%가 탄광에서 일했고 나머지는 벌목과 건설에 참여했다. 많은 사람들이 복역하는 동안 새로운 범죄를 저지르고 사형을 선고받았다. 사형 집행자는 죄수들 중에서 선택되기도 했다. 살인 혐의로 55년 노동교화형을 선고받고 감옥에서 탈출하여 13명을 직접 처형한 코멜레프(Комелев)과 악명높은 사기꾼 황금 손 손카(Сонька)도 사할린 수용소 출신이었다. 심지어 사할린의 유형수들은 시베리아의 유형수들을 부러워할 정도였다. 시베리아의 유형수들은 타이가와 툰드라 지배로 도망이라도 칠 수 있었지만, 사할린은 섬이라는 특성상 탈출조차 불가능한 최악의 유형지였다.

작가 안톤 체호프는 1890년 4월 사할린으로 여행을 떠난다. 사할린을 여행지로 택한 것은 상당히 의도적이었다. 체호프는 당시 불의와 전제정치, 폭력이 난무하는 구석구석을 살펴보고 폭로하고자 했다. 게다가 그 무렵 그는 대중으로부터 자유주의적이고 비원칙적이며 사회문제에 무관심하다는 비판을 받고 있던 터라 이에 대한 대응으로써 머나먼 섬으로의 여행을 계획한 것이기도 했다.[50] 체호프의 사할린 여행은 당초 계획보다 훨씬 길어져 6개월의 기간을 소요했다. 체호프는 생각보다 훨씬 열악한 사할린의 상황에 충격을 받았고, 그곳의 생활이 안타까워 모스크바로 돌아오자마자 바로 책과 기부물품을 보냈을 정도였다. 그만큼 사할린은 인간의 인내를 시험하는 장소였다. 당시 사할린의 처참한 환경과 실상은 체호프가 이곳을 방문하고 1891년부터 1893년까지 쓴 보고 문학 형식의 작품인 『사할린섬』에도 잘 드러나 있다.

사할린은 러시아인 유형수뿐 아니라 외국인 유형수도 받아들인 곳이었다. 『사할린섬』에도 외국 유형수에 대한 진술이 드러난다. 사할린에 처음으로 발을 디딘 한인 역시 유형수의 신분으로 온 것이었다. 1897년 당시 사할린에는 외국인 유형수가 112명에 이르렀고, 이들은 유형 후 바로 국외로 추방되었다.[51] 그럼에도 불구하고 대다수의 유형수는 러시아인이었고, 이들로 인해 사할린 인구에서 러시아인이 많은 비중을 차지하기에 이른다. 러시아인이 시베리아와 극동으로 몰려오면서 정교의 포교도 박차를 가하게 되었지만, 다른 지역과 달리 사할린에서의 정교는 세속적인 것이 특징이었다. 유형수들이 있었던 이곳에서 종교는 사회적 의의를 전혀 갖지 못했고, 이런 현상이 모든 종교에서도 특징적으로 드러났다.[52]

사할린은 20세기 중반을 넘어서면서 러시아 사회의 안정화 속에 변모한다. 혁명과 전쟁이 쓸고 간 자리에 문화시설들이 들어서기 시작했다. 1946년 5월, 과거 일본 박물관이 있었던 자리에 러시아 향토박물관이 설치되었고 1947년에는 유즈노사할린스크주 드라마극장이 문을 열었고, 이후 필하모니가 만들어졌다. 1948년에는 고려인 이동 드라마 극장(Корейский передвижной драматический театр)이 문을 열었다. 문화예술의 변방이었던 이곳에 소련 정부의 주도 하에 문화정책이 수행되기 시작했다. 강제노동으로 유입된 한인들은 이곳에서 근면성실함으로 부를 일궜고, 러시아인에 이어 사할린에서 두 번째로 큰 민족 집단을 이루며 그 세를 확장해나갔다. 에드워드 사이드는 오랫동안 창출된 역사와 전통, 그리고 지배하고자 하는 노력은, 동시대의 순간에 그렇게 모순되고 강렬한 것에 대한 더 새롭고, 더 탄력성이 있으며 이완된 이론들로 바뀌어간다고 설명한다.[53] 새로운 질서 속에 사할린은 매력적인 다문화의 공간으로 바뀌는 과정을 거치게 된다.

오늘날 사할린섬의 인구는 꾸준히 감소세를 보이고 있다. 2021년 1월 1일 기준 사할린섬의 인구는 총 485,621명으로 1990년대 초반 70만 명 이상이던 인구수에서 지속적으로 감소하고 있다. 민족 구성으로는 2010년 기준 러시아인이 82.29%에 이르고 그 다음으로는 여전히 한인이 5.02%로 많다. 원주민이던 니브흐인은 민족구성원 중 6위에 해당하는 숫자로 0.46%에 불구하다.[54] 비록 러시아인에 비해 상대적으로 낮은 비율이지만, 사할린에서 한인의 비중이 상당하고 한국문화가 지배적인 것을 수치상으로도 확인할 수 있다.

결과적으로 사할린은 한 세기를 거치면서 선주민 중심의 사회에서 외부에서 이주한 이주자들의 사회로 변화하는 경험을 했고, 사할린의 주인이 러시아인에서 일본인으로, 또 다시 러시아인으로 바뀌는 과정 속에서 혼종성이 형성되었다. 소수민족들 가운데에는 일본어를 사용하지만 러시아식으로 사는, 또한 한인의 경우 러시아어를 사용하면서 한국의 전통문화를 고수하지만, 엄밀히는 한국적이라고 할 수 없는 문화적 혼효가 드러난다. 전후 사할린에 남은 한인의 정체성은 다양했다. 러시아인이 지배하던 시절 사할린에서 유년시절을 보낸 사람들은 자신을 한인으로 인식한 반면, 일본 식민지 시대 토요하라 중학교에서 교육을 받은 엘리트들에게 있어 모국어와 문화적 관습은 완전히 '일본'이었다.[55] 홋카이도에서 이주한 한인들의 경우는 아이누인과 깊은 유대 관계를 가지면서 서로 지원하고 혈연을 맺는 등 정주화로까지 이어졌으며 그러한 유대 가운데 아이누 문화를 전승하는 한인들도 생겨났다.[56] 그만큼 한인 내에서도 문화의 수혜, 이주와 정주의 과정 속에서의 영향, 핍박에 의한 단절 과정에 따라 다양한 정체성을 보인다.

러시아 학자들은 사할린섬 동쪽에 흐르는 임친강을 중심으로 북사할린에는 원래 단일한 문화가 존재했지만, 이곳 역시 점차 다양한 문화의 장으로 전환되고 있다고 설명한다.[57] 임친강의 문화는 아무르강 하류의 문화와 깊이 연관되어 있던 곳이었고, 상대적으로 일본의 영향을 덜 받던 곳이었지만 이곳도 점차 문화의 다양성이 드러나고 있다. 그러므로 사할린은 아무르인 계열의 소수민족과 퉁구스인, 만주인의 흔적을 엿볼 수 있는 곳이자 근대 러시아와 일본, 한국문화의 살아있는 보고(寶庫) 같은 곳이다. 20세기 근대사에서 독특한 위치를 차지하는 사할린은 동북아 문화와 역사를 하나의 실로 연결하여 만든 곳이다.

IV. 나가는 말

사할린섬과 쿠릴열도가 러시아와 일본의 관심 안으로 들어온 것은 역사가 그리 오래되지 않았다. 이 지역은 러시아에도 일본에도 주요 통치 지역으로부터 상당히 벗어나 있던 변방이었던 만큼 관리의 부담을 가질 수밖에 없는 곳이었다. 일본이 쿠릴열도의 소유권을 갖고 있을 당시에도 실제 관리는 러시아가 했던 것도 바로 그런 이유에서였다. 그러던 사할린이 세계화, 국제화, 지역경제의 활성화 등 현대적 흐름 속에 동북아의 접점이자 문화의 중심으로 떠오르고 있다.

최근 러시아 정부가 한국에게 쿠릴열도 자유 관세 프로젝트에 참여할 수 있도록 지목하고, 사할린이 석유 채취와 어량의 보고이자 극동관구의 문화 중심으로 부각되면서 이 지역의 효용 가치가 더욱 주목받고 있다. 쿠릴열도와 사할린은 우리 한국이 러시아와 일본 사이에서 상대적 이익을 볼 수 있는 지역이라는 점에서 전략적으로 가치 있는 땅이라 할 수 있다. 일본은 한동안 경제적인 관점에서 중국과 러시아, 그리고 한국과 경제적 협력관계 확대와 물류의 효율적인 흐름을 위해 해저터널에 대한 필요성을 검토한 바 있다. 북한이 문을 열지 않는 한 유라시아를 관통하는 TSR, TCR과의 연결이 불가능한 상태에서 일본은 일찍부터 홋카이도와 사할린, 연해주를 잇는 해저터널을 구상함으로써 이 지역의 경제적 가치에 관심을 두고 있었다. 그만큼 사할린의 미래적 잠재 가치는 대단하다고 할 수 있다.

러·일간의 첨예한 대립과 자존심 대결의 장이었던 사할린은 이제 다문화의 다양성이 강점이 되는 공간으로 변신하고 있다. 지난 역사 속에서 사할린에는 지배자와 피지배자들 사이에 다양한 관계가 형성되었다. 그뿐만 아니라 제국주의 정책이 시행되는 과정에서 물리적 거리와 넓이에서의 이동이 촉진되고 다양한 지역과 나라의 사람들이 뒤섞여 서로 다른 경험을 하며 복잡한 문화가 형성되었다. 이처럼 사할린의 겹쳐지고 서로 얽힌 경험의 복잡한 역사는 억압과 피억압, 폭력과 협조, 저항, 일탈, 민족의 테두리를 초월한 혼효와 사회적, 문화적 결과를 만들어냈다.

사할린에서는 선주민이었던 다양한 소수민족의 문화를 비롯하여 러시아 문화, 일본문화, 그리고 한국문화의 특징까지도 찾아볼 수 있다. 이러한 다양한 문화의 공존이 섬을 개방적인 공간으로 변화시켜주었다. 섬이라는 고립된 환경 속에서 독특한 역사가 만들어낸 사할린의 수용성은 중심문화(러시아의 수도권 문화)에서 벗어나 있던 이곳을 새로운 시대와 더불어 다양한 문화를 향유할 수 있도록 만들었다.

'사할린 동포'라는 말이 익숙할 만큼, 우리에게도 사할린이라는 단어는 낯설지 않지만, 분단이라는 우리의 정치적 현실로 인해 사할린에 들어간 선조들의 삶에 대해서도 그리고 열강의 구도 속에서 사할린이 어떤 공간이었는지에 대해서도 그동안 크게 관심이 주어지지 못했다. 사할린의 위상이 높아지면서 동북아의 이목이 쏠리고, 경제적·문화적 협력이 추진된다는 점은 우리로서도 반가운 일이다. 그곳은 우리 선조들의 피와 땀을 기억하는 땅이기도 하다. K-푸드, K-영화 등이 사할린을 잠식하며 문화의 다양한 영역에서 주목을 받을 수 있는 것은 현지인들조차도 우리 선조들이 남긴 흔적에 대한 그리움과 익숙함이 있기 때문일 것이다. K-문화에 대한 사할린에서의 폭발적인 호응은 결국 우리의 선조들이 일궈놓은 값진 시간들이 켜켜이 쌓여 '문화'라는 위대한 유산을 남긴 셈임을 확신시켜 준다.

제4장

송병준

북방 경제문화의 통로 :
유라시아 경제회랑을 통한 협력과 한국의 대응

I. 들어가는 말

2000년대 들어 유라시아에서는 아시아와 유럽을 잇는 경제회랑(Economic corridor) 혹은 경제벨트(economic belt) 구축이 활발히 진행되고 있다. 경제회랑은 단순히 철도와 도로망을 개설하고 물류기지를 구축하는데 그치지 않고 인적자원과 정보가 교류하는 통로이다. 유라시아에서 경제회랑이 화두가 된 것은 중국의 일대일로 프로젝트 출범으로 본 지역에 대대적인 인프라 투자를 단행하면서이다. 일대일로의 목적은 아시아 국가간 그리고 아시아와 타 대륙간 철도, 도로, 해상 및 항공을 망라한 운송망을 구축하여 해당 지역 및 국가와 경제적 협력을 확대하는데 있다. 일대일로는 곧 경제회랑 구축으로 인식될 정도로 중국은 중앙아시아에서 시작하여 유럽까지 철도와 도로망 구축에 역점을 두고 있다.[1]

중국은 경제회랑을 실크로드 경제벨트(Silk Road Economic Belt)로 명명하여 유라시아 국가간 물류와 운송 등 인프라 연결을 위한 대대적인 하드웨어와 시스템을 구축하고 있다. 이러한 실크로드 경제벨트는 초기 중앙아시아와 동유럽에 집중되어 코카서스 지역이 포함되지 않았었다. 이후 중국은 러시아가 구축한 경제회랑에 대한 의존 완화를 위해 전통적인 실크로드 지역을 잇는 신유라시아 경제회랑(New Eurasian Land Bridge)을 개척하였다. 중국은 본 경제회랑이 본격화되자 또 다른 경제회랑 및 기존 경제회랑과의 연계를 위해 최근 들어 유럽과 아시아를 잇는 최단 경로에 위치한 코카서스 지역에 관심을 기울이게 되었다.

코카서스 3국은 기존에 미국, 유럽연합 및 러시아의 투자와 경제적 지원에 의존하여 왔지만, 획기적인 경제성장을 위해서는 보다 광범위한 투자가 절실하였다. 이러한 상황에서 중국의 일대일로는 코카서스 3국에게 경제발전을 위해 요구되는 자본과 기술을 충족하고, 러시아에 대한 의존을 완화하는 새로운 옵션이 되었다.[2]

코카서스 3개국이 위치한 남코카서스 지역은 지정학적으로 아시아와 유럽사이의 병목지역이지만 유라시아 대륙에서 운송과 통신 인프라가 가장 취약하다. 물론 2000년대 이후 아제르바이잔의 에너지산업 호황으로 유럽으로 연결되는 도로, 철도 및 에너지파이프라인 건설이 이전보다 활발해졌다. 그러나 여전히 본 지역에서 인프라 구축은 자본과 기술의 열세로 외부의 투자에 의존해야 하는 실정이다. 이러한 취약성으로 2010년대 들어 코카서스 3국은 일대일로 프로젝트에 적극적으로 참여하여, 경제회랑과 에너지 부분을 중심으로 중국과의 경제협력에 주력하고 있다.[3]

이러한 배경에서 본 저술은 유라시아에서 진행되고 있는 기존 경제회랑 구축과 운영 그리고 코카서스 3국을 포함한 새로운 경제회랑 구축 논의와 진행을 제시한다. 구체적으로 중국, 러시아 및 유럽연합의 경제회랑 구축 동인과 현황, 주요한 경제회랑의 기능과 파급 그리고 중국의 일대일로 프로젝트 참여를 통해 새로운 경제회랑 구축을 의도한 코카서스 3국의 정책내용을 분석한다. 끝으로, 신북방정책의 일환으로 한국의 유라시아 경제회랑 참여를 위한 정책적 제언을 제기한다.

II. 경제회랑과 유라시아 주요국의 시각

1. 경제회랑 기능과 구축현황

현대적 의미의 경제회랑(economic corridors) 혹은 경제벨트(economic belt)는 물류, 운송, 무역과 서비스 등 경제활동을 가능케 하는 인프라로 국가와 지역간 통합을 촉진한다. 경제회랑은 물류비용에 민감한 산업계에 지대한 영향을 미치며 특별히 중소기업의 경쟁력을 결정짓는 핵심 요소이다. 중앙아시아와 코카서스 3국 등 육로운송 비중의 큰 개도국은 선진국에 비해 물류비용을 두 배 이상 지출하여 취약한 산업경쟁력을 더욱 악화시키는 요인이 되고 있다. 경제학자들은 실증적 연구를 통해 지역간 물류비용이 10%가 절감되면 교역량은 25%가 증가한다고 주장한다. 그러므로 육로로 연결된 국가간에 구축된 경제벨트는 관세폐기를 의도한 자유무역협정(FTA: Free Trade Agreement)보다 경제적 효과가 더욱 크다.[4]

코카서스와 중앙아시아는 러시아, 유럽연합, 미국, 터키 및 중국 등 강대국의 이해가 복잡하게 얽힌 지역이다. 이들 강대국의 경제적 관심은 유럽과 동아시아의 중간에 위치한 본 지역에서 운송, 에너지 및 무역 네트워크 구축이다. 유라시아 경제회랑에 가장 먼저 관심을 가진 곳은 유럽이다. 유럽연합은 1993년 소련의 붕괴로 힘의 공백지가 된 코카서스와 중앙아시아 지역에 관심을 갖고, 유럽-코카서스-아시아 운송회랑(TRACECA: Transport Corridor Europe-Caucasus-Asia) 프로젝트를 출범하였다.[5]

한편 2000년대 이후 중국은 일대일로 계획을 통해 중앙아시아를 경유하여 유럽에 이르는 경제벨트 구축에 주목하였다 이외에 본 지역에 정치적 이해가 깊은 러시아는 2014년에 유라시아경제연합(EAEU)를 결성하였고, 미국은 2011년 클린턴 대통령이 신실크로드(New Silk Road) 계획을 발표하였다. 주변 지역강대국인 터키 역시 자국과 중앙아시아가 연결되는 중앙회랑(Middle Corridor) 프로젝트를 마련하였다.[6]

여러 국제기구 역시 유라시아 경제벨트 구축에 적극적으로 참여하고 있다. 아시아개발은행(ADB: Asian Development Bank)은 2001년 중앙아시아지역경제협력(CAREC: Central Asia Regional Economic Cooperation)을 설립하여 인프라 구축에 주력하고 있다. 중앙아시아지역경제협력은 중국, 조지아, 아제르바이잔, 카자흐스탄, 우즈베키스탄, 투르크메니스탄, 키르키즈스탄, 타지키스탄, 몽골, 파키스탄, 아프가니스탄 등 11개국이 참여한다. 본 경제협력의 중요성이 부각되면서 국제통화기금(IMF: International Monetary Fund), 이슬람개발은행(IsDB: Islamic Development Bank), 유엔개발계획(UNDP: United Nations Development Programme), 세계은행(World Bank) 그리고 유럽부흥개발은행(EBRD: European Bank for Reconstruction and Development) 등 5개의 국제기구 역시 관여하고 있다.[7]

이와 같이 중국 등 강대국과 주요 국제기구를 주축으로 유럽과 아시아를 잇는 유라시아의 경제발전에 참여하면서 본 지역의 경제회랑이 활성화되었고, 기존 경제회랑의 지류 확대 및 새로운 경제회랑 구축이 활발히 논의되고 있다.[8]

〈표 1〉 유라시아 경제회랑

경제회랑	경로	주도국
중국-몽골-러시아 경제회랑 (China-Mongolia-Russia Economic Corridor)	중국-몽골-러시아	러시아
신유라시아 경제회랑 (New Eurasian Land Bridge)	중국-중앙아시아-러시아-동유럽	중국
중앙아시아-서아시아 경제회랑(CCAWEC) (Central Asia-Western Asia Economic Corridor)	중국-중앙아시아-이란-터키 *구실크로드(Old Silk Road)	중국
코카서스 무역운송회랑(TCTC) (Trans-Caucasus Trade and Transit Corridor) / 코카서스 횡단회랑(Trans-Caspian Corridor)	중국-카자흐스탄(카스피해)- 아제르바이잔-조지아-터키 *지류: 조지아(흑해)에서 동유럽 연결	터키, 아제르바이잔
코카서스 국제운송루트(TITR) (Trans-Caspian International Transport Route)	중국-카자흐스탄(카스피해)- 조지아(흑해)-동유럽 *지류: 조지아에서 철도로 터키 연결	물류기업 (DHL)
국제남북운송회랑(INSTC) (International North - South Transport Corridor)	러시아-남코카서스-이란-인도	러시아
유럽-코카서스-아시아 운송회랑(TRACECA)	유럽-터키-코카서스-중앙아시아	유럽연합

출처: 필자구성

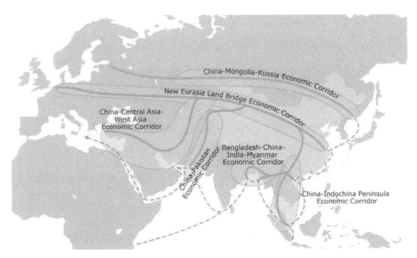

출처: Diana Yayloyan and Inan Ambeent, "New Economic Corridors in the South Caucasus and the Chinese One Belt One Road", *The Economic Policy Research Foundation of Turkey*, (2018), p.22.

〈그림 1〉 유라시아 경제회랑

2. 중국의 일대일로와 경제벨트

중국은 2013년 일대일로 프로젝트를 발표하고 2015년부터 본격적으로 실행하고 있다. 일대일로는 중국과 유럽 및 아프리카와 경제, 정치 및 문화적으로 심화된 협력을 통해 상호 경제적 번영을 꾀한다는 장기적인 계획이다.[9] 보다 구체적인 일대일로의 목적은 실크로드 경제벨트(SREB: Silk Road Economic Belt) 구축을 위해 전통적인 육상 실크로드를 확대하고, 새롭게 해상실크로드를 추가하여 유럽, 중동, 남아시아, 동북아프리카를 6개의 경제회랑(economic corridors)으로 연결하는 것이다. 따라서 일대일로는 유라시아 대륙을 가로지르는 여러 경제회랑 구축이 핵심적 사업이지만, 해상실크로드 및 극지실크로드 등을 통한 타 대륙과의 연계도 포함된다.[10]

중국의 일대일로는 기존에 강대국이 취한 하향식의 집단적 동맹과 협력 방식과 달리 해당 국가와 쌍무관계를 통해 인프라 구축과 경제발전을 의도한다는 점에서 개도국에서 큰 환영을 받았다. 중국은 일대일로 대상국가와 공식적으로 정부간 협력을 취하거나, 일대일로 계획에 포함되지 않는 국가에 대해서는 기업을 통한 투자와 시장접근을 통해 결과적으로 일대일로의 영역을 확장하여 왔다.[11]

일대일로에 직접적으로 참여하는 국가는 2019년 기준 전 세계 71개국이며 이외에 중국과의 협력협정을 취한 국가까지 포함하여 총 125개국에 달한다. 이들 국가들은 중국으로부터 경제적 지원을 통해 운송, 에너지 및 정보통신 등의 인프라를 구축하여 경제발전을 기하고 있다. 또한 참여국은 중국과의 교역확대를 통해 글로벌 가치사슬에 참여하여 추가적인 경제적 수익창출을 꾀하고 있다.[12]

중국은 유라시아에서 일대일로 프로젝트로서 중국-유럽을 잇는 실크로드 경제벨트(SREB)를 추진하면서 러시아를 경유하는 중국-몽골-러시아 경제회랑과 신유라시아 경제회랑(New Eurasian Land Bridge) 등 두 개의 경제벨트를 활용하였다. 시간이 경과하면서 중국은 러시아가 구축하거나 이해가 깊숙이 개입된 중국-몽골-러시아 경제회랑과 신유라시아 경제회랑에 대한 의존을 완화할 대안을 강구하였다. 이에 따라 중국은 새롭게 중앙아시아에서 이란과 터키를 경유하는 중앙아시아-서아시아 경제회랑(CCAWEC)을 개척하였다. 그러나 중앙아시아-서아시아 경제회랑은 정치적으로 불안정한 이란 등 중동지역을 통과하며, 유럽-중국을 남쪽으로 우회하는 경로라는 단점이 있다.[13]

중국이 추가적인 유라시아 경제벨트 구축에 주력하는 이유는 육로를 통한 유럽과의 연결에 따른 경제적 이익이 크지만 진행은 여전히 미진하기 때문이다. 2010년대 이후 본격화된 유라시아 내 경제회랑 구축에도 불구하고 2019년 기준 유럽과 아시아간 본 경제회랑을 통해 이루어는 교역비중은 약 1%에 불과하다. 중국의 경우 유럽-아시아간 교역의 93%는 여전히 컨테이너를 통한 해상운송에 의존하여 나머지 7%가 항공과 철도망을 이용한다.[14]

이러한 기존 경제회랑의 한계를 인식한 중국은 코카서스를 관통하거나 이란에서 아르메니아를 거쳐 조지아의 아나클리아 항구(Anaklia Port)로 이어지는 새로운 경제회랑에 관심을 갖게 되었다. 코카서스 3개국은 지정학과 시장규모 및 무역과 투자 등 경제적으로 주요한 지역이 아니므로, 초기 중국이 구상한 실크로드 경제벨트에 고려되지 않았던 곳이다.[15]

그러나 중국은 보다 경제성 있는 경제벨트를 강구하면서 특별히 카스피해를 가로질러 코카서스 국가를 관통하여 터키로 연결되는 코카서스 국제운송회랑(TITR)의 가능성에 주목하였다. 이에 따라 중국은 2010년대 들어 코카서스 3개국에 투자와 무역을 확대하고 있으며, 양측간 이해가 일치하는

도로, 철도망을 포함한 인프라 구축에 보다 긴밀한 협력이 진행될 것으로 전망된다.[16]

3. 러시아와 유럽연합의 유라시아 경제협력

2015년 러시아는 유라시아 지역간 결속을 담은 대유라시아 동반자(GEP: Greater Eurasian Partnership) 개념을 제기하고, 이듬해 2017년 유라시아경제연합(EAEU: Eurasian Economic Union) 출범으로 구체화되었다.[17] 2021년 기준 유라시아경제연합은 러시아를 위시해 벨라루스, 아르메니아, 카자흐스탄, 및 키르키즈스탄 등 5개국이 참여하며, 중국, 인도, 이란을 포함해 9개국과 자유무역협정(FTA) 체결을 체결하였다. 물론 유라시아경제연합은 경제적 협력체에 불과하지만 러시아가 취하는 큰 그림의 일환이라는 사실은 자명하다. 러시아는 소련의 붕괴와 함께 유라시아 지역에서 영향력이 위축되었는데, 유라시아경제연합은 과거로의 복귀를 위한 첫 단계라고 할 수 있다.[18]

따라서 대유라시아 동반자 개념은 러시아가 오랫동안 추구한 이른바 유라시아주의(Eurasianism)의 연장선으로, 구소련연방 국가간 경제적 결속을 넘어 참여국에 대한 정치적 영향력을 극대화한다는 지정학적 이해가 내재한다. 이러한 러시아의 의도는 유라시아경제연합 회원국에게 경제적 불이익을 감수하면서 낮은 가격으로 에너지를 공급한다는 점에서 확인 할 수 있다. 한편으로 대유라시아 동반자는 경제적 협력을 넘어 구소련 국가와 중국, 인도, 및 이란까지 포괄하여 미국의 헤게모니에 대응한다는 정치적 목적을 내재한다.[19]

카자흐스탄과 키르키즈스탄 등 일부 중앙아시아 국가는 러시아가 주도하는 유라시아경제연합과 중국이 추진하는 실크로드 경제벨트(SREB)의 참여국이라는 점에서 러시아와 중국간 유라시아 대륙에서의 긴밀한 경제협력도 예상할 수 있다. 그러나 유라시아경제연합과 실크로드 경제벨트는 근본적으로 성격을 달리한다.[20]

코카서스 지역에 대한 러시아의 이해는 경제적 목적을 넘어 복합적이다. 러시아는 코카서스와 중앙아시아에서 정치적 안정과 전통적인 지정학적 이해가 내재한다. 특별히 코카서스 지역은 카스피해의 석유와 천연가스 그리고 이란을 거쳐 중동으로 진출하는 통로로서 각별한 중요성을 갖는다. 이와 같이 러시아는 유라시아 국가에 대해 경제적 이해를 넘어 지정학적 이해가 깊숙이 개입되어 있다.[21]

반면에 중국은 일대일로 정책을 표면상 철저하게 경제적 이해에 주목하여 추진하고 있다. 따라서 중국은 실크로드 경제벨트(SREB) 진행시 유라시아경제연합과 달리 참여국간 공동의 목적과 기준을 설정하지 않고, 해당국간 양자 혹은 다자간 합의 등 비정형된 틀로 진행하며, 이 과정에서 정치적 의도는 배제하고 있다. 즉 유라시아경제공동체는 지역 공동체(regional organization)를 의도하는 반면 실크로드 경제벨트는 탈지역적(extra-regional) 성격을 갖는 포괄적인 경제프로젝트(inclusive project)로 철저하게 중국의 경제적 이익에 근거한다. 특별히 러시아의 이해가 깊은 코카서스 지역은 중국의 시각에서 별다른 정치, 경제적 이해가 없고, 단지 실크로드 경제벨트의 또 다른 경제회랑의 경유지로서 가능성을 시험하는 단계이다.[22]

이외에 또 다른 축으로 유럽연합 역시 유라시아 국가와 여러 외교적 조치와 양자 협정을 통한 협력을 취하고 있다. 유럽연합은 1990년대 초 소련의 붕괴 시부터 코카서스와 중앙아시아 국가와의 경제적 협력을 강구하였다. 이에 따라 유럽연합은 1993년 유럽-코카서스-아시아 운송회랑(TRACECA)을 출범하여 본 지역과의 도로와 철도망 연결 및 현대화에 투자하였다.

이후 유럽연합은 2004년 5차 회원국 확대로 새롭게 국경을 맞대거나 유럽연합 가입이 배제된 유럽국가를 대상으로 유럽근린외교정책(ENP: European Neighborhood Policy)을 출범하였다. 유럽근린외교정책 대상국가는 코카서스 3국과 우크라이나, 벨라루스 및 몰도바 등 6개국을 포함한다.[23]

2009년 유럽연합은 근린외교정책을 보다 심화하여 동유럽 6개국과 동유럽 동반자(Eastern Partnership) 관계를 설정하여 이들 국가와 양자관계를 심화하고 있다. 구체적으로 조지아와는 연합협정(Association Agreement), 아르메니아와는 포괄적동반자협정(CEPA: Comprehensive and Enhanced Partnership Agreement) 그리고 카자흐스탄과는 강화된 동반자협력협정(EPCA: Enhanced Partnership and Cooperation Agreement)을 체결하였다. 또한 아제르바이잔과는 에너지 부분에서 긴밀한 협력을 취하고 있다. 그러나 유럽연합은 관계를 심화하려는 코카서스 및 중앙아시아 국가가 모두 일대일로 프로젝트에 적극적으로 참여하고 있다는 점에서 고민이 있다.[24]

이에 따라 유럽연합은 2010년대 중반부터 일대일로에 대응한 유럽적 정책으로 이른바 유럽의 길(European Way)을 주장하였다.[25] 이후 2018년 유럽연합은 기존 동유럽 동반자 국가와의 관계를 전면적으로 수정한 컨넥티비티 전략(Connectivity Strategy)을 채택하였다. 유럽연합은 컨넥티비티 전략을 통해 중국의 일대일로에 대응해 유럽 국가들이 주도하여 유럽과 아시아를 잇는 유라시아에 철도, 도로 및 통신망을 포함한 네트워크를 구축을 대대적으로 펼친다는 계획이다. 이러한 유럽연합의 야심찬 의도에도 불구하고 국경을 접한 우크라이나에서의 군사적 긴장과 벨라루스의 러시아로의 접근 등 시급한 현안으로 코카서스와 중앙아시아에 대한 경제적 협력은 여전히 답보상태에 있다.[26]

Ⅲ. 기존의 유라시아 경제회랑

1. 중국-몽골-러시아 경제회랑(China-Mongolia-Russia Economic Corridor)과 신유라시아 경제회랑(New Eurasian Land Bridge)

아시아태평양 지역과 유럽간 교역의 99%는 해상을 통해 이루어지며 단 1%만 육상을 통해 운송된다. 주목할 사실은 1%에 불과한 물류운송은 대부분 시베리아 횡단철도로 이어지는 중국-몽골-러시아 경제회랑(China-Mongolia-Russia Economic Corridor)에 집중된다는 점이다. 시베리아를 경유하는 철도는 코카서스를 지나는 철로보다 연장이 길지만, 화물환적 시스템이 구축되어 있고, 상업적인 운송서비스도 가능하다. 또한 시베리아 횡단철도가 지나가는 러시아, 몽골, 카자흐스탄 및 벨라루스는 동일한 궤도와 기술 표준화로 여타 경로보다 효용성이 높다.[27]

시베리아 횡단철도로 이어지는 13,000km에 달하는 중국-몽골-러시아 경제회랑은 유라시아 대륙에서 가장 오랜 운송망이다. 중국-몽골-러시아 경제회랑은 중앙아시아 국가를 통과하지 않고 러시아를 가로질러 유럽까지 연결되는데 블라디보스토크에서 베를린까지 16일이 소요되어 해상운송보다 월등하게 운송시간을 단축할 수 있다. 그러나 중국의 시각에서 본 경제회랑은 극동부의 공업지대와 항구로의 접근성은 우수하지만, 내륙지역에서 유럽으로의 운송 경쟁력이 뒤쳐진다는 단점이 있다.[28]

이에 따라 중국에서는 1990년대부터 중국-몽골-러시아 경제회랑 이외에 새로운 경제회랑 필요성이 제기되어 2011년부터 신유라시아 경제회랑(New Eurasian Land Bridge)이 중국의 상품 수입 루트로 부분적으로 성사되었다. 신유라시아 경제회랑이 용이하게 성사된 이유는 이미 20세기 들어 유라시아 국가간 철로망이 부분적으로 연결되어, 일부 구간만 신규 철도망을 구축하였기 때문이다, 또한 본 철로망이 통과하는 6개국이 모두 경제적 이해를 같이 하여 통관, 관세 및 화물검역 시스템 합의가 용이하였다. 신유라시아 경제회랑은 중국에서 유럽으로 연결되는 최초의 철도망이라는 점에서 일대일로의 주요한 성과로 평가 받는다.[29]

신유라시아 경제회랑을 통해 중국서부의 충칭(Chongqing)과 청두(Chengdu)에서 카자흐스탄, 러시아와 벨라루스를 거쳐 독일의 뒤스브르크(Duisburg) 혹은 폴란드 바르샤바(Warsaw)까지 철도망이 운영되고, 일부는 프랑스와 스페인까지 연계된다. 신유라시아 경제회랑의 노선은 갈수록 증가하여 2018년 기준 39개 노선에 20개 중국도시와 15개 유럽도시가 연계되며, 가장 긴 노선은 중국동부 이우(Yiwu)에서 스페인 마드리드 구간으로 13,000km에 달한다.[30]

신유라시아 경제회랑의 충칭-뒤스브르크(Duisburg) 구간은 11,000km에 달해 2014년 철도 운송에 18일이 소요되었는데, 물류망 인프라 확충으로 2017년 같은 구간의 철도운송 시간은 11-12일로 단축되었다. 해상운송의 경우 충칭-뒤스부르크는 25-40일 소요된다는 점에서 신유라시아 경제회랑 구축으로 획기적인 운송시간 단축이 가능해졌다. 2018년 기준 운송비용은 신유라시아 경제회랑 이용시 해상운송에 비해 20-25%가 높은데 시간단축을 고려하면 고부가가치 제조업 산업을 중심으로 충분한 경쟁력을 갖는다.[31]

이에 따라 신유라시아 경제회랑은 충칭과 청두에 공장을 둔 폭스콘(Foxconn), 휴렛 팩커드(Hewlett - Packard) 에이서(Acer), IBM, BMW 및 Audi 등 전기전자와 자동차 제조업체의 중국-유럽간 물류루트로 기능을 담당한다. 또한 신유라시아 경제회랑은 우즈베키스탄과 카자흐스탄에 투자한 도요타와 GE(General Electric) 등의 제조업체의 물류망으로도 기능한다.[32]

신유라시아 경제회랑이 경쟁력을 갖추게 된 결정적 계기는 2011년에 출범한 유라시아경제연합(EAEU)이다. 유라시아경제연합 출범으로 참여국간 관세와 국경통제가 철폐되면서 교역여건이 대폭 개선되었다. 단적으로 러시아와 카자흐스탄 국경에서 컨테이너 통관절차가 통상 이틀 이상이 소요되었는데 경제연합 출범으로 일부 화물에 대해서는 검역이 면제되어 획기적인 시간단축이 이루어졌다. 또한 유라시아경제연합 회원국간 통관시스템과 서비스가 통일되어 본 국가들을 경유하는 화물운송이 한층 원활해졌다.[33]

2. 중앙아시아–서아시아 경제회랑(CCAWEC)

중앙아시아–서아시아 경제회랑(CCAWEC: Central Asia-Western Asia Economic Corridor)은 중국이 러시아가 주도하는 중국–몽골–러시아 경제회랑에 대한 과도한 의존을 완하하기 위해 구축한 또 다른 경제회랑이다.[34] 중앙아시아–서아시아 경제회랑은 신유라시아 경제회랑의 일종의 지류로 중앙아시아와 이란을 경유하여 터키로 이어진다. 2016년 이후 중국동부 이우(Yiwu)에서 카자흐스탄, 키르키즈스탄, 투르크메니스탄을 거쳐 이란의 테헤란까지 화물기차가 개통되면서, 전통적인 실크로드(Old Silk Road) 역시 현대적 의미의 경제회랑으로 부각되고 있다.[35]

중앙아시아–서아시아 경제회랑은 이우에서 테헤란까지 10,399km로 열차운송시 14일이 소요된다. 중국 상하이항(Shanghai Port)항에서 이란남부의 반다르아바스항(Bandar Abbas Port)까지 화물운송 시 약 1개월 정도가 소요되므로, 중앙아시아–서아시아 경제회랑은 충분한 경제성을 갖는다. 중국은 중앙아시아–서아시아 경제회랑을 활성화하기 위해 장기적으로 동부 신샹(Xinxiang)에서 카자흐스탄, 키르키즈스탄, 투르크메니스탄과 이란을 거쳐 터키로 이어지는 고속철도도 구상하고 있다.[36]

중국은 러시아를 경유치 않는 본 경제회랑을 통해 중앙아시아와 코카서스 일대에서 경제적 영향력을 확대 할 수 있다. 또한 코카서스 3국 중 조지아는 중앙아시아-서아시아 경제회랑의 지류가 흑해로 연결될 경우 경제적 효과가 막대하여 중국과 적극적인 협력을 추진하고 있다.[37] 이러한 점에서 중앙아시아-서아시아 경제회랑은 정치적 변수가 내재한다. 본 회랑이 코카서스 국가와 연결되면 본 지역에 지대한 지정학적 이해를 갖는 러시아의 이해와 상충 할 수 있다. 러시아는 기존의 코카서스와 중앙아시아에서 전통적 기득권 유지를 넘어 과거 소련연방을 하나로 묶은 강력한 경제공동체를 의도하고 있다. 따라서 러시아는 자국의 장기적 목표에 위해가 될 수도 있는 중앙아시아-서아시아 경제회랑에 적극적 의사를 나타내지 않고 있다.[38]

3. 유럽-코카서스-아시아 운송회랑(TRACECA)

1990년대 초부터 유럽연합에서는 중국이 추진하는 실크로드 경제벨트(SREB)와 유사한 실크로드운송회랑(Silk Road Transport Corridor) 혹은 유럽-코카서스-아시아 운송회랑(TRACECA: Transport Corridor Europe-Caucasus-Asia) 프로젝트가 논의되었다. 1993년부터 시작된 유럽-코카서스-아시아 운송회랑은 유럽연합의 지원을 받아 출범한 유럽과 중앙아시아간 운송망 구축 프로젝트로, 여기에는 흑해, 남코카서스 및 카스피해 지역도 포함되었다. 유럽연합은 본 프로젝트를 통해 구공산권 지역인 유라시아의 취약한 도로망 개선과 복잡한 통관절차 개선 등을 통해 교역확대를 꾀하였다.[39]

유럽연합이 추진하는 유럽-코카서스-아시아 운송회랑 프로젝트는 역사적인 교역로인 실크로드의 운송망의 현대화를 통해 코카서스와 중앙아시아 국가와의 경제협력 심화를 위한 지역과 지역간 연결 프로젝트이다.[40] 반면 뒤늦게 출발한 중국이 일대일로의 일환으로 추진하는 3개의 동서간 경제회랑은 보다 광범위한 목적을 담은 글로벌 차원의 프로젝트라는 점에서 차이가 있다.

1993년 아르메니아, 아제르바이잔, 조지아, 카자흐스탄, 키르기즈스탄, 타지키스탄, 투르크메니스탄 및 우즈베키스탄 등 8개국은 브뤼셀 선언(Brussels Declaration)을 통해 유럽-코카서스-아시아 운송회랑 프로젝트에 합의하였다. 뒤이어 1996-98년에는 우크라이나, 몽골, 몰도바 그리고 2000년에는 불가리아, 루마니아 및 터키의 가입으로 참여국은 13개국으로 증가하였다. 이들 13개국은 1998년 9월 아제르바이잔 수도 바쿠(Baku)에서 유럽-코카커스-아시아 회랑(Europe-the Caucasus-Asia Corridor) 발전을 위한 다자간 협정(MLA)을 체결하였고, 2009년에는 이란이 추가로 참여하였다.[41]

유럽-코카서스-아시아 운송회랑은 러시아를 경유하지 않고 유럽에서 코카서스와 중앙아시아로 직접 연결되는 운송망으로 유럽과 아시아간 무역루트로 기대되었다. 2000년에는 바쿠에 상설사무국이 설치되었고 현재는 유럽연합의 27개 회원국이 참여하고 있다. 그러나 유럽-코카서스-아시아 운송회랑은 코카서스 지역의 취약한 산업과 열악한 인프라 그리고 유럽연합 측의 투자 미비로 적극적으로 활용되지 못하고 있다.[42]

Ⅳ. 새로운 유라시아 경제회랑 논의

1. 코카서스 무역운송회랑(TCTC)과 코카서스 국제운송루트(TITR)

이란과 터키로 연결된 중앙아시아-서아시아 경제회랑의 또 다른 지류는 카스피해와 남코카서스를 경유하는 코카서스 횡단회랑(Trans-Caspian Corridor)으로 불리는 코카서스 무역운송회랑(TCTC: Trans-Caucasus Trade and Transit

Corridor)이다. 코카서스 무역운송회랑은 터키와 아제르바이잔이 주도하여 구축 중인 코카서스를 가로지르는 경제회랑이다. 터키를 위시해 코카서스 3국과 카자흐스탄을 위시한 중앙아시아 국가들은 중국-몽골-러시아 경제회랑에 대한 과도한 의존을 완화하기 위해 코카서스 무역운송회랑 성사에 큰 기대를 걸고 있다.[43]

코카서스 무역운송회랑은 중국에서 카자흐스탄과 투르크메니스탄을 경유하여 카스피해를 지나 아제르바이잔과 조지아를 거쳐 터키로 이어지며, 한편으로 조지아의 바투미(Batumi)와 포티(Poti Port)항에서 흑해를 통해 루마니아와 우크라이나로도 연결된다. 코카서스 무역운송회랑은 터키가 추진하는 중앙회랑(Middle Corridor)과 동일한 루트로 일대일로 참여를 원하는 조지아와 아제르바이잔에게 적극적 환영을 받고, 터키 역시 적극적 입장이다. 터키로서는 코카서스 무역운송회랑이 유럽으로 편중된 교역을 중앙아시아로 다변화하고 코카서스와 중앙아시아에서 정치적 이해를 확대한다는 점에서 최선의 선택이다. 유럽연합 역시 코카서스 무역운송회랑은 중앙아시아로 이어지는 최단 경로로 러시아로부터 에너지 의존 완화에 일조한다는 점에서 긍정적 입장을 견지하고 있다.[44]

이미 터키에서 출발하여 조지아-아제르바이잔을 거쳐 카스피해를 경유해 카자흐스탄 혹은 투르크메니스탄까지 도로망이 연결되어 있어 코카서스 무역운송회랑의 완전한 구축은 어려운 과제가 아니다. 코카서스 무역운송회랑에 위치한 항만과 철도의 현대화가 진행된다면 물류비용은 10% 그리고 운송시간이 일주일이 줄어들어, 중앙아시아-서아시아 경제회랑(CCAWEC)과 경쟁할 수 있는 조건이 된다.

터키는 2016년 이스탄불에 제 3의 보스포루스교(3rd Bosphorus Bridge)인 야부즈 술탄 셀림교(Yavuz Sultan Selim Bridge)를 완공하였다. 또한 2017년에는 터키 북동부 도시 카르스(Kars)에서 조지아 트빌리시를 거쳐 아제르바이잔의 바쿠로 연결되는 BTK(BTK: Baku-Tbilisi-Kars) 철도망이 개통되어, 유럽에서 아제르바이잔까지 철도망 연결이 가능해졌다. 따라서 터키는 코카서스 무역운송회랑이 가동되면 유럽-중앙아시아의 최단 경로의 철도와 도로망으로 상당한 경제적 이익을 누릴 수 있다.[45]

코카서스 무역운송회랑에 위치한 카자흐스탄의 경우 카스피해에서 채굴된 원유의 원활한 수출을 위해 2022-23년 기간 카스피해의 쿠릭항(Kuryk Port) 증설과 현대화를 진행하고 있다.[46] 아제르바이잔 역시 2018년에 기존에 바쿠항(Port of Baku) 인근에 현대식 항만인 알라트항(Alat Port) 건설을 시작하였다. 아제르바이잔은 중국의 투자를 통해 자국 내 3개의 국제적인 철도망을 모두 알라트항과 연결하여 코카서스를 경유하는 일대일로의 거점으로 성장한다는 계획이다.[47]

이와 같이 코카서스 무역운송회랑은 유라시아에서 가장 늦게 구축된 경제회랑이지만 본 회랑에 위치한 국가들의 인프라 구축이 활발해 추후 유럽-아시아를 잇는 최단경로의 운송망으로 발전할 가능성이 높다. 그러나 코카서스 무역운송회랑은 카스피해로 가로막힌 지정학적 요인 등 여러 제약조건이 있다. 무엇보다도 코카서스 국가의 운송인프라 구축과 현대화가 더디게 진행되어 여전히 경제적 타당성이 떨어진다. 카스피해를 접한 아제르바이잔과 카자흐스탄 모두 최근에 항만 현대화를 진행하고 있지만 여전히 화물환적 시스템이 미비하고, 페리 운항 스케줄도 불규칙적이다. 또한 코카서스 무역운송회랑이 활성화 되려면 코카서스의 길목을 점하는 조지아의 철도시스템과 흑해로 연결되는 포티항의 현대화도 전제되어야 한다.[48]

코카서스 횡단회랑은 유럽연합이 추진하는 유럽-코카서스-아시아 운송회랑(TRACECA)에 대응한 중국의 추가적인 경제회랑의 성격도 갖는다. 이미

중국은 중앙아시아-서아시아 경제회랑과 코카서스 무역운송회랑에 위치한 국가와 개별적으로 항만, 고속철, 물류센터 등에 대한 투자를 검토하거나 부분적으로 진행하고 있다. 그럼에도 중국은 코카서스 무역운송회랑을 중앙아시아-서아시아 경제회랑의 지류로서 경제적 타당성을 고려하는 단계로 아직은 유라시아 대륙을 관통하는 경제회랑으로의 제 기능은 갖추지 못하고 있다.[49] 다만 향후 중국이 본 회랑 건설을 주도한다면 시간이 지나면 러시아를 경유하지 않는 또 다른 유럽-중국 경제회랑으로 기능할 것으로 예상된다.

2. 코카서스 국제운송루트(TITR)

다국적 물류기업인 DHL은 2015년부터 코카서스 국제운송루트(TITR: Trans-Caspian International Transport Route)를 개척하여 운영하고 있다. 코카서스 국제운송루트는 철도망과 항만을 통해 유럽연합과 동유럽에서 터키, 코카서스 지역 및 중앙아시아를 관통하여 중국으로 연결되는 운송회랑이다. 본 운송루트가 주목받게 된 것은 코카서스 무역운송회랑(TCTC)과 함께 유럽과 아시아간 최단거리라는 점과 이미 다국적 기업이 활용하고 있다는 점에서 경제성이 검증되었기 때문이다.[50]

코카서스 국제운송루트는 중국에서 카자흐스탄을 거쳐 카스피해를 경유하여 조지아의 흑해연안 항구인 포티항까지 이어지는 운송망이다. 국제운송루트는 도로와 철도망이 낙후된 터키를 경유치 않고 흑해를 통해 유럽으로 화물운송이 가능해 경제성이 높다. 그러나 2017년 아제르바이잔과 터키간에 BTK 철도망이 구축되어 육로를 통해서도 유럽으로의 접근이 용이해졌다.[51]

한편 코카서스 국제운송루트는 러시아를 경유치 않고 중국과 유럽이 이어진다는 점에서 유럽연합과 중국으로서는 정치적 위험이 적은 운송망이다.

이에 착안해 2017년 중국, 터키, 아제르바이잔, 조지아, 카자흐스탄, 폴란드, 우크라이나, 라트비아 및 리투아니아 등 9개국은 본 경제회랑 개발논의를 위해 코카서스 국제운송루트 국제협회(International Association of the TITR)를 출범하였다.[52]

3. 국제남북운송회랑(INSTC)

러시아의 오랜 숙원인 국제남북운송회랑(INSTC: International North–South Transport Corridor) 역시 유럽시아경제연합 출범으로 가시화되고 있다. 러시아의 주도로 2000년부터 추진된 국제남북운송회랑은 모스크바에서 코카서스와 이란을 가로질러 인도와 인도양으로 연결되는 경제회랑이다. 본 경제회랑은 국제사회에서 경제제재를 받고 있는 러시아와 이란의 이해가 일치하여 양국 모두 역점을 둔 사업이며, 인도도 참여한다.[53] 국제남북운송회랑은 육상과 해상루트가 합쳐진 복합적인 경제회랑으로 본 회랑이 활성화되면 유라시아경제연합과 인도간 화물운송 비용은 약 30%가 절감되어 교역량이 50% 정도 증가할 것으로 예상된다.[54]

특별히 일대일로에서 제외되고, 동서로 국경을 접하는 터키와 아제르바이잔과 국경폐쇄로 고립된 아르메니아에게는 국제남북운송회랑이 이란, 인도 및 조지아와의 교역확대를 가져와 경제적 숨통을 열 수 있는 통로이다. 아르메니아는 흑해에서 인도양과 페르시아만으로 연결되는 국제남북운송회랑 계획이 성사되면, 유라시아경제연합 회원국으로서 러시아와 이란을 잇는 물류와 운송허브 입지를 갖출 것으로 기대하고 있다. 미국의 제재로 경제적 어려움을 겪는 이란 역시 남북회랑을 통한 러시아와 유럽으로의 연결에 사활적 이해를 갖기 때문에 아르메니아와 협력하여 국제남북운송회랑 성사에

적극적이다.[55]

아르메니아 정부는 국제남북운송회랑의 거점을 확보하기 위해 흑해와 이란을 연결하는 남아르메니아 철도(Southern Armenia Railway) 프로젝트를 출범하여 2012년 두바이 건설회사인 라지아 FZE(Rasia FZE)와 협력협정을 체결하였고, 라지아 FZE는 이듬해 2013년 중국교통건설유한공사(China Communications Construction)와 협력협정을 체결해 프로젝트 타당성을 위한 조사를 개시하였다.[56]

중국 역시 최근 들어 흑해에서 페르시아만으로 연결되는 국제남북운송회랑이 유럽으로 연결되는 또 다른 경제회랑이라는 점에서 주목하고 있다. 그러나 국제남북운송회항 건설을 주도하고 있는 러시아가 여러 경제적 어려움을 겪고 있어 가시적 시일내 본 회랑의 활성화는 힘들 것으로 전망된다.

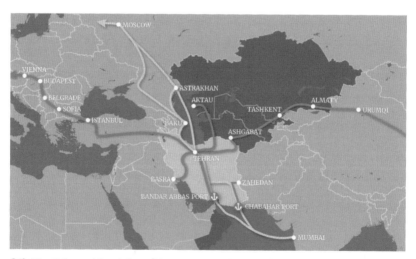

출처: Diana Yayloyan and Inan Ambeent, "New Economic Corridors in the South Caucasus and the Chinese One Belt One Road", *The Economic Policy Research Foundation of Turkey*, (2018), p.41.

〈그림 2〉 국제남북운송회랑(INSTC)

V. 새로운 경제회랑 구축을 통한 중국과의 협력

코카서스 3개국은 지정학적 측면에서 유럽과 아시아를 잇는 운송과 물류의 중심지역이다. 그럼에도 코카서스 3개국은 아르메니아와 아제르바이잔 간 분쟁으로 3개국 간 경제적 협력이 제약되며 각기 독립적인 경제발전 전략을 취하고 있다. 다만 2000년대 들어 아제르바이잔과 조지아는 상호간 필요성으로 에너지, 철도 및 육상운송 인프라 구축 프로젝트를 함께 진행하고 있다. 한편 내륙국인 아르메니아는 통상과 운송 등에 있어 조지아에 절대적으로 의존하며 양국간 특별한 정치적 대립은 없다.[57]

중국-몽골-러시아 경제회랑을 포함해 여러 경제회랑에 위치한 국가들의 약 70%는 중국의 일대일로에 참여하고 있다. 중요한 점은 이들 국가들이 국제적인 개발은행과 투자은행이 투자를 꺼리는 저신용 국가들이라는 점이다.[58] 특별히 코카서스 국가는 농업, 에너지 및 관광에 크게 의존하는 낙후된 산업구조이며, 이들 국가간 산업계의 가치사슬도 취약해 교역량이 빈약하고 3개국을 연결하는 운송망도 낙후되어 있다. 또한 코카서스 3개국은 타 지역과의 교류를 위한 에너지, 운송 및 통신망도 취약하여 유라시아를 관통하는 경제회랑으로서 기능을 갖기 위해서는 대규모의 투자가 선행되어야한다.[59]

이러한 제약요인에 더해 코카서스 3개국은 유럽연합의 미진한 지원 및 러시아에 대한 의존완화를 위해 해결책으로 중국의 일대일로에 적극적으로 참여하고, 특별히 코카서스를 관통하는 운송, 에너지 및 통신망 구축에 중국의 적극적 투자를 기대하고 있다.[60] 중국이 일대일로 계획을 발표할 당시 남코카서스 지역에 대한 관심은 거의 없었다. 그러나 중국은 유럽-아시아를 잇는 또 다른 경제벨트 구상과정에서 코카서스 지역의 지정학적 이점을 인식하여, 2010년대 들어 본 지역 국가와의 경제적 협력을 강화하고 있다.[61]

1. 아제르바이잔

아제르바이잔은 코카서스 3개국 중 유일한 산유국이며 상대적으로 인구와 경제규모가 가장 크며, 터키와의 긴밀한 정치, 경제관계를 통한 에너지 수출로 빠른 경제성장이 진행되고 있다. 아제르바이잔은 러시아와 경제적 이해가 깊어 아제르바이잔 정부는 러시아와 최대한 우호적인 정치적 관계를 유지하고 있다. 그럼에도 아제르바이잔은 러시아가 주도하는 유라시아경제연합(EAEU)에는 참여치 않고 있다. 이러한 아제르바이잔의 노선은 두 가지로 해석할 수 있다.

첫째, 유럽연합과의 관계이다. 아제르바이잔은 수출의 약 95%가 에너지 부분으로 대부분 터키로 연결된 파이프라인을 통해 유럽으로 수출한다. 따라서 유럽연합과의 긴밀한 에너지 협력을 고려하여 유라시아경제연합에는 참여치 않고 있다. 둘째 아제르바이잔은 유라시아경제연합 가입시 외교와 안보 측면에서 러시아의 직접적 간섭을 피할 수 없다고 판단하여 러시아와 적절한 거리를 두고 있다.[62]

아제르바이잔은 유럽연합이 추진하는 유럽-코카서스-아시아 운송회랑(TRACECA)의 미진한 진척에 실망하고, 러시아의 경제적 영향력 완화를 위해 중국의 일대일로에 적극적으로 참여하고 있다. 아제르바이잔은 유럽연합과 중국은 성격이 다른 행위자로 자국의 일대일로 참여가 유럽연합과의 관계에 악영향을 미치지 않을 것이라 생각해 또 다른 경제적 옵션으로 생각한다.[63] 경제적 측면에서 아제르바이잔이 일대일로 참여로 기대하는 것은 자국을 통과하거나 자국으로 이어지는 경제회랑 활성화를 위해 중국의 고속철과 도로망 현대화에 대한 적극적 투자이다.[64]

구체적으로 아제르바이잔은 유럽-아시아, 러시아-이란과 인도 등 코카서스에서 동서와 남북을 가로지르는 길목에 위치한다는 점에서 러시아와 일정 정도 거리를 둔 가운데 중국과 협력하여 일대일로의 핵심 거점이 된다는 전략을 갖고 있다. 이에 따라 아제르바이잔은 코카서스 무역운송회랑(TCTC)의 본격적 가동에 대비하여 바쿠에서 85km 떨어진 카스피해에 기존 바쿠항(Baku Port)을 대치한 알라트항(Alat Port) 건설을 개시하였다. 아제르바이잔 정부는 알라트항을 카스피해 최대 규모의 항구로 개발하여 국제적인 물류와 자유무역지역(FEZ)으로 발전시킨다는 계획이다.[65]

한편 2010년대 들어 코카서스 3국이 중국의 일대일로에 참여하면서 중국까지 운송망 연결이 시급한 과제가 되었다. 이에 따라 아제르바이잔은 코카서스 무역운송회랑과 2017년에 개통한 바쿠에서 터키의 카르까지 연결되는 BTK 철로망과의 연결을 추진하고 있다. 이러한 아제르바이잔의 계획은 유럽과 중국을 잇는 에너지와 운송망 허브전략의 일환이다.[66] 이외에도 아제르바이잔은 일대일로 참여를 통해 유럽에 집중된 에너지 판매를 중국으로 확대한다는 계획이다. 이에 따라 정부차원에서 코카서스 무역운송회랑 내에 중국으로 이어지는 파이프라인 건설을 구상하고 있다.[67]

한편으로 아제르바이잔은 러시아에서 이란으로 연결되는 국제남북운송회랑(INSTC)과 별개로 자체적으로 이란과 연결되는 남북회랑(North-South Corridor) 구축을 계획하고 있다. 2016년 아제르바이잔은 이란과 접한 아스타라(Astara)에서 이란 북서부 라슈트(Rasht)까지 철도연결을 위해 5억 달러의 차관을 이란에 제공하였다. 본 철도가 완공되면 페르시아만에서 아제르바이잔을 경유하여 러시아까지 철도망이 이어지고, 추후 인도까지 철도가 연계되어 아제르바이잔으로서는 남북회랑의 거점을 확보하게 된다.[68]

2. 조지아

조지아는 1991년 소련으로부터 독립 이후 일관되게 친유럽 및 친미정책을 취하여 왔다. 특별히 조지아는 유럽연합과 연합협정(Association Agreement)을 체결하여 다방면에서 협력을 진행하고 있다. 그러나 조지아는 경제적 측면에서 유럽연합으로부터의 지원은 시급한 인프라 구축에 턱없이 부족하고 유럽연합이 추진하는 유럽-코카서스-아시아 운송회랑(TRACECA) 프로젝트 역시 큰 진척이 없자 2010년대 들어 중국과의 협력을 모색하였다. 중국 역시초기 일대일로 계획에는 코카서스 지역이 포함되지 않았지만, 뒤늦게 지정학적 이점을 인지하고 흑해에 접한 조지아를 유럽으로 통하는 물류허브 기지화하기 위해 적극적인 투자를 진행하고 있다.[69]

조지아는 아제르바이잔과 철도, 도로 및 에너지 파이프라인이 구축되어 아제르바이잔은 물론이고 중국에게도 서유럽으로의 향하는 물류의 길목을점한다. 또한 조지아는 아제르바이잔과 터키를 잇는 BTC 원유 파이프라인(Baku-Tbilisi-Ceyhan)과 BTE 천연가스 파이프라인(Baku-Tbilisi-Erzurum) 그리고 BTK 철도(Baku-Tbilisi-Kars)가 경유한다. 이외에도 조지아는 흑해의 바투미항을 비롯한 여러 항구를 통해 동유럽과 러시아와도 용이하게 연결된다.[70]

이러한 지리적 이점을 고려하여 조지아에서는 이미 1990년대 중반부터 2000년대 중반까지 대통령을 역임한 세바르나제(Eduard Shevardnadze)가 철의 장막이 제거된 탈냉전 시대에 유라시아 대륙의 새로운 국가간 시스템으로 '신실크로드(New Silk Road)' 개념을 제시한바 있다.[71]

조지아는 유럽연합이 추진하는 유럽-코카서스-아시아 운송회랑(TRACECA)이 활성화되거나, 중국이 추진하는 중앙아시아-서아시아 경제회랑(CCAWEC)과 연결이 되면 코카서스 지역 내 물류 거점으로 도약할 것으로 예상된다. 또한 조지아는 아제르바이잔과 카자흐스탄과 함께 코카서스 무역 운송회랑을 출범한 국가로 오래전부터 본 운송회랑을 통해 흑해의 운송과 물류거점을 계획하였다.[72]

한편으로 조지아는 국제남북운송회랑(INSTC)에도 깊은 관심을 갖고 있다. 조지아는 지정학적 위치로 국제남북운송회랑이 활성화되면 러시아 및 우크라이나를 포함한 동유럽, 이란과 인도까지 연계되는 경제회랑의 가장 중요한 길목을 점한다. 다만 본 운송회랑은 흑해에서 조지아를 경유하는 루트 대신에 러시아에서 아제르바이잔으로 통하는 루트가 유력해, 위기의식을 느낀 조지아는 2010년대 들어 대대적인 인프라 구축을 진행하고 있다.

이러한 경제회랑 내 물류거점을 선점하기 위해 조지아는 세계은행(World Bank)과 일본국제협력은행(JBIC: Japan Bank for International Cooperation) 등으로부터 적극적으로 융자와 차관을 도입하고 있다. 국경을 접한 아제르바이잔 역시 유럽으로의 에너지와 물류는 반드시 조지아를 경유해야 하므로, 자국의 이익을 위해 조지아 내 철도와 도로망 현대화에 투자하고 있다.[73]

이와 같이 조지아가 2010년대 들어 운송 인프라 구축계획을 추진하고 있지만 철도와 도로망 등 기간시설은 여전히 취약하다. 조지아의 철로망은 주로 여객용으로 운영되며, 모두 공산주의 시절 건설된 광궤로 유럽 및 중국과의 연결이 어렵다. 따라서 2017년 표준궤로 건설된 아제르바이잔 바쿠에서 터키의 카르스까지 연결되는 BTK 철도망이 유일한 현대적인 철도망이다.[74]

결국 조지아는 원대한 계획에 비해 초라한 경제적 여건으로 인프라 구축 사업이 지지부진하자 2010년대 들어 중국의 일대일로 참여로 경제외교 방향을 전환하였다. 2017년과 2019년에 조지아 수도 트빌리시(Tbilisi)에서 개최된 중국의 일대일로 포럼에서 조지아 정부는 자국이 일대일로 사업진행에 있어 코카서스 3개국 간 협력관계를 구축할 유일한 국가라는 점을 부각하면

서, 일대일로의 적극적 참여를 천명하였다.[75]

중국은 흑해에 접하는 지리적 입지와 유럽연합과의 연합협정(Association Agreement) 체결을 들어 조지아를 유럽으로 진출하는 코카서스의 물류와 운송허브로 고려하고 있다. 조지아 역시 남코카서스에서 지배적 영향력을 갖는 러시아를 견제하는 국가로 중국과 최대한 경제적 밀착을 원한다. 이와 같이 양국의 이해가 일치하여 2010년대 들어 중국기업은 인프라, 에너지, 광산, 농업과 금융 등 조지아의 거의 모든 산업에 투자를 진행하고 있어, 중국은 유럽연합과 아제르바이잔에 이어 조지아의 주요 투자국이 되었다. 또한 2017년에는 양측간 자유무역협정(FTA)이 체결되었다. 중국의 코카서스 국가와의 자유무역협정은 조지아가 유일하다.[76]

3. 아르메니아

아르메니아는 1991년 소련으로부터 독립직후 아제르바이잔과 나고르노-카라바흐(Nagorno-Karabakh) 분쟁을 겪었다. 이러한 여파로 아제르바이잔은 아르메니아로 연결되는 모든 에너지와 운송망을 차단하였고, 1993년에는 터키 역시 아르메니아와의 국경을 폐쇄하였다. 내륙국가인 아르메니아는 터키와 아제르바이잔과의 국경이 폐쇄되어 교역은 조지아와 이란을 통해 이루어지므로, 두 번의 국경통과에 따른 지체와 추가적인 비용발생으로 교역규모는 정체되었고, 경제발전도 제약되고 있다.[77]

이와 같이 아르메니아는 국경을 접한 터키와 아제르바이잔과 교류가 단절되어 생존을 위해 친러시아 정책을 표방하여, 2015년 러시아가 주도하는 유라시아경제연합(EAEU)에 코카서스 3국중 유일하게 참여하였다. 주목할 점은 아르메니아는 국경을 접한 유라시아경제연합 회원국이 없다는 점이다.

따라서 아르메니아 시각에서 유라시아경제연합의 효용성이 크지 않다. 그럼에도 아르메니아로서는 유라시아경제연합 가입이 부득이한 선택이라 할 수 있다.[78]

아르메니아는 정치적 이유로 국토의 동서에 위치한 터키와 아제르바이잔과 국경이 폐쇄되어 동서를 잇는 경제회랑 구축에 제약이 따른다. 또한 아르메니아는 러시아에 대한 지나친 경제적 의존을 완화하기 여하간의 형태를 통해 중국의 일대일로 참여에 사활을 걸고 있다. 아르메니아 정부는 특별히 중국과의 양자관계 심화를 통해 정부차원에서 최우선 과제로 추진하고 있는 남부아르메니아철도(Southern Armenia Railway) 건설에 중국의 참여를 기대하고 있다.[79]

그러나 중국은 내륙국으로 빈약한 자원과 뒤처진 경제로 아르메니아에 별다른 협력 동인을 갖고 있지 않다. 다만 중국은 아르메니아가 국제남북운송회랑의 길목에 위치한다는 점에서 남부아르메니아철도 철도망 건설 참여를 타진하는 정도에 머물러 있다.[80] 이러한 중국의 미온적 입장과 함께 적성국인 아제르바이잔은 이란과 접한 국경도시 아스트라(Astara)에서 이란의 북부도시인 라슈트(Rasht) 연결되는 철도망 구축을 계획하고, 이란정부에게 아르메니아와의 철도망 연계계획 포기를 종용하고 있다.[81]

이와 같이 정치, 경제적으로 어려운 아르메니아가 중국, 러시아와 유럽 등지로부터 투자유치와 재원조달이 원활치 않으면, 가시적 시일 내 유라시아의 여러 경제회랑 참여가 성사되기는 어려울 것으로 전망된다.[82]

Ⅵ. 나가는 말: 한국과 유라시아 경제회랑

한국의 신북방정책은 유라시아에서 경제통합, 중국의 일대일로와 러시아의 신동방정책에 에 능동적으로 대응한다는 목적에서 출범하였다. 신북방정책은 북방경제협력을 활성화하여 신성장 공간을 새롭게 창출하는데 주안점을 두어, 실천적 방안으로 유라시아 대륙에서 에너지와 물류망 구축에 주력한다는 내용을 담고 있다. 특별히 유라시아 복합물류망 구축은 신북방정책의 14대 중점추진과제에도 포함된다. 이러한 정책을 진행할 공간으로 신북방정책 대상국은 유라시아 대륙의 북부와 중동부 지역의 신흥 경제권을 구성하는 14개국에 달한다.[83]

2010년대 이후 중국이 유럽과 아시아를 잇는 새로운 경제벨트로서 한국의 신북방정책 대상국에 포함된 코카서스 지역에 주목하였으며, 본 지역의 3개국도 탈러시아와 경제성장을 위해 중국과 급격히 교류를 확대하고 있다. 중국과 코카서스 국가와의 협력확대의 동력은 본 지역을 동서와 남북으로 관통하는 경제벨트에 기인한다. 이와 같이 중국이 일대일로 추진으로 아시아-유럽간 철도운송과 해운-철도 복합운송망을 개척하는데 반해 한국에서 이에 대한 체계적인 계획과 정책추진이 미비하다.

중국, 러시아 및 동유럽에서 현지공장을 세워 고부가 제품을 생산하는 한국기업은 운송기간 단축에 기인해 유럽과 아시아간 철도-해운 복합운송 선호도가 높다.[84] 그러나 유라시아 지역의 경제회랑에 대한 투자보다는 러시아와의 물류합작사 설립추진에 주력하는 한계를 안고 있다. 이러한 이유는 국토분단으로 유라시아 대륙과 단절된 한국으로서는 러시아와의 협력 이외에는 가시적인 선택 옵션이 없기 때문이다.

그럼에도 한국은 장기적 견지에서 소다자주의에 입각해 활발히 진행되고 있는 유라시아 경제회랑 구축에 어떠한 형태로라도 참여가 바람직하다고 할 수 있다. 러시아 및 중국과 협력은 물론이고 신북방외교 대상국인 코카서스 지역까지 협력을 확대할 필요가 있다. 아르메니아와 아제르바이잔간 분쟁으로 코카서스 3국을 한데 묶는 정치경제적 결속체는 존재하지 않으며, 러시아와의 관계 역시 3국이 상이하다. 따라서 본 지역국가들과 양자관계를 통해 경제회랑 구축에 참여를 생각해 볼 수 있다.

경제회랑은 운송과 통신 네트워크, 인적자원, 에너지 등 물리적 인프라를 포함한다. 또한 경제회랑은 참여국가간 관세협정, 물류서비스 능력, 분쟁절차와 세이프가드 조치 등 다양한 수준에서의 제도화를 모두 함유한 공공자산이다. 따라서 경제회랑의 경쟁력은 참여국과 기업의 인프라 구축과 기술표준화와 규제적 조치를 포함한 정책실행 등 하드웨어와 소프트웨어간 결합에서 비롯된다.

제도적 측면에서 코카서스 국가는 관세, 국경통관 절차 및 물류 시스템이 제각각이다. 2010년대 들어 아제르바이잔, 카자흐스탄 및 조지아 등 이해당사국의 세관, 철도 및 항만당국간 시스템 일원화를 위한 양자 혹은 다자간 합의가 진행되고 있다. 그러나 제도개선을 위한 정보와 기술의 한계 및 관료주의 등으로 효과는 더디게 나타나고 있다.[85]

한국은 이러한 점을 고려하여 대규모 투자를 동반하는 철도와 도로망 구축 등 기간산업 투자 보다는 세관과 철도운영시스템 개선 등 소프트웨어 구축에 참여가 바람직하다. 이미 한국은 아제르바이잔이 주요 ODA 대상국으로 여러 부분에서 협력을 취하고 있는바, 이러한 협력을 조지아와 아르메니아 등으로 확대할 필요가 있다.

제5장   윤지환

북방 연구와 정책에 있어
대위법적 읽기의 시사점 모색*

Ⅰ. 들어가는 말

북방외교의 개념이 처음으로 고안되기 시작한 1970년대를 거쳐 대한민국은 서울올림픽의 성공적 개최를 위한 대공산권 외교의 필요에 의해 1988년 노태우 정부의 7·7선언에 이어 북방정책(北方政策)을 보다 구체화하기 시작했다.[1] 이름에서 드러나듯이 당시의 정책 명칭은 공산권인 북한, 중국, 소련 등이 한국의 이북에 자리한 관계로 지어진 것임을 알 수 있다. 이는 1960년대 이후 공산권 국가들을 대상으로 추진된 서독의 동방정책(東方政策)과 맥을 같이 한다.[2] 첨예한 냉전의 유산이 남아있던 당시의 상황에서 북방정책의 대상이 되는 지역은 우리의 인식 속에 공산권 국가라는 공통성을 가지고 있

---

* 이 글은 『국제지역연구』 제 26권 제 1호(2022.01)에 게재된 "북방 연구와 정책에 있어 대위법적 읽기의 시사점 모색" 논문을 수정·보완한 것입니다.

었다. 이는 곧 외교적으로나 문화적으로 북방의 성격을 설정하고 접근하는 과정에서 일정한 방향성을 유지할 수 있었음을 의미한다. 하지만 1989년 베를린 장벽의 붕괴 이후 동시다발적으로 무너지기 시작한 소비에트 연합 체제와 공산 진영 국가들은 다양한 국가적, 민족적 단위로 쪼개지기 시작했으며 이는 본래 북방정책이 가지고 있었던 외교적 방향성과 정책의 목적에 근본적인 수정이 가해질 수밖에 없음을 의미하게 되었다.

'90년대 이후 북방 공산 체제의 혼란과 분열은 동시에 우리의 북방정책 수립과 실천에도 혼선을 불러왔다. 이를 반영하듯 노태우 정부부터 문재인 정부에 이르는 30여 년 동안 북방정책(노태우), 세계화 정책(김영삼), 햇볕정책(김대중), 동북아 평화·번영정책(노무현), 자원외교정책(이명박), 유라시아 이니셔티브(박근혜), 신북방정책(문재인) 등 정책의 이름과 성격은 정권의 의도와 목적에 따라 끊임없이 변화해왔다.[3] 물론 한반도 주변 정세와 정부 기조의 변화에 대응하여 탄력적인 운영을 해왔다는 점은 나쁘지 않다고 볼 수 있으나 문제는 정책의 일관된 전략 설정과 목적 달성의 실효성에 의문을 품을 수밖에 없는 상황이 이어졌다는 사실이다.[4] 또한 북방외교의 대상이 되는 지역 및 국가들이 급격한 사회문화적 변화를 겪는 동안 대한민국은 정부 차원에서나 학계에서 북방 지역의 복잡한 민족 관계와 정치·경제적 이해관계의 역동성 이해에 소홀해 왔다.[5] 이는 결과적으로 한반도 분단이 불러온 북방과의 지리적 단절에 더해 우리의 북방외교를 어렵게 만드는 주된 요인으로 작용했다.

분단 이후 70여 년간 대한민국은 한반도 역사상 유례없는 북방과의 지리적 단절 속에 처해있다. 물론 현대 기술의 발달은 지리적 한계를 극복할 수 있는 다양한 교통·통신 수단을 제공했지만 도로와 철도 등 북방으로 통하는 육상교통이 원천적으로 봉쇄되었다는 사실은 변함이 없다. 이러한 조건이 제공한 북방과의 자유로운 일상적 통로의 부재는 북방에 존재하는 다양한 민족과 문화 집단에 대한 우리의 이해를 단편적인 수준에 머물게 한다. 지금까지 추진되어왔던 대한민국의 다양한 북방 관련 정책이 지속성과 일관성을 가질 수 없었던 이유도 근본적으로 따지고 보면 북방에 대해 관념적 수준으로만 접근해왔던 학술 연구와 다양한 지역 문화에 대한 이해의 부족에 기인한다.[6] 이를 극복하기 위해 본 연구는 지역학을 수행하는 과정에서 필요한 문화인류학적 관점을 탐색하고 그것이 북방 연구와 정책을 실천함에 있어 어떠한 시사점을 가질 수 있는지를 논하고자 한다.

문학비평가이자 저서 『오리엔탈리즘(Orientalism)』을 통해 포스트식민주의 관점을 대표했던 에드워드 사이드(Edward Said)는 각 존재(being)에 내재하는 중층성과 혼종성의 중요성을 지속적으로 강조한다.[7] 이는 그동안 식민주의의 전통으로부터 비롯된 타자(others)에 대한 작위적인 규정과 오해를 비판하고 내부자의 시선에서 존재의 본질을 하나씩 풀어나가는 작업이 필요함을 주장한다. 본 논문은 이러한 사이드의 생각을 탐색하고 북방과 같이 혼종성과 중층성이 두드러진 지역을 연구하는 과정에서 필요로 하는 문화인류학적 접근과 연구 실천의 개념을 점검하고자 한다. 한반도의 북방 정책과 연구를 염두에 두면서 이 사항들을 탐색하고자 하는 이유는 대한민국의 지리적 조건이 불러온 숙명적인 외부자의 시선을 우려하는 마음으로부터 찾을 수 있다. 한국인은 역사적으로 줄곧 외세의 침략에 시달려왔으며 20세기 초에 이르러서는 급기야 일본의 제국주의 통치를 36년간 받기도 하였다. 그러함에도 불구하고 한국인은 에드워드 사이드가 줄기차게 비판해 온 식민주의적 관점에 반감을 보이기는커녕 알게 모르게 이에 동조하는 모습을 보인다.[8] 가령 서구 문화와 미국식 자본주의에 다소 반감이 섞인 동경심을 보이면서도 동남아시아나 아프리카 등 경제적으로 어려움을 겪는 지역과 민족에 대해서는 그 안의 복잡한 관계성과 중층성을 제대로 알고자 하는 시도나 성의조차 보이지 않는다. 이는 일본의 제국주의와 경제개발 위주의 자본주의 이데올로기를 경험하는 과정에서 은연중에 자리 잡은 배타적 민족주의, 그리고 우리보다 못하다고 여겨지는 타자에 대한 무지와 조소가 기저에 깔려있기 때문이다.[9]

단일한 민족정체성과 폐쇄적 지리의 영향을 받은 한국인의 시각을 염두에 두면서 본 연구는 이의 극복 방안을 모색하고 북방을 학문적으로, 정책적으로 접근하는 과정에 필요한 개념적 틀을 제안하고자 한다. 이를 위해 먼저 한반도의 지정학적 조건이 불러온 북방 연구와 정책의 한계를 진단하고 이의 해결 방안을 제시하기 위한 문제의 포인트를 규명할 것이다. 이후 혼종성과 다층성이 두드러지게 나타날 수밖에 없는 북방의 지리적, 역사적, 문화적 조건을 살펴본 후 이에 대해 에드워드 사이드의 '대위법적 읽기(contrapuntal reading)' 개념이 가질 수 있는 시사점을 도출함으로써 향후 북방 연구와 정책의 실천 방향에 철학적 기반을 제공하고자 한다.

II. 한반도의 폐쇄적 지리 조건으로부터 비롯된 북방과의 물질적·인식적 단절

북방은 공간적으로나 사회·문화적으로 다양하고 광범위한 영역을 포함한다. 우리가 편의상 '북방'이라는 하나의 단어로 한반도의 이북 지역을 지칭하고 있지만 실질적으로 신북방정책의 대상이 되는 국가 및 지역은 중국의 동북3성으로부터 중앙아시아를 거쳐 멀게는 우크라이나와 벨라루스에 이르기까지 유라시아 동서를 관통하는 넓은 범위를 아우른다 (〈그림 1〉). 따라서 소위 말하는 북방을 구성하는 민족, 문화, 사회, 국가, 역사 등은 어지간해서 공통의 요소를 포함하기보다는 서로 이질적인 특징을 발산한다. 그러함에도 불구하고 우리가 그러한 광범위한 지역을 하나의 공간 단위로 인식할 수 있었던 것은 역사적으로 다양한 민족들이 북방을 활보하면서 이뤘던 문화적, 정치적, 생물학적 교류와 그 가운데 발생했던 중첩된 문화적 층위에 기반한다.[10]

따라서 해당 지역을 이해하기 위해서는 기본적으로 북방이 기타 어느 지역보다 이질성과 혼종성 가운데에서도 문화적 접점이 동시에 발견되는 모순적인 특성을 가졌음을 이해해야 한다. 이는 외부자의 시각을 견지했을 때 결코 발견될 수 없는 측면이며 문화인류학에서 강조하는 내부자의 시각이 수반될 때 효과적으로 관찰될 수 있다. 이에 대해 Cresswell은 그동안 사회학과 같은 인문 영역에서 양적 계량을 바탕으로 한 과학화와 법칙 도출이 지배적이었던 상황을 비판하며 현상과 존재를 이해하는 과정에서 "신과 같은(God-like)" 시선에서의 관찰과 오만이 경계되어야 한다고 주장한다.[11] 이는 자칫 존재를 대표하는 양적 데이터가 관찰 대상의 모든 것을 규정하는 근거로 작용할 수 있음을 경고하는 것이며 관찰자 역시도 "세계-내-존재(being-in-the-world)"로서 연구 대상과 동화되어 내부자의 시선에서 이해하려는 노력이 동반되어야 함을 강조한다.[12]

이런 차원에서 봤을 때 한반도의 지정학적 조건과 사회문화적 특성이 가져오는 공간적 폐쇄성 및 인식적 배타성은 "세계-내-존재"로서 타자를 이해하는 과정에 어려움을 불러일으킨다. 공간적으로 봤을 때 한반도는 유라시아 대륙의 동쪽 끝에 자리한 관계로 예로부터 실크로드가 불러오는 연결성의 수혜를 입기 까다로운 조건에 처해있었다. 물론 통일신라 시대 중국 본토의 주인이었던 당(唐)나라의 국제적 감각과 개방성은 실크로드의 손길이 한반도까지 미치게 하여 당시 신라 왕조의 문화는 세계와의 연결성 속에 그 화려함을 꽃피울 수 있었다.[13] 이러한 기조는 송(宋)나라를 거쳐 원(元)대에 이르는 시기의 한반도 왕조였던 고려로 이어져 아라비아 상인을 포함한 유라시아 인구와의 사회문화적 교류가 지속적으로 이뤄지게 해주었다.[14]

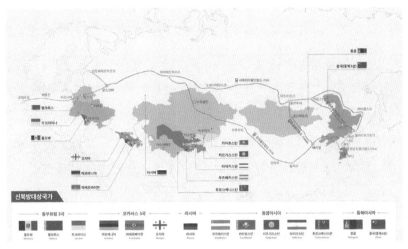

출처: 인포크리에이티브, https://infocreative.co.kr/portfolio-item/북방경제협력위원회-신북방대상국가-맵인포그래픽

〈그림 1〉 신북방정책 대상 14개 국가 목록 및 위치

하지만 그 뒤를 이은 중국 왕조인 명(明)나라와 청(淸)나라의 폐쇄적인 외교 정책은 조선마저도 중화 질서에 안주하게끔 만들면서 한반도와 북방 지역의 교류는 수백 년에 걸친 기나긴 암흑기를 맞이하게 되었다.[15] 외부 세계와의 단절 속에 조선이 겪은 사회문화적 발전의 침체와 그 부작용은 생각보다 심각하여 조선 말기 한반도의 기술적, 정치 체제적, 사회문화적 혁신은 어디에서도 찾아볼 수 없었으며 이는 고스란히 농민과 일반백성의 절대적 빈곤으로 이어지게 되었다.[16] 외부 세계와의 고립으로부터 비롯될 수 있는 문

명 발전의 퇴보는 재레드 다이아몬드의 『총, 균, 쇠』를 통해서도 지적되는 바이며 이는 특정 집단의 사상적인 고립으로도 연결된다.[17]

오랜 기간에 걸친 북방 및 유라시아로부터의 고립 이후 한반도가 겪은 운명은 일본에 의한 제국주의적 통치로 이어지게 되었다. 이 시기 축적되었던 일본의 제국주의적 통치 사상과 해방 이후 남북 분단, 경제개발 과정에서 부족한 국가적 자존감을 확보하려는 목적으로 강화되었던 국수주의적 역사 교육 및 이데올로기 확산은 한국인의 단일 민족 정체성을 강화하는데 종합적으로 기여했다.[18] 이는 국가 내 이질성으로부터 올 수 있는 사회문화적, 민족적 갈등을 방지할 수 있다는 점에서 긍정적으로 작용할 수도 있지만 다른 민족이나 문화 집단에 배타성을 동시에 드러내는 가능성을 증가시킨다. 특히 한국 사회에서 한민족이라는 순수 혈통 의식과 서구 열강에 대한 열등감은 동시에 개발도상국 국민과 인종에 대한 이중적이고 선택적인 차별 의식을 강화하기도 한다.[19] 현재 한국 사회에 증가하고 있는 다문화가정에 대한 국민들의 인식도 기존에 가지고 있었던 민족적 고정관념에 강하게 얽매여 있으며 이를 극복하는 과정에서 교사, 학부모, 자녀 등 다양한 주체들의 갈등과 어려움을 발견할 수 있다.[20]

이렇듯 특정 민족 집단에 대한 고정관념과 선택적 배타성은 사실 제국주의 지배 경험을 가진 서구 열강으로부터 비롯된 현상이지만 제국주의 통치 경험이 없는 한국 사회도 마찬가지로 타자(others)에 대한 일반화에 상당한 영향을 받는다는 점에서 우리는 이를 비판적으로 바라볼 필요가 있다. 따지고 보면 이는 한국 사회만의 문제가 아니며 선진국과 개발도상국 할 것 없이 인식적 영역을 구축하는 과정에서 미디어에 심각하게 의존하는 현대 사회의 보편적 현상이라 볼 수 있다. 당장 이소룡(Bruce Lee, 李小龍)이 출연한 영화에 아시아인 남성의 신체를 보편적으로 연상하고 인식하는 서양 및 아프리카의

인구를 떠올려보면 이는 쉽게 이해될 수 있다.[21]

　이러한 국제적 스케일에서의 보편적 현상에도 불구하고 본 연구가 타자에 대한 한국 사회의 고정관념 및 배타성이 특수하다고 주장하는 바는 한반도가 가진 지정학적 폐쇄성과 고립으로부터 비롯한다. 현재 한반도 이남의 대한민국은 북한과의 군사적 대치 속에서 대륙과 일상적 연결이 끊긴 지정학적 섬의 위치로 존재한다. 이런 상황에서 한국인의 북방에 대한 인식은 과거 만주 벌판을 호령했던 고구려의 주요 무대라는 이미지에 머무른 채 해당 지역의 현재 문화에 대한 이해와 탐구의 시도는 전무하다.[22] 이는 공간을 인식하고 이해하는 과정에서 실제적인 체험이 아닌 지도, 사진, 영상 등 공간 재현의 도구들에 전적으로 의존하는 현상으로 이어지게 되며 공간에 존재하는 다양한 층위의 문화적 특징들을 간과하게 한다.

　데이비드 하비는 공간에 대한 인식과 관련하여 지도와 같은 기하학적 산물의 영향을 와이트섬(Isle of Wight) 사례를 통해 설명한다 (〈그림 2〉).[23] 와이트는 영국 잉글랜드 남쪽 바다에 자리한 섬으로서 예로부터 영국과 대륙을 이어주고 브리튼섬을 방어하기 위한 중요한 전략적 위치를 차지하고 있었다. 섬의 지리적 중요성 탓에 섬 주변의 항해를 위한 지도는 중세 이후로 꾸준히 제작되어 왔으며 르네상스 시기에 이르러 측량과 기하학적 지식에 기반한 지도 제작 기술은 〈그림 2〉의 좌측 이미지와 같은 공간 재현 방식을 낳게 하였다. 기하학에 기반한 지도 제작 기술은 공간의 효율적 활용과 사유지 개념을 확립하는 과정에 큰 도움을 주었지만 인간의 직접적인 체험에 의한 공간 지식 축적은 요원하게 되었다. 공간에 내재한 다양한 층위의 자연·인문적 요소들(〈그림 2〉의 우측)은 지도가 제공하는 객관적 지리 정보(〈그림 2〉의 좌측)로 인해 인간의 인식 속에 깨끗하게 소거되었으며 이는 공간에 내재한 다양한 인문적 특성을 연구하는 과정에서도 표면적인 수준에만 머물게 하였다. 이는

출처: 좌 – Harvey 1990, 246, 우 – 구글 이미지 검색, https://www.google.com/search?q=isle+of+wight&newwindo
w=1&sxsrf=AOaemvJNA5VSFMSurkl2BZHYqYuvehSBmQ:1642335582413&source=lnms&tbm=isch&sa=X&sqi
=2&ved=2ahUKEwi7_PbnoLb1AhUTGTQIHfHDA1oQ_AUoAXoECAEQAw&biw=1920&bih=929&dpr=1

〈그림 2〉 17세기 제작된 와이트섬(Isle of Wight)의 지도(좌)와 와이트섬을 구성하는
다양한 인문·자연 환경들(우): 기하학 기반의 지도 제작 기술은 공간의 객관적 지식을
재현하고 이를 대중에게 제공하는 역할을 담당하지만 공간 내의 다양한
층위에 존재하는 체험 요소들은 간과해버리는 결과를 낳게 한다.

현대 사회의 공간을 인식하는 과정에서 대체적으로 드러나는 현상이며 공간
탐사에 있어 과학적이고 객관적인 기술과 접근 방식은 "세계-내-존재(being-
in-the-world)"로서의 인간을 배제한 채 오히려 공간의 본질로부터 인간을 떨
어뜨려 놓는 결과를 일으키게 되었다.[24]

　이러한 외부자의 시각, 지도와 같은 간접적인 공간인식 도구를 바탕으로
한 표면적 공간 지식의 축적은 현재 북방을 향한 한반도 인구의 지배적인 시
선을 대변한다. 이는 현재 대한민국이 지닌 북방과의 지정학적 단절과 단일
민족 정체성의 정착, 유라시아 대륙으로부터의 인식적 고립 등이 복합적으
로 작용한 결과라고 볼 수 있다.[25] 이는 지역 연구에 있어 본질적이고 직접적
인 공간 체험의 중요성을 간과하게 만들며 공간을 이해하는 과정에서 왜곡과
오해의 소지를 다분히 내포하는 것이다. 북방과의 일상적 괴리로부터 출발하

는 이러한 문제는 북방에 존재하는 다층성과 혼종성의 사회문화적 특성을 우리의 인식 속에서 말끔하게 제거하며 마치 "신과 같은(God-like)" 시선이 불러오는 오만과 무심함 속에 북방 주민에 대한 무수한 실례를 유발하게 된다.

Ⅲ. 에드워드 사이드의 대위법적 읽기(contrapuntal reading)

만주, 몽골, 중앙아시아, 소아시아 및 동유럽을 아우르는 북방은 지형적인 개방성과 민족 간의 활발한 교류로 인해 예로부터 사회·문화적으로 다양하고 광범위한 스펙트럼을 구성해왔다. 하지만 이러한 다층성을 간과한 채 당장 '북방'에 대한 정의도 제대로 합의되지 않은 상황에서 추진되고 있는 정책적 접근과 학술 연구는 많은 관계자를 혼란에 빠트릴 가능성을 내포한다. 사실 북방을 일정한 개념적 틀에서 정의한다는 시도 자체가 무리일 수 있다. 한반도의 관점에서 봤을 때 북방이라는 방위적 표현은 지리적, 문화적 방향성을 설정하는 과정에서 무한한 가능성을 열어놓을 수 있기 때문이다. 북방의 개념적 모호함과 공간적 범위의 광대함은 관련한 학자와 정책 결정자로 하여금 감히 북방에 대한 정의의 시도조차 허락하지 않은 상황을 만들었다. 따라서 북방 연구와 정책은 그동안 명확한 지역적 개념 없이 암묵적인 합의에 따라 진행되어 온 경향이 강하며 이러한 개념적 조건은 소위 '북방'으로 포함될 수 있는 지역의 문화적 다양성과 공간적 분절성, 사회적 다층성에 대한 고려를 무시하는 결과를 초래했다.[26]

북방의 지역적 범위와 연구의 대상을 지나치게 포괄적으로 설정하는 시도는 결국 학술 활동으로부터 도출할 수 있는 시사점에 대한 신뢰를 무너뜨리는 결과로 이어진다. 특히나 북한의 존재로 인해 대륙으로부터 섬 아닌 섬의 상태로 떨어져 있는 한반도는 북방 지역에 대한 일상적인 익숙함을 구축하기가 매우 어려운 상황이다. 이는 북방에 분포한 각 지역의 본질적 성격에 대한 집단적 오해를 불러일으킬 가능성을 부추긴다. 이질적 대상으로의 익숙함과 이해는 결국 일상적이고 반복적인 영역에서의 접촉으로 이뤄진다.[27] 하지만 육로를 통해 북방으로 이동할 수 없는 한반도의 상황은 결국 북방에 대한 학술 활동과 사업적 기회를 모색하는 열정을 갖춘 사람이 아닌 이상 대부분 고정관념에 기반한 상상의 영역을 통해 지역을 인식하는 경향을 만들어왔다. 이는 한국 사회에 전반적으로 팽배한 이방인에 대한 무지와 무례함으로 드러나곤 한다.

폐쇄성에 갇힌 지정학적 섬 한반도는 이를 극복하기 위해 북방정책을 추진하는 과정에서 더욱 각별한 노력을 기울여야 한다. 이미 공간적인 격리라는 핸디캡은 타인에 대한 접촉의 기회를 일상적 수준에서 늘릴 수 없는 조건을 부여했다. 따라서 이를 극복하는 과정은 인식적 영역으로의 초점 전환을 이룸으로써 성취할 수밖에 없다. 하지만 현재 한국의 문화인류학적 관점은 한반도의 폐쇄적인 지리적 조건으로 인해 상당한 제약을 받고 있다. 또한 한반도의 역사적 과정은 중국이라는 거대한 스케일과 기세에 눌려 신라 및 고려 시대 이후 대륙과의 관계 설정에 애를 먹고 있다. 북방 및 대륙과의 관계 설정에 있어 따르는 어려움은 현재도 여전히 이어지는 상황이다. 물론 지금은 중국보다는 북한이라는 존재가 이러한 상황을 주도적으로 만들고 있지만 말이다. 이러한 물리적, 공간적, 지리적 한계를 극복하는 작업은 문화인류학으로의 관심과 접근 방식을 새롭게 정립하는 작업으로부터 시작되어야 하며 이를 통해 타자에 대한 적극적인 이해를 시도해야 한다.

원나라를 물리치고 중원의 패자로 자리 잡은 명나라는 이민족을 배척하고 새로운 중화 질서를 동아시아 세계에 구축하고자 하였다.[28] 이는 몽골의 지배가 이어진 기간 중국 한족들이 겪었던 착취와 차별에 대한 강한 반작용의 결과였다고 볼 수 있다. 문제는 이러한 폐쇄적 흐름으로 전환되었던 중국의 변화가 한반도에도 그대로 적용되었다는 점이다. 유라시아의 동서를 제패했던 몽골제국은 실크로드와 역참제도의 운영을 통해 서아시아 및 중동의 문물이 한반도에도 흐를 수 있는 물꼬를 텄다. 하지만 명나라 이후 지속되었던 중원의 폐쇄적 조치와 육상 실크로드의 침체는 조선의 국제적 감각 부양에 좋지 않은 영향을 주었다. 명나라는 건국 초기 왕권 강화와 대외 안정을 위해 중앙아시아를 포함한 주변국들과의 조공 관계를 구축했지만 민간 무역이 배제된 대외 관계는 동아시아가 외부 세계와의 관계를 활성화하는 과정에서 장애물로 작용했다.[29] 한반도의 폐쇄성 짙은 민족주의의 전통은 이 무렵부터 시작되었다고 볼 수 있으며 이후 청나라의 집권과 조선의 소중화 사상, 해방 이후 대륙과의 연결성이 차단된 지정학적 조건은 분단에 대한 피해자 담론과 함께 정교하고 구조화된 정치적 민족주의로 이어지게 되었다.[30] 급속도로 발달한 교통과 인터넷을 중심으로 한 현대 사회의 세계화는 한반도 대중의 인식 속에 지리적 폐쇄성의 부정적 효과를 거의 느끼지 못하도록 한다. 하지만 역사적이고 정치·사회적인 배경 속에 축적되어 온 한반도의 고립성은 타자에 대한 한국인의 적응과 문화적 이해력을 상당히 저조한 수준에 머물도록 만들었으며 심하게는 다른 인종에 대한 선택적인 차별과 배타적 국수주의의 위험으로까지 쉽게 빠지도록 하였다.[31]

이는 한국 사회와 학문 세계에 쉽게 스며들어 있는 식민주의적 관점의 기본적인 배경과 원인을 제공한다. 다양성이 부재한 한국 사회의 문화적 특징과 사회 구성원의 생물학적 일관성은 다른 문화와 공간에 존재하는 입체적인 문화적·인종적 층위와 복합적 관계의 이해를 어렵게 한다.[32] 이는 에드워드 사이드가 『오리엔탈리즘』을 통해 지적하고자 했던 서구 중심적 식민주의와 외부자의 시선이 유발하는 폭력적인 실천과 연결된다.[33] 이는 일본 제국주의의 지배를 겪었던 한국 사회의 피식민 경험에 비춰봤을 때 집단 인식적 아이러니로 이해될 수 있으며 북방과 같이 익숙하지 않은 타자 집단을 연구하는 과정에도 중대한 왜곡을 유발할 가능성을 제기한다. 이는 또한 북방정책 실천에서도 타자에 대한 이해를 기반으로 한 협력 체계를 구축하기보다는 냉전 시대를 기초로 한 이분법적 사고와 대북 정책의 틀로 쉽게 환원되는 우를 한국 정부는 꾸준히 범하곤 했다. 따라서 이러한 민족주의 기반의 타자 인식에 대한 왜곡과 대북 정책으로 귀결되는 정책의 환원성을 극복하려는 시도는 우리 사회에 뿌리 깊이 박힌 식민주의적 관점을 타파하는 작업으로부터 시작되어야 한다. 이러한 측면에서 에드워드 사이드가 '대위법적 읽기(contrapuntal reading)' 개념을 통해 강조하는 탈식민주의적 관점과 중층성, 그리고 이질적 존재들의 다층적 관계는 한반도라는 사회적·공간적 프레임을 넘어 북방에 대한 학술적이고 정책적인 접근을 이루는 과정에 필요한 인식적 도구를 제공한다.

미국의 문학비평가이자 사회문화학자인 에드워드 사이드는 타자를 이해하고 연구하는 활동의 장애물로 작용하는 제국주의적 관점을 비판하면서 문화인류학을 실천하는 과정의 중요성을 강조했다.[34] 문화인류학은 기본적으로 외부의 시각보다는 내부의 시각에 초점을 둔다. 제국주의적 시각은 외부자의 시선을 바탕으로 그동안 타자에 대해 수많은 오해를 양산하면서 폭력적인 접근을 조장했다. 그 결과 민족적 분포에 대한 고려 없이 열강의 편의와 이해관계에 따라 일직선으로 그어진 아프리카의 국경은 현재에도 국가 내 수많은 민족 간 갈등과 유혈사태를 불러일으키는 근본적 원인으로 작용하고 있다(〈그림 3〉). 이를 극복하기 위한 대안적 방안으로서 문화인류학적 연구와 실천 양식은 연구자 자신이 관찰 대상이 되는 집단에 존재하여 내부자의 시각으로 이해하는 방식을 추구한다.

　이러한 내부자적 시각의 중요성을 강조한 에드워드 사이드는『오리엔탈리즘』을 통해 탈식민주의의 개념적 방향성을 제시하고자 했다.[35] 하지만 제3세계에 대한 제국주의적 시각을 비판했던『오리엔탈리즘』마저도 많은 비평가에 의해 그것의 논리적 오류에 대한 지적을 받아왔다. 사이드가 지나치게 제국주의적 시각으로의 비판에 몰두한 나머지 애초에 해당 저작에서 추구하고자 했던 제3세계에 대한 내부적 시각의 강조는 상대적으로 소외되었다는 것이 비평가들이 주장하는 바이다.[36] Said는 이에 대한 오해의 제거와 해명의 차원에서 후속작인『문화와 제국주의(Culture and Imperialism)』를 통해 구체적인 문화인류학적 연구의 본질과 실천 방안을 제시한다.[37] 그는 해당 저서를 통해 '대위법적 읽기' 개념을 발전시켰다. 대위법(counterpoint)이란 주로 서양 클래식 음악에서 실천되는 악곡의 구성 방식으로서 이질적인 화음과 멜로디 라인의 결합을 통해 이뤄진다. 사이드가 이를 통해 강조하고자 했던 바는 이질적 요소들이 조화롭게 합쳐져 하나의 음악으로 승화하듯이 실제 세계에서 펼쳐지는 모든 사회적, 문화적, 경제적, 정치적 과정도 이질적이고 모순적인 요소들의 대위적 혼합으로 이뤄진다는 사실이다.[38] 특정 현상에 내재하는 이질적 요소들의 다중적 관계와 이를 통해 생산되는 미묘한 뉘앙스들은 결국 외부자적 시각이 아닌 내부자적 침투의 접근을 통해 분절되고 파악될 수 있으며 모순적으로 보이는 요소들의 대위적 관계를 있는 그대로 받아들일 수 있게 한다.

　우리가 음악을 들으면서 각 노래가 가진 독특한 멜로디와 음정을 구분할 수 있는 것도 따지고 보면 사이드가 강조했던 다중화성(polyphony)의 다채로운 조화가 있기에 가능한 것이다. 이는 악곡의 구성이 하나의 음계나 화음으로 단순하게 구성된 것이 아니라 비록 양극단에 놓인 모순적 위치에 자리한 화성이라 할지라도 대위적 관계를 맺는 과정에서 오묘한 조화를 자아내는 것으로 이해될 수 있다. 사이드는 서양의 클래식 음악에 대한 개인적 취향으로부터 존재 내부에 존재하는 이질적 요소들의 대위적 관계에 대한 힌트를 얻기 시작했으며 이러한 모순적 뉘앙스를 파악하기 위해 제국주의적, 식민주의적 관점으로부터 탈피하여 내부자적 시선과 참여를 강조하는 탈식민주의적 입장을 강조하고자 했다. 이는 다소 식민주의의 시선에 대한 비판으로 무게의 추가 기운 나머지 내부자적 시선에 대한 개념적 발전에 소홀하다고 평가받았던『오리엔탈리즘』으로의 비판을 상당 부분 희석하는 효과를 불러왔다. 결국은 우리가 특정 대상에 대해 접근하고 이해하고자 함에 있어 존재 안에 내재하는 다층적 요소와 모순적 관계를 인식하는 과정이 필요함을 사이드는 '대위법적 읽기' 개념을 통해 역설하는 것이다. 이러한 과정이 없다면 우리는 이해하고자 하는 대상에 대한 무수한 오해와 왜곡된 이미지 생산을 반복할 것이다.

조엘 딤스데일(Joel Dimsdale)이 쓴『악의 해부(Anatomy of Malice)』를 살펴보면 제2차 세계대전이 끝난 후 전범재판에서 지켜본 나치 전쟁범죄자들의 모습은 하나같이 평범하기 그지없었다.[39] 유대인을 비롯한 수많은 민족 집단들에 가했던 잔혹한 집단 감금과 학살을 주도했던 나치의 전범들이었음이 믿기지 않을 만큼 이들은 평범한 부모, 회계사, 행정가의 모습을 보여줬다. 당시 재판에 참석하기 전 한나 아렌트(Hannah Arendt)는 괴물과 같은 전쟁범죄자들의 모습을 상상했지만, 막상 재판에서 이들의 평범한 모습을 지켜본 후 그녀는 더 큰 충격을 받았다.[40] 거대한 관료제 사회에서 이들의 평범함은 체제에 순응하는 성실한 사회인으로서의 역할을 감당했을 뿐이었다. 그런 과정에서 전쟁범죄자들은 집단적 학살과 반인륜적인 범죄를 무의식적 영역에 내재화하면서도 일상적 영역에서 사회인이 가진 인간적 면모는 유지했던 것이다.

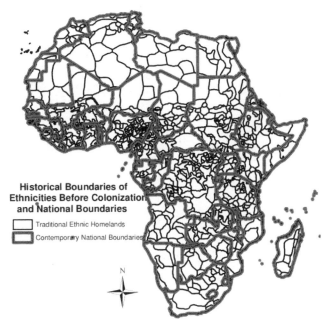

출처: Michalopoulos & Papaioannou 2012, 2

〈그림 3〉 아프리카의 실제 민족 분포(얇은 실선)와는 무관하게 열강의 이해에 따라 그어진 국경(두꺼운 실선)은 제국주의적 외부자의 시선과 실천이 불러온 공간적 왜곡과 폭력을 시사한다.

위의 사례를 통해 우리는 모든 존재가 절대 단일한 성격으로 규정될 수 없다는 사실을 알 수 있다. 뉴스에 매일같이 등장하는 주인공들의 범죄 소식은 그들에 대한 사회적 선입견과 고정관념을 씌우기에 충분하지만 그들과 일상을 공유하는 사람들의 해당 인물들에 대한 평가는 뉴스에서 묘사되는 충격적 범죄자의 모습과는 또 다른 차원을 형성하는 것이다. 강력한 범죄를 저지른 주인공처럼 모든 사람이 그러한 극단적 성격을 가지는 것은 아니지만 여기서 주목해야 할 사항은 하나의 개인이라고 하는 미세한 스케일을 이루는 공간마저도 이렇듯 다양한 층위의 요소들이 모여 하나의 존재를 구성

출처: 좌 - http://www.edwardsaid.org/ 우 - https://everynote.com/guitar.show/4803.note

〈그림 4〉 에드워드 사이드(좌)의 서양 클래식 음악에 대한 개인적 취향은
다양하고 모순된 화성의 대위적 혼합과 조화에 대한 영감을 제공했다.

하는 것이다.

사이드는 이렇듯 존재 내부를 구성하는 다층적 속성에 주목하면서 제국
주의적 시각이 주로 범했던 일반화의 오류에 의존하는 경우 그 안에서 복잡
한 관계를 맺고 있는 이질적 다양성을 이해하는 과정은 결국 한계를 맞이할
수밖에 없음을 지적한다.[41] 존재의 다층성은 스케일의 크고 작음에 상관없이
나타나며 이질성과 관련한 정도의 차이가 발생하는 것은 그것이 처한 시간
적, 공간적 맥락에 따라 달라진다. 이러한 시각에서 봤을 때 북방이라고 하는
거대한 스케일의 지역적 범위는 그 안에 내재한 다층적 존재들의 혼합과 관
계성에 주목해야 함을 요구한다. 각각의 이질적 층위는 존재 안에서 단순히
나열된 상태로 자리를 잡지는 않는다. 그들은 서로 끊임없는 관계성을 맺는
가운데 존재의 특성을 종합적으로 구성해 나간다. 북방에서 나타나는 다양
한 민족들의 혼합과 관계성은 광활한 공간적 범위에서 나타나는 문화적 다
양함을 이해할 수 있는 결정적 포인트로 작용한다.

Ⅳ. 북방 연구와 정책 실행에 있어 대위법적 읽기의 필요성

북방이라는 하나의 공간적, 개념적 범위는 사실 하나의 단위로 묶기에는 무리가 따를 만큼 광범위한 속성을 지닌다. 그럼에도 불구하고 해당 지역이 '북방'이라는 하나의 개념적 단위로 묶일 수 있는 것은 철저히 한반도의 지리적 조건과 입장에서 편의상 비롯된 현상이라 볼 수 있다. 한반도는 오래전부터 만주라는 영역에 대한 향수와 회복에 대한 열망을 품어왔다.[42] 이러한 국가적 기대는 그동안 한반도 왕조의 부족한 국력과 주변 여건으로 인해 실현될 수 없었다. 일제로부터의 해방 직후 이어졌던 남과 북의 분단은 대한민국으로 하여금 더욱 북방과의 관계 설정을 어렵게 만드는 요인으로 작용하였다.

한반도와 북방이 육로로 연결될 수 없다는 지리적 조건은 북방과의 문화적, 경제적, 정치적 관계를 맺는 과정에서 생각보다 어려운 상황을 만들어간다. 직접적인 대면 접촉이 부족한 상황에서 북방에 대한 한국인의 인식은 대부분 텍스트에 기반한 간접적 자료와 재현에 의존하게 된다. 이는 북방이라는 거대한 스케일을 거느리는 공간을 단일한 선입견과 고정관념으로 인식하게 할 위험을 증폭시킨다. 이는 북방 곳곳에 자리한 다양한 존재들의 본질을 이해하는 과정에서도 심각한 오해를 불러일으키는 원인을 제공한다.

현재 신북방정책의 개념적이고 실무적 진행을 담당하는 대통령직속 '북방경제협력위원회'는 정책의 대상 지역으로 14개 국가(러시아, 몰도바, 몽골, 벨라루스, 아르메니아, 아제르바이잔, 우즈베키스탄, 우크라이나, 조지아, 중국 동북3성, 카자흐스탄, 키르기스스탄, 타지키스탄, 투르크메니스탄)를 설정하고 있다.[43] 이를 통해 위원회는 해당 지역에 존재하는 문화적, 경제적 주체와의 다양한 협력 채널을 구축하고 정책 효과를 점검하고 있다. 하지만 북방을 국가 기준으로 분류하는 접근은 서구의 식민주의적 관습이 자행했던 인위적 분류 체계에 의존한다는 점에서

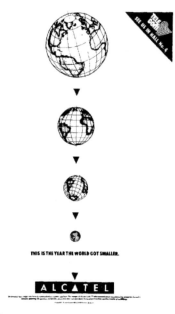

출처: Harvey 1990, 242

〈그림 5〉 좁아지고 있는 지구촌 사회에 대한
현대 사회의 인식은 공간에 대한 인류의
오만과 폭력적 시선을 부추긴다.

한 국가 안에 존재하는 다양한 이질적 요소들과 그것들의 복잡한 관계를 간과하게 만든다.

공간에 대한 일률적 재현 방식이 불러오는 오해와 왜곡은 비단 한반도와 북방과의 관계에서만 발견되는 현상은 아니다. 텍스트와 기술적 측량에 기반한 정보가 범람하고 있는 현대 사회에서 인류는 점차 좁아지는 지구를 경험하고 인식하고 있으며 이 과정에서 공간에 대한 인간의 정복 의식은 나날이 증가하고 있다 (〈그림 5〉). 현대의 교통·통신 기술과 정보의 범람은 인간에게 공간 지식을 넘치도록 부어주고 있지만 정작 인간의 공간에 대한 이해의 깊이는 매우 얕은 수준에 머물게 만든다.

공간에 대한 인류의 오만은 결국 사이드가 강조하는 공간 내 존재의 다층성과 심오함에 대해 매우 쉽게 간과하는 인식구조를 형성한다. 이는 생활 터전과 그 주변 공간의 익숙함 속에서는 문제가 되지 않겠으나 타자(others)의 공간과 관계를 맺는 과정에서는 심각한 결례와 무지를 양산할 소지를 남긴다. 구한말 서양인들이 판화로 남긴 조선의 모습을 보면 한국인의 눈으로 봤을 때 도저히 조선인과 한반도 문화라고 볼 수 없는 괴이한 이미지로 점철되어 있음을 알 수 있다 (〈그림 6〉). 여전히 서양 문화의 인식구조와 사고방식의 틀 가운데에서 만들어진 이러한 이미지와 공간 정보는 그것들의 소비자로

출처: 매거진 LUXURY, http://luxury.designhouse.co.kr/in_magazine/sub.html?at=view&info_id=39975

〈그림 6〉 프랑스 탐험가 라 페루즈(La Perouse)에 의해 그려진 15세기 조선인(좌)과 1907년 순종 황제 즉위식(우), 당시 조선인의 복식과 궁중문화를 서양인의 시각으로 각색한 이미지는 실제 조선이 가지고 있던 문화로부터의 괴리와 몰이해를 여실히 드러낸다.

하여금 외부자의 시선을 유지한 채 타자의 공간에 대한 뒤틀린 이해를 부추기게 한다. 현재 북방과의 관계 활성화와 교류 증진을 목표로 추진 중인 대한민국의 외교 정책과 추진 과제도 사실 이러한 외부자의 시선이 가진 한계를 안고 있으며 그로 인해 북방에 존재하는 다층성의 뉘앙스와 섬세한 이해가 제한된 상황을 겪고 있다.

'80년대 노태우 정부 이후로 박근혜 정부에 이르기까지 북방을 대상으로 한 정책은 주로 정치외교와 경제 영역을 중심으로 구성되었다.[44] 이러한 정치·경제 교류 중심의 기조는 공산권 국가 혹은 개발도상국의 선진세계 포섭을 염두에 두어 상호 이해에 바탕을 둔 동등하고 협력적인 관계를 설정함에 한계를 맞을 수밖에 없었다. 하지만 문재인 정부의 '신북방정책'은 평화에 방점을 두는 방향으로 전환되었으며 이는 상대방에 대한 문화적 존중과 공존을 모색하는 시도였다고 평가할 수 있다 (우준모 2018, 106).[45] 하지만 평화라는 기치를 내걸었음에도 '신북방정책'은 여전히 북방 국가와의 표면적인 협력 관계만을 강조한 채 실제적인 상호 이해 증진은 요원한 상황이다. 이는 과거 조선에 방문했던 서양인의 왜곡된 시선과 모순된 공간인식을 그대로 답습할 가능성을 내포하는 것이다. 신북방정책의 16가지 목표를 살펴보면 이러한 한계는 잘 드러난다. 상호 이해 증진을 위한 추진 과제 중 ⑬ 문화·체육·관광 협력 확대, ⑭ 대학·청년·학술 단체 교류 및 인력 양성 등은 상호 존중과 문화 협력의 가치를 내건 실천 사항으로 볼 수 있다 (〈표 1〉).[46] 하지만 상호 이해를 위한 실천 사항이 특정 정치·문화·체육계 인사나 학술 단체의 비일상적 교류에 머물며 여전히 경제 교류에 대부분의 방점이 찍히는 정책의 운영은 이전 정부의 정책에서 이름만 바꾼 것일 뿐이라는 비판을 받고 있다.[47] '80년대 북방정책의 출발도 결국 공산권과 개발도상국의 정치적 포섭 및 경제지원을 골자로 이뤄졌던 점을 감안하면 지금의 신북방정책도 이러한 틀을 크게 벗어나지 못하고 있다.

〈표 1〉 신북방정책의 목표 및 추진과제

구분	목표	추진과제
소다자협력 활성화로 동북아 평화기반 구축	소다자 협력 사업 활성화로 남북 경제 협력의 안정적 여건과 동북아 평화기반 구축	① 초국경 경제 협력 추진
		② 환동해 관광 협력 활성화
통합 네트워크 구축을 통한 전략적 이익 공유	북방경제권과 물류·에너지 측면에서 연결망 구축, 성장잠재력 확대 및 이익 창출	③ 유라시아 복합 물류망 구축
		④ 동북아 수퍼그리드(Northeast Asia Supergrid) 구축
		⑤ 한·러 천연 가스 협력 강화
		⑥ 북극항로 진출로 해운·조선 신시장 개척

구분	목표	추진과제
산업 협력 고도화를 통한 신성장동력 창출	4차 산업 혁명 대응과 산업 구조 다각화 지원을 위한 협력 플랫폼 구축	⑦ 한·러 혁신플랫폼 구축
		⑧ 인프라·환경 협력 확대
		⑨ 4차 산업 혁명 대응, 산업 협력 강화
		⑩ 북방 진출기업의 금융접근성 강화
		⑪ 보건의료 및 헬스케어산업 협력 확대
		⑫ 농수산 분야 진출 활성화
인적·문화 교류 확대로 상호 이해 증진	문화·체육·관광 교류 확대, 지역전문가 양성	⑬ 문화·체육·관광 협력 확대
		⑭ 대학·청년·학술 단체 교류 및 인력 양성
추진체계 구축	신북방정책 효율성 제고	⑮ 위원회 중심의 협력 체계 구축
		⑯ 다각적인 외교 협력 기반 조성

출처: 북방경제협력위원회

　북방 정책을 통한 협력 강화와 상호 교류의 증진은 서로의 문화에 대한 진정성 있는 이해를 바탕으로 둘 때 가능하다. 사실 이를 정부 주도의 정책을 통해 이룬다는 것은 관료 사회의 특성상 한계를 맞이할 수도 있다. 따라서 이러한 정책적 제한을 보완할 수 있도록 북방으로의 문화인류학적 접근이 활성화되어야 할 것이며 이는 한반도의 폐쇄적인 지리적 조건을 넘어 적극적으로 북방에 '세계-내-존재'로 침투하여 그들의 다층적인 문화 양식과 차이 속에 발견되는 접점을 포착해야 할 것이다.

　단일 민족의 정체성을 고수하고 있는 한국인의 인식구조를 고려할 때 개방적인 북방의 영역에서 발생했던 다양한 민족들의 자유로운 교류와 그로부터 형성된 민족적 경계의 모호함을 이해하기란 쉽지 않은 작업임이 분명하다. 그러함에도 불구하고 우리가 북방과의 진정성 있는 교류를 형성하기 위해서는 하나의 문화·민족 집단 내에서조차 이질적이면서도 공통된 문화적 층위를 공유하는 모순 속의 조화를 받아들이고 이해해야 한다. 〈그림 7〉에서 확인할 수 있듯이 북방 민족은 사실 생물학적인 DNA를 기준으로 봤을

출처: 구글 이미지 검색, https://www.google.com/imghp?hl=en

〈그림 7〉 중앙아시아를 비롯한 북방 지역의 민족은 우즈벡인, 카자흐인, 키르기스인 등 일정한 카테고리로 분류되지만 그러한 인식은 그들의 외모를 고려할 때 생물학적인 근거를 찾기 힘들다.

때 확실한 공통점을 찾을 수 없으며 하나의 민족 집단 내에서도 이렇다 할 외모상의 공통성을 구축하기도 힘들다. 그러함에도 불구하고 이들을 서구식 분류 체계에 따라 일정하게 규정하는 행위는 통치 이데올로기를 편리하게 확산시키려는 국가 주도의 재코드화에 따른 산물이라 볼 수 있다.[48]

 역사적으로 피식민 경험을 가진 한국 사회가 탈식민주의적인 관점보다 민족주의에 기반한 식민주의적 관점에 가까운 것은 여러 가지 요인이 거론될 수 있다. 앞서 서술했듯 역사적으로 한반도는 수백 년에 가까운 세월 동안 폐쇄적인 지정학적 조건에 놓여 있었으며 전근대 마지막 중국의 주인인 청나라가 만주족에 의해 세워졌다는 사실은 우리로 하여금 소중화 사상에 더욱 집착하는 결과를 낳았다.[49] 분단 이후 이러한 폐쇄적 민족주의는 한국

사회에 더욱 강하게 뿌리내렸으며 생물학적으로나 문화적으로 크게 이질적인 요소가 존재하지 않았던 한반도의 조건은 하나의 집단 내에 모순적인 요소가 복잡하고 중층적인 관계를 맺는 현상에 대한 대중적 적응력을 떨어트리는 결과로 이어졌다. 하지만 분명한 것은 북방 지역의 다양한 인종과 문화 집단은 서구식 분류 체계의 한 단면을 반영하는 국가 경계와는 무관하게 분포된 경우가 많으며 이를 이해하지 못한 채 이뤄지는 정부 차원에서의 협력 사업은 오히려 지역적 오해로 인한 결례와 상처로 귀결될 가능성을 높인다.

우리는 북방을 연구하고 이해하는 과정에서 이러한 서구식 분류 체계의 오만과 외부자의 시선에 따른 뉘앙스 포착의 어려움을 극복해야 한다. 에드워드 사이드는 '대위법적 읽기' 개념을 통해 세상에 존재하는 다양한 집단, 혹은 개인의 내면마저도 모순되고 이질적인 요소들이 중첩되어 있음을 강조한다.[50] 이러한 모순적이면서도 조화를 이루는 북방 문화 집단의 특성은 서구 클래식 음악에서 발견되는 모순된 화성의 중첩과 어울림 같이 이를 있는 그대로 받아들이고 그 안에 숨겨진 역사적, 사회문화적 궤적을 자세히 탐구함으로써 이해될 수 있을 것이다. 이를 위해 우리는 '모순 속의 조화'를 강조했던 사이드의 주장을 복기하면서 보다 빈번하고 적극적인 문화인류학적 탐사 자세의 견지를 통해 북방을 연구하는 실천을 지속해야 할 것이다. 이는 궁극적으로 서구의 인위적 분류 체계가 가진 인식적 오류를 방지하고 북방 정책의 진정성 있는 효과를 거두기 위한 작업으로 볼 수 있다.

V. 나가는 말

재현과 상상에 기반한 북방 인식은 지역적 특성을 이해하는 과정에서 잘

못된 판단과 오해를 유도하는 결과로 이어질 수 있다. 만약 고정된 선입견으로 하나의 민족 혹은 문화적 집단에 접근하는 경우 그 안에 내재한 다양한 층위의 역사적, 문화적, 사회적 궤적을 간과하는 일은 명약관화하다. 따라서 북방 지역 연구는 한반도에 머무른 채 이방인과의 일상적 접촉이 결여된 한국인으로서는 치명적인 핸디캡을 안고 가야 하는 실천이라고 볼 수 있다. 하지만 그렇다고 해도 한반도에 갇혀 외교적 잠재성을 갖춘 북방 지역과 아무런 관계 맺음 없이 살아간다는 것은 다양한 경제적, 정치적, 문화적 기회를 놓쳐 버리는 결과로 이어진다. 따라서 향후 북방에 존재하는 다양한 주체들과의 관계 설정과 외교 정책의 물꼬를 트고 관계의 지속성을 보장하기 위해 우리는 북방에 접근하는 방식의 정립이 필요하다.

사실 한국은 역사적으로 중국에 강력한 통일 왕조가 수립되고 난 후 북방에 대한 접근의 기회조차 제대로 발생하지 않았다. 중국을 중심으로 형성된 안정적인 동아시아 정세 속에서 한반도의 왕조들은 중국과의 상하 관계를 유지하는 가운데 체제의 유지에만 신경을 쓰는 수준에 만족해왔다. 반대로 동쪽 일본에 대해서는 철저한 무시 내지 무신경으로 일관하는 행보를 보여 세계적 변화와 흐름에 대해 무지한 인식 수준을 보이는 결과로 이어졌다. 이는 중국을 넘어 보다 넓은 세상이 존재한다는 사실을 망각하게 했으며 이러한 흐름은 남북한의 단절 이후 한반도에 그대로 이어지고 있다. 비록 제국주의의 역사가 인류에 끼친 해악은 이루 말할 수 없을 정도로 많지만 자국을 넘어 세계 곳곳의 문화와 지리를 탐사하는 작업은 많은 제국주의 출신 국가에 문화인류학의 뿌리와 전통을 남겨줬다. 역사적 경험으로나 체제적 분단의 현실상으로나 한반도는 북방을 이해하는 학문적 전통이 사실상 전무하다고 볼 수 있다.

이러한 상황을 극복하기 위해 우리는 사이드가 대위법적 읽기 개념을 통해 제시한 관찰 대상 내부적 시각의 장착, 대위적 요소들의 혼합과 조화, 관계성에 대한 주목 등을 유념해야 할 것이다. 한국의 신북방정책 대상인 국가는 비록 14개로 추려질 수 있지만 그 안에 존재하는 문화적, 민족적, 사회적, 경제적 집단은 이루 말할 수 없을 정도로 다양하다. 이들 집단에 존재하는 다양한 층위의 속성을 단일한 고정관념으로 묶는 실천은 지역의 이해와 관련하여 심각한 오해를 불러일으킬 것이며 이는 북방 정책의 성공적인 수행에 장애 요소로 작용할 것이다. 사이드가 발전시킨 '대위법적 읽기' 개념을 활용하면서 우리는 모순적이지만 복합적이고 조화로운 관계로 구성되는 존재의 특성을 북방에 대입할 필요가 있다.

홍콩정체성의 대중국 이탈에 관한 연구:
질 들뢰즈의 영토화 개념에 따른 중국식 애국주의 분열 기제 운용을 중심으로*

Ⅰ. 들어가는 말

본 논문의 목표는 중국식 애국주의의 분열 기제 운용으로 인한 홍콩정체성의 대중국 이탈을 분석하는 것이다. 그 방법론으로서는 질 들뢰즈(Gilles Deleuze)의 영토화 개념을 활용할 것이다. 현재 시진핑 시기 홍콩정체성의 대중국 이탈이 심화되고 있다. 이러한 이탈은 중국 애국주의에 내재 된 인민 분열기제에서 비롯되었다고 할 수 있다.[1]

국가와 체제를 수호하고 분열과 전복을 방지하기 위한 명목으로 제정된 홍콩 국가보안법이 통과된 이후, 홍콩인들은 중국과의 일체 의식을 더욱더 거세게 강요받고 있다.[2] 뿐만 아니라 최근 홍콩 선거제도 개편안이 통과되면서 애국 인사가 홍콩을 다스려야 한다는 조항이 홍콩 민주인사들의 발붙일

---

* 이 글은 2021년 10월 HK+연합학술대회에서 발표된 브릿지 팀의 발표문을 수정·보완한 것입니다.

공간을 점차 사라지게 하고 있다.[3] 이렇듯 시진핑 시대에 들어 홍콩정체성에 대한 중국의 위협은 가중되고 있는 상황이고, 이 기저에 자리하고 있는 명분이 바로 중국 애국주의라 할 수 있다.

그렇다면 중국 애국주의란 무엇인가? 이에 대한 개념은 대단히 모호하고 연구자에 따라 그 해석이 다양하게 분류된다. 본 논문에서는 다양하게 표현되는 중국 애국주의를 다시 정의하려 하기보다는, 선행연구자들이 제시한 중국 애국주의의 목표에 주안점을 두고 논지를 전개해 나가고자 한다.

중국 애국주의는 공산당의 통치정당성을 확보하기 위한 이데올로기적 수단이다. 또한 중국 내 수많은 민족들을 단결 및 통합하게 하는 사상적 울타리와 같은 존재이다. 그러나 앞서 언급한 홍콩 사례에서 파악할 수 있듯이 중국의 애국주의로 인해 국가통합보다 오히려 분열이 초래되는 듯한 상황이 나타나고 있다. 최근 들어 더욱 강화되고 있는 이러한 분열적 현상을 분석하는 것은 현황에 대한 이해도를 높일 수 있을 뿐만 아니라, 앞으로 홍콩정체성이 어떠한 방향으로 나아갈 것인지를 가늠해 볼 수 있는 기회를 제공하리라 판단한다. 따라서 본 논문에서는 이러한 상황의 역학과 함의를 분석하려는 것이다.

이를 위해 본 논문은 들뢰즈의 '영토화' 개념과 '이탈'에 주목한다. 이에 대해 제시하고 있는 들뢰즈의 저작, '안티-오이디푸스'와 '천개의 고원'은 그가 '가타리'와 함께 구사하는 수사의 난해함으로 인해 그들이 말하려는 바를 완전히 이해하기는 어려운 것이 사실이다.[4] 그럼에도 불구하고 본 논문에서는 들뢰즈의 영토화 개념에서의 문제의식을 "영토화로부터 이탈하려는 원인이 무엇인가"에 집중하여 논지를 전개하려 한다. 이러한 방법을 적용하였을 때, 국가통합을 목표로 하는 현재 중국 애국주의가 도리어 홍콩정체성을 중국으로부터 이탈하게 하는 원인에 대해 분석하는 데 유의미한 결과를 도출해 낼 것이라 판단한다.

따라서, Ⅱ장에서는 들뢰즈의 '영토화 개념'과 '이탈'을 설명하고, 이를 기반으로 Ⅲ장에서 중국 애국주의로 인한 홍콩정체성의 이탈을 분석할 것이다. Ⅳ장에서는 결론을 내리면서 본 연구를 마무리 지을 것이다.

Ⅱ. 질 들뢰즈의 영토화 개념과 이탈의 함의

1. 영토화 개념의 함의

질 들뢰즈는 '사회체(socius)'라는 물질적, 관념적 흐름에 대한 조정과 통제가 발생되는 공간에서 통제를 가하는 구체적인 주체를 각각 '원시적인 영토기계(Primitive territorial machine),' '야만적인 전제기계(Babarian despotic machine),' 그리고 '문명화된 자본주의 기계(Civilized capitalist machine)'로 분류하였다. 본 논문에서는 위의 세 가지 기계들이 각각 '문화', '국가', '자본'에 대응한다는 해석을 따르는데 이러한 기계들은 사회체라는 공간에서 긴밀히 연계되어 욕망의 흐름들에 일정한 코드를 기입하며 통제한다. 이를 '코드화'라 지칭한다. 그런데 사회체는 다시 하나의 거대한 '토지'로서 표현될 수 있다. 때문에, 욕망의 흐름들에 대한 코드화는 토지 위의 욕망의 집결로부터 출발하는 즉, 내재적 통일성이 확보되어가는 '영토화'로 치환될 수 있는 것이다. 이러한 코드화 및 영토화 개념은 초·탈코드화와 탈·재영토화로 이어지게 되는데, 본 논문에서는 코드화 및 영토화가 상호 연계되며 전개되는 과정이 다소 개념적 혼란을 야기할 수 있다고 판단하여 영토화, 탈영토화, 재영토화의 측면에서만 의미 전개를 이어나가고자 한다.[5]

위에서 언급한 최초의 영토화는 원시적인 영토기계 즉, 문화에 의해서 이루어진 것인데 이를 다시 국가에 비견되는 야만적인 전제기계가 취함으로써 탈영토화한다. 상세히 이야기해보자면 친족관계, 마을, 사회공동체에서 문화 혹은 정체성에 의해 개인에 대한 영토화가 이루어진다. 그런데 국가는 이렇게 문화에 의해 수행되었던 모든 혈연과 결연을 절단하고 연장하면서 개인을 전제군주 즉, 국가와의 직접 혈연이라는 새로운 방식으로 연결하며 그 자체를 취하는 것이다. 탈영토화의 과정에서 국가는 법이라는 수단을 사용하는데 푸코는 이러한 법체계와 사법적 장이 지배관계들과 다양한 형태를 띤 예속화 기술의 항구적인 운반수단이라 했다. 따라서 법은 지배와 예속의 문제를 드러내는 것이라 하였다.[6]

그러나 개인은 또다시 자본에 의해 재영토화된다. 상세히 이야기하자면, 국가는 상인들이 촉발시킨 '돈의 흐름'들을 두려워하는데 모든 방향에서 자신의 통제를 벗어나는 시장의 힘들을 풀어 놓는 것으로서 국가와 그것이 이끄는 체계 간에 전도를 일으키기 때문이다. 이러한 자본은 국가에 속한 개인의 노동들을 착취하고 스스로의 생명력을 더욱더 강화하면서 국가를 사업의 기계장치로 변형시키게 된다. 바로 문명화된 자본주의 기계가 야만적인 전제기계 본연의 모습을 해체 및 변환시키는 것이다. 때문에, 야만적인 전제기계에 연결되어있던 개인은 문명화된 자본주의 기계로부터 재영토화 되는 것이다.[7]

그러나 강력한 기계들의 영향에도 불구하고 이러한 영토화의 의미 전개는 절대적인 완전성을 내포하지는 않는다. 다시 말해 완전한 영토화, 탈영토화, 재영토화는 이루어지기 어렵고 대상의 영토화에 대한 이탈 가능성이 존재한다는 것이다. 뿐만 아니라, 이러한 영토화의 전개과정 및 이탈은 일방적인 것이 아닌 상호적인 것이라 할 수 있다. 예를 들어 국가에 의한 탈영토화를 거부하며 이탈하는 인간이 문화에 의해 다시 영토화 되는 반면 동시에 자본에 의해 재영토화 될 수도 있는 것이다.[8]

2. 이탈과 자기지배욕의 구현

그렇다면 영토화에 이탈 가능성이 존재하는 이유는 무엇인가? 이는 바로 '자기지배욕'에 대한 침해 및 위협 때문이라 할 수 있다. 자기지배욕은 무엇인가? 본 논문에서는 이를 "주체가 스스로의 신체 혹은 정신을 주도하고 자신을 본인의 통제 범위 내에 두려고 하는 욕구"라 정의하고자 한다.[9] 이는 자신의 정체성을 결정할 자유에 대한 욕구로 이어지게 된다. 따라서 이러한 욕구가 침해 및 위협받게 되었을 때, 인간은 스스로의 정체성에 대한 위기 상황에서 벗어나고자, 그러한 행위를 가하는 주체 혹은 주체의 정체성으로부터 이탈하려는 것이다. 이는 개인의 물리적인 이탈 뿐만 아니라 그들이 지니고 있는 정신적 가치 혹은 정체성의 이탈까지도 포함한다.

하지만 이러한 자기지배욕에 대한 위협을 받고도 이탈로 이어지지 않게 되는 경우도 있다. 그 이유는 무엇일까? 이는 자기지배욕이 갖는 특성에 기인하는데 그 특성은 다음과 같다. 자기지배욕은 '타자'의 인정을 통해 충족되어진다.[10] '타자'의 인정이 있어야만 '나'는 스스로에 대한 정체성을 결정지을 자유를 확보하게 되는 것이다. 그런데 타자로부터 진정한 인정이 아닌, 의도되고 목적이 있는 인정을 받게 되더라도 자기지배욕은 충족될 수 있다. 더 정확히 표현하자면 '충족되었다고 느낄수' 있다.

III. 중국식 '애국주의'로 인한 홍콩정체성의 이탈

1. 국가통합을 위한 중국식 애국주의의 전개

'애국주의'는 무엇일까? 어떻게 규정지을 수 있을 것인가? 국립국어원 표준국어대사전에 따르면 애국주의는 "자기 나라를 사랑하고 나라를 위하여 몸 바쳐 일해야 한다는 사상, 또는 그런 태도"이다.[11] 그러나 애국주의는 발현되는 국가마다 자체의 특수성이 반영되어 각각 다른 양상들이 표출되며 다양한 의미와 특징을 지니게 된다. 또한 이를 해석하는 연구자들의 시각도 다양하기 때문에 애국주의에는 어느 한 가지로 확실히 규정할 수 없는 모호성이 내재 되어 있다고 이야기할 수 있다.

그렇다면 중국에서의 애국주의는 무엇을 의미하는가? 국내외 학자들은 중국 애국주의를 분석하는데 있어 다양한 의견을 제시한다. 그들이 대부분 공통분모로 삼고 있는 것은 바로 민족주의이다. 물론 중국은 민족주의라는 용어보다 애국주의라는 표현을 주로 사용한다. 그 이유는 첫째, 중국공산당이 중화민족을 잘 이끌어나가지 못하게 되었을 때 대중 민족주의로부터의 역풍을 염려하기 때문이고, 둘째, 중국 내 소수민족의 자주정신 제고에 따른 분리 및 독립을 우려하기 때문이다.[12] 그럼에도 불구하고 중국 애국주의의 근간에는 분명히 민족주의가 자리하고 있다고 이야기 할 수 있다. 중국공산당이 과거 중화제국의 전통과 가치로 형성되었다고 믿어지는 중화민족을 현재에 불러와 중국 인민 통치에 활용하고 있기 때문이다.[13] 이렇듯 민족주의가 내재된 중국 애국주의에 대한 정의를 살펴보면 다음과 같다.

우선 이동률은 중국 애국주의를 국가와 당에 의해 주도적으로 활용되는 국가 민족주의라 보고 있다.[14] 이와 유사한 관점으로 자오 수이셩(Suisheng Zhao)은 '국가통합성'과 '통치정당성' 제고를 목표로 하는 '국가 주도 민족주의'를 제시한다. 자오에 따르면 국가 주도 민족주의란 중국공산당이 이끄는 국가에 대한 정치적 충성심을 집중시키고 국가통합성을 제고하려는 의도로 제기된 이데올로기를 의미한다.[15] 시아오꽁친(蕭功秦)은 중국 애국주의가 중국 특색의 사회주의를 보조해주는 수단이고 공세적이라기보다 서구 세력의 대중국 압박과 견제에 동일한 정도로만 대응하는 '반응적 민족주의'의 성격을 지니고 있다고 주장하였다.[16] 정융녠(鄭永年)도 이와 같은 흐름에 동조하면서, 중국 애국주의를 대중 민족주의에 대한 관리와 연계해서 고찰해야 하는 '관방 민족주의'로 표현하고 있다.[17]

이렇듯 중국 애국주의는 민족주의에 근간하여 다양하게 표현되고 있다. 그러나 중국 애국주의에 있어서 가장 중요한 점은 "어떻게 규정할 것인지"가 아닌, "어떤 목표를 지니고 있는지"이다. 본 논문은 이러한 중국 애국주의의 목표 중, 선행연구자들의 논지에서도 이미 제기된 바 있는 '통치정당성' 확보와 '국가통합' 달성, 특히 후자를 보다 집중적으로 조명할 것이다.

중국 애국주의는 1989년 천안문 사건, 1990년대 초의 소비에트 연합 붕괴, 서방세력의 화평연변(和平演變) 등, 체제를 위협하는 대내외적 위기 상황 속에서, 약화 되어가는 사회주의 이데올로기를 보조하여 중국공산당의 통치정당성을 뒷받침해줄 목적으로 제기되었다.[18] 조국을 사랑하고 국가를 위해 헌신하라는 구호는 당-국가체제인 중국에 있어서 당을 사랑하고 수호하라는 메시지로 치환되었다.[19] 이처럼 중국공산당은 애국을 강조하며 스스로의 통치정당성을 끌어올리고 있는 것이다. 현재 시진핑 정부도 지속적으로 애국주의를 강조하고 있는데 2013년 3월 17일 '제12차 전국인민대표대회 제1차 회의'에서 중국몽을 실현하기 위해 중국정신을 발양해야 하고 이러한 중국정신 중 하나는 애국주의를 핵심으로 하는 민족정신에 있다고 주장하였다. 이후로도 시진핑 정부는 지속적으로 애국을 강조하고 있다.[20]

이러한 중국 애국주의에서 특히 주목할 만한 부분은 '국가통합 달성'이라는 목표이다. 중국공산당은 중국을 통치하는데 있어서 국가통합을 중요시하는데 그 이유는 다음과 같다. 중국에는 분리 및 독립을 주장하거나 그럴 위험성이 있는 수많은 소수민족과 홍콩이 존재하기 때문이다. 또한, 대중 민족주의가 공산당의 통제를 벗어나게 될 가능성으로 인해 발생할 체제에 대한 위협이 존재하기 때문이다. 이러한 분열 가능성으로 인한 국가통합성의 저하는 다시 지도부의 통치 자체에 대한 위협으로 이어지게 될 것이기에 중국 공산당은 이를 적극적으로 관리해야만 하는 상황에 직면해 있다.[21] 따라서 중국공산당은 '애당'과 치환될 수 있는 '애국'을 부르짖으며 하나의 중화민족이라는 테두리 안에 수많은 민족들과 지역 및 집단들의 분열을 관리하고 통합시키려 하는 것이다. 그런데 문제는 앞서 언급하였듯이, 이러한 중국 애국주의가 위의 지역들 중 하나인 홍콩의 정체성에 있어서 대중국 이탈을 감행하게 하는 '인민 분열기제'를 내포 및 운용하고 있다는 것이다.

2. 홍콩정체성의 대중국 이탈의 의미

현재 야만적인 전제기계에 해당되는 중국공산당이, 1997년 반환 이전에 존재하였던 홍콩정체성 즉, 원시적인 영토기계로부터 영토화 및 정체성화된 홍콩인들을 탈영토화 및 탈정체성화 하려 한다.

그렇다면 홍콩정체성이란 무엇인가? 이는 바로 영국 식민 지배 시기 이전에 형성된 피난민 혹은 이주민들이 각각 추구했던 가치, 식민 통치 시기 영국의 의도에 의해 일정부분 부여된 자유 및 시민 사회적 가치, 경제발전에 따른 자신감, 같은 동포나 상대적으로 지난한 시기를 겪어온 중국 본토인들과의 비교를 통해 얻어진 우월감 등의 토양으로부터 발양 및 결집된 정체성을 의미한다고 말할 수 있을 것이다. 이 같은 관점에서 반환 이전의 홍콩정체성을 '원시적인 영토기계'라 지칭할 수 있다.[22] 이러한 원시적인 영토기계 즉, 홍콩정체성으로부터 영토화 및 정체성화 된 홍콩인들이 1997년 반환 이후에 중국이라는 야만적인 전제기계에 의해 탈영토화 되고 있는 것이다.

탈영토화의 수단으로서 중국 정부가 주장하는 '일국양제(一国两制)'를 제시할 수 있다. 중국공산당에게 있어서 '양제'는 '일국'에 절대 우선 할 수 없다. 따라서 일국양제는 '하나의 중국'이라는 국가통합 차원의 국가정체성이 최우선시되는 제도이자 통일을 위한 중국공산당의 전략이다.[23] 앞서 이야기하였듯이 중국 애국주의에는 국가통합 달성이라는 목표가 존재하는데, 이와 같은 관점에서 보자면 일국양제는 그 목표를 달성하기 위한 실천 수단으로 분석할 수 있는 것이다.[24]

중국 지도부는 이를 기반으로 홍콩인들을 기존의 정체성으로부터 탈정체성화 하고자 한다. 하지만 이에 대한 홍콩인들의 이탈이 발생한다. 중국공산당은 애국주의의 실천적 수단인 일국양제를 통해 홍콩인들을 포획하려 하지만, 이것이 그들의 자기지배욕을 침해 및 위협하고 있기 때문이다. 현재 시진핑 정부들어 자기지배욕에 대한 침해와 위협으로 인한 이탈적 양상들이 자주 관찰되고 있다. 여기서 한가지 의문이 발생할 수 있다. 왜 영국 식민 지배 당시보다 모국으로의 반환 이후, 특히 현재 시진핑 집권 시기에 정체성 이탈 현상이 두드러지게 나타나고 있는 것일까?[25]

식민 지배라는 특성상, 영국의 홍콩인들에 대한 자기지배욕 침해는 끊임없이 이어져왔다고 볼 수도 있다. 그러나 역설적이게도 식민지 시기 홍콩인들은 자기지배욕이 충족됨을 인식하게 되었는데 그 이유는 다음과 같다. 당시 홍콩인들은 영국의 의도적 불간섭으로 인해 부분적으로나마 자유를 향유할 수 있었다. 영국 식민정부가 홍콩 사회에 깊이 관여하며 간섭하는 것이 저항과 반발이라는 불필요한 위험을 수반하게 될 수 있다고 판단하였기 때문에 의도적으로 간섭과 정치화를 피하고 표현의 자유는 보장해주면서 홍콩 사회를 통치하는 데 있어서 안정을 유지하고자 했다. 또한 중국으로의 반환이 다가오는 시기에 중국보다 우월한 통치를 행하여 교섭을 유리하게 한다는 영국의 외교 목적하에 '제도화된 민주적 가치'를 부여하였다.[26] 실제로 홍콩의 마지막 총독이었던 크리스 패튼은 중국 정부가 반대하였음에도 불구하고 직접선거를 확대하였고 중산층에게 영국 시민권을 부여하려 한 바 있다.[27] 이렇듯 영국 식민정부가 부분적으로 제공한 '의도된 자유'와 시민사회적 가치는 홍콩인들이 스스로의 정체성을 결정할 수 있는 자유를 확보하는데 부분적으로나마 기회를 제공하였다.[28]

뿐만 아니라, 중국 대륙과의 비교에서 비롯된 상대적 우월감도 홍콩인들의 자기지배욕을 충족시킨 요인 중 하나였다. 홍콩은 영국 식민정부의 자유무역정책 하에 지속적으로 경제성장을 해왔고 결국 '아시아의 4마리 용'이라는 칭호를 거머쥐게 될 정도로 아시아 무역 및 금융의 메카가 되었다. 반면, 중국 대륙은 신중국 건국 이후 고난의 연속이었다. '대약진 운동', '대기근', '문화대혁명' 등은 중국 역사 속에서 인민들과 사회를 피폐하게 만들었다. 물론 중국은 1978년 개혁개방 정책을 통해 폐쇄와 고립에서 벗어나 경제성장을 향해 나아갔지만 1989년 6월 4일, 천안문사태로 대표되는 정치적 한계에 봉착하게 되는 등 고난은 이어졌다. 홍콩인들은 이러한 상황에 놓인 대륙 인민들에게 연민과 동정이라는 감정을 느끼는 것과 동시에 상대적인 우월감을 느끼게 되었는데, 이때 대륙 인민들을 타자화하면서 스스로의 독립적인 정체성을 형성하였던 것이다.[29] 대륙과 구별되는 정체성은 국제사회 특히, 서방 사회로부터 중국이 아닌 홍콩으로 인정받을 수 있는 중요한 요인이었다. 식민지였음에도 불구하고 당시 홍콩은 국제사회라는 타자로부터 스스로의 존재를 인정받게 되면서 자기지배욕이 충족되었다는 느낌을 받을 수 있었던 것이다.

하지만 1997년 중국으로의 반환 이후, 홍콩의 상황은 달라지기 시작하였다. 홍콩인들이 자기지배욕에 대한 위협과 침해를 감지하기 시작한 것이다.

물론 중국 정부의 입장에서는 홍콩에 '항인치항(港人治港)'으로 대표되는 고도의 자치를 약속하였고 홍콩기본법을 마련하였기에 영국통치 시기보다 홍콩인들의 민주적 권리들을 제도 및 절차적으로 보장하게 되었다고 판단 할 수 있다.[30] 게다가 이러한 고도의 자치와 민주적 가치에 일국양제라는 파격적인 체제까지 제시하면서 중국 지도부는 홍콩인들을 성공적으로 중국화 할 수 있을 것이라 판단하였을지도 모른다. 그러나 오히려 일국양제 전략이 홍콩인들의 자기지배욕을 위협하는 기제로 작용하게 되었다. 앞서 이야기하였듯이, 중국공산당이 이야기하는 일국양제는 하나의 중국을 우선시한다. 애국주의의 국가통합 목표를 달성하기 위한 실천적 제도라 할 수 있다.[31] 이는 일견, 고도의 자치이고 불간섭으로 보일 수도 있겠으나 통일을 최종적 목표로하는 적극적인 정치적 예속화의 수단인 것이다. 홍콩인들은 이와 같은 예속화의 끝에, 비록 의도된 자유였을지라도 향유 할 수 있었던 과거의 자유로운 삶이 아닌, 대비적으로 보여졌던 중국 대륙인들의 삶이 기다리고 있으리라는 두려움을 갖게 되었을 것이다. 이로 인해 그들은 영국통치 시기 당시에는 부분적으로라도 느낄 수 있었던 '정체성에 대한 자기결정의 자유' 즉 자기지배욕에 대한 충족이 사라져 가고 상황은 점차 악화되어 갈 것이라 판단했을 것이다.[32]

현재 시진핑 정부 들어서 중국 애국주의의 국가통합 목표를 이루기 위한 법제적이고 체계화된 실천적 움직임들이 강화되고 있다. 우선, 2017년 '홍콩 행정장관 선거제도'의 제정은 수사적으로는 직선제를 표방하지만, 실질적으로 입후보자를 중국 정부가 걸러 낼 수 있게 하겠다는 함의를 지니고 있다. 다음으로, 2019년에 있었던 '범죄자 송환법안' 제정 추진은 반중 및 반체제 인사들의 중국 송환을 가능하게 하려는 의도에 의해서 진행되었다.[33] 2020년에 제정된 '홍콩 국가보안법'은 중국공산당의 관점에서 국가를 분열하고 전복하려는 행위, 예를 들어 중국으로부터 홍콩의 어떠한 부분이든 분리하려 하거나 중국의 근본적인 제도 및 홍콩 행정기관을 전복시키려 하는 행위 등을 시도, 모의, 지원하는 대상들을 처벌할 수 있게 해주었다.[34] 2021년 개편된 '홍콩 선거제도'는 중국에 충성하는 사람만이 홍콩을 다스릴 수 있다는 의미의 '애국자치항(愛国者治港)' 기준이 선거 시스템에 도입되게끔 하였다.[35]

이를 앞서 제시한 푸코의 관점에서 바라보자면, 중국 지도부에 의해 제정 및 개정된 홍콩 관련 위 법안들은 중국공산당이 강조하는 애국주의의 실천 수단이자 예속화의 수단으로 볼 수 있다. 홍콩인들에게 있어서 이러한 예속화는 중국 애국주의라는 국가정체성이, 그들을 기존의 홍콩정체성으로부터 탈영토화하며 스스로의 정체성을 결정지을 자유에 대해 위협하는 행위로 인식될 수 있다. 따라서 이에 대한 거부 반응으로 홍콩인들에게 자신을 스스로의 통제범위에 두고자 하는 욕구, 자기 정체성을 본인의 의지에 따라 결정할 자유에 대한 욕구가 강하게 발동된다. 이에 따라 홍콩정체성의 대중국 이탈이 심화되어 가는 것이다.

이와 같은 이탈에 대한 대표적인 사례로는 '시위'를 제시할 수 있는데 본 논문에서는 2014년의 '우산혁명(雨傘革命)', 2019년의 '송환법 반대 시위', 2020년의 '국가보안법 반대 시위' 등을 주로 이야기할 것이다. 먼저, 우산혁명은 2014년 8월 31일 중국 제12기 전국인민대표대회 상무위원회가 공포한 2017년 홍콩 행정장관 선거 입후보자 자격 제한 결정으로부터 촉발되었다. 시위는 같은 해 9월 28일부터 79일간 지속되었다. 시위의 주요 내용은 전인대의 결정 철회 및 홍콩 행정장관의 사퇴 요구였다.[36] 당시, "운명을 받아들이지 않고 저항한다(抗命不認命)"라는 '슬로건(Slogan)'이 등장하였다. 또한, 학생들의 수업 거부를 지지하기 위해 몇몇 학자들에 의해 '이동식 민주교실(流動民主教室)'이 조직되기도 하였다. 이러한 민주교실은 점령구에서 지속적으로 운영되어 대중들의 자유로운 토론의 장을 형성하였다. 뿐만 아니라 민주 직선제를 요구하는 메모지가 정부청사 외벽에 붙어 홍콩 '레논벽(Lennon Wall)'이 조성되었다.[37]

2019년 2월엔 캐리람 홍콩 행정장관에 의해 범죄인 인도 조약을 체결하지 않은 지역 및 국가에도 범죄인을 인도할 수 있게 하는, 범죄자 송환법안 제정이 추진되었다. 앞서 언급하였듯이 본 법안은 반중국, 반체제 인사들을 중국 본토로 송환하여 처벌 할 수 있게 하기위해 만들어진 것으로 홍콩인들은 그들의 정치적 자유가 심각하게 훼손될 것을 우려하였고 이에 대응하기 위해 대규모 시위를 전개하였다. 당시 "광복(자유)홍콩 혁명하라(光復香港 時代革命)", "악법을 철회하고 자유를 돌려달라(撤回惡法 環我自由)"등의 슬로건이 제시되며 중국에 저항의 메시지를 전달하였다. 또한, 5년 전 정부청사 외벽에만 설치되어있던 레논벽이 홍콩 전역으로 퍼져나가며 시위 지지에 대한 움직임이 증대되었다.[38] 시위는 점차 과격해졌다. 홍콩 주권 반환 22주년 기념일 당일 시위대가 홍콩 입법회 건물을 점거하여 중국의 '국기(國旗)'와 '휘장(徽章)'을 훼손하며 홍콩 경찰과 극렬하게 대치하였다. 당시 중국 정부는 이러한 홍콩의 혼란한 상황을 다스리고자 인민해방군 투입 가능성까지 제기하며 강력한 개입의사를 밝혔다. 그럼에도 불구하고 홍콩의 시위가 걷잡을 수 없이 확산되어 대규모 도시 마비 사태를 초래하자 캐리 람 홍콩 행정장관은 결국 송환법 철회를 발표하게 되었다.[39]

중국 정부는 이렇듯 홍콩에서 지속적으로 발발하는 시위를 방지 및 중단하고 처벌하기 위해 2020년 국가보안법 제정을 추진하기에 이르렀다. 그러나 수천여 명의 시위대가 시내 중심가를 행진하며 이에 반대하는 목소리를 내었다. 경찰은 시위대를 향해 최루탄과 물대포를 발사하였고 일부 시위대는 경찰을 향해 물병과 우산 등을 던지며 저항했다.[40] 이러한 저항적 성격의 시위 뿐만 아니라 홍콩을 직접적으로 떠나는 사례도 속속 발생하고 있다. 영국 정부는 국가보안법이 시행되자 홍콩인을 보호하겠다는 취지로 이민 제도를 마련하였다. 이는 1997년 이전에 태어난, 영국 국적 여권, 즉 재외국민 (BNO) 여권을 지닌 홍콩인들에게 특별 비자를 발급해주는 제도이다. 이러한 특별 비자를 바탕으로 홍콩인들 중 일부는 영국에서 일정 기간 거주 후 시민권 신청이 가능해질 것으로 판단하고 홍콩을 떠날 계획을 진행 및 추진하고 있다. 물론 이러한 이민에 대해 중국 정부는 영국의 내정간섭이라 반발하기도 하지만, 홍콩인들이 빠져나간 자리에 채워질 중국인은 많다고 여기는 것으로 판단된다.[41]

시위의 내용과 양상 그리고 전개가 다양하고 복잡하다 하더라도 한가지 분명 확인할 수 있는 점은 홍콩인들이 자기지배욕을 침해하고 위협하는 중국의 국가정체성으로부터 이탈하려 하고 스스로를 지키려 한다는 것이다. 그러나 이러한 홍콩정체성의 대중국 이탈은 제한적이라 할 수 있다. 비록 조슈아 웡(Joshua Wong)이 우산혁명 종료 3년 후, 한 인터뷰에서 "당시의 혁명을 통해 많은 사람들이 홍콩인들은 그저 경제만을 좇는다고 판단했던 것에서, 민주화에 대한 준비가 되어있다고 인식을 달리하게 되었다" 이야기하였지만, 그럼에도 불구하고 대중국 이탈에는 분명 제한성이 내재 되어 있다.[42] 대표적으로는 홍콩 내부 기득권층의 지지 거부를 제시할 수 있다. 사회 안정을 통해 얻을 수 있는 지속적인 경제적 이익을 포기하지 않을 기득권층은 홍콩의 대중국 이탈적 움직임을 지지하지 않으려 한다. 실제로 우산혁명 당시 홍콩 경제력을 장악하고 있는 기득권 및 중장년층 중 과반수가 시위대에 최루가스를 사용하는 것이 적절하다는 반응을 보이는 것을 통해 홍콩 시위가 소강상태에 접어들기를 원했다는 것을 그 근거로 들 수 있을 것이다.[43] 이를 들뢰즈의 관점에서 해석하자면 다음과 같다. 중국으로부터 이탈하려는 홍콩의 정체성이, 욕망의 흐름들의 집결로서 또다른 원시적인 영토기계를 등장 시켰다. 그러나 이러한 원시적인 영토기계의 영토화 역시 완전하지 않다. 사회 안정으로부터 경제적 이익을 획득하는 것이 자기지배욕을 충족시키는 중요한 요인인 개인들 즉, 기득권층에게는 영토화 및 정체성화가 거부되어진 것이다. 이는 영토화에 대한 이탈이자 다시 문명화된 자본주의 기계에 재영토화된 인간의 모습을 보여주는 사례라 할 수 있다.

Ⅳ. 나가는 말

지금까지 중국 애국주의의 분열기제 운용으로 인한 홍콩정체성의 대중국 이탈에 대해 질 들뢰즈의 영토화 개념을 적용하여 분석하였다. 본 논문의 결론은 다음과 같이 요약할 수 있다. 원시적인 영토기계에 대응되는 홍콩정체성에 의해 영토화되고 정체성화된 홍콩인들에게, 야만적인 전제기계에 대응되는 중국공산당이 탈영토화 및 탈정체성화를 추구한다. 그러나 홍콩인들의 자기지배욕은 이러한 일련의 탈영토화 과정에 대한 저항과 이탈로 표출된다. 스스로의 정체성을 결정짓는 자유에 대한 욕구로 인해, 그 자유를 침해하고 위협하는 주체의 정체성으로부터 대상의 정체성은 이탈하려는 것이다. 이러한 이탈은 현재 시진핑 정부 들어 중국공산당의 애국주의적 사유의 실체화로서 시행되고 강화되는 국가보안법 제정, 선거제도 개편 등으로 인해 더욱더 심화되고 있다.

그렇다면 앞으로의 홍콩정체성은 어떻게 될 것인가? 홍콩정체성의 대중국 이탈은 과연 어떻게 될 것인가? 이러한 질문에 대한 대답은, 현재 홍콩에서 중국 애국주의의 영향력이 강화되고 있는 상황과 홍콩 내부에서도 발견되는 분열을 통해 미루어 짐작하건대 긍정적이기 어렵다. 현재 시진핑과 중국공산당은 이른바 '중화민족의 위대한 부흥의 꿈'으로 표상되는 '중국몽(中國夢)'을 위해 전력하고 있음을 대중들에게 끊임없이 인식시키고 있다. 이를 위해서 반드시 애국을 해야 한다고 강조한다.[44] 국가통합성을 강화하고 그들 스스로의 통치정당성을 제고하기 위해, 통합 강화기제로서 애국주의는 포기할 수 없는 강력한 수단이기 때문이다. 그러나 문제는 본 연구에서 분석하였듯이 중국 애국주의에는 자기지배욕을 위협하고 침해하여 홍콩 인민들의 정체성을 대륙으로부터 이탈하게끔 하는 인민 분열기제가 존재한다는 것이다. 이러한 중국공산당의 애국주의 강화는 통합기제를 강화할 뿐만 아니라 반작용으로서 분열기제 또한 강화하게 될 것이기에 하나의 중국으로 홍콩을 안정적으로 포획해야 하는 중국 지도부의 입장에서는 딜레마일 것이다. 또한 국가정체성으로 포획되어 자기지배욕을 침해받는다고 판단하는 홍콩인들의 측면에서도 마찬가지로 해결하기 어려운 상황의 연속일 것이다.

그렇다면 이러한 시점에서 질문을 다시 바꿔볼 필요가 있다. 이탈하는 홍콩인들이 자기지배욕을 침해받지 않기 위해서는 어떻게 해야 하는 것인가? 본 논문에서는 우선, 홍콩인들이 그들만의 정체성이 무엇인지에 대해 깊이 있게 고찰해야 한다고 제언한다. 또한 홍콩인들 스스로가 이탈하려는 그들의 정체성이 정확히 무엇인지, 어디에서 시작되었는지에 대해 파악하고 분석하여 이를 통해 진정한 자아를 찾기를 희망한다. 어떠한 상황에서든 자신의 모습을 자각한다는 것은 타인의 인정을 받지 않더라도 획득할 수 있는 진정한 자기지배이지 않을까?

중국 신장(新疆)지역의 문화적 갈등*

I. 들어가는 말

중국의 변경, 신장은 건국 이후 최근까지 중국에서 민족 간 유혈 충돌이 가장 격렬하고 빈번하게 발생하여 많은 인명피해가 발생한 국제적 인권 문제의 핵심적 지역이다. 56개의 다민족 국가인 중국은 약 93%가 넘는 인구는 한족이며, 나머지 7% 정도가 55개의 민족으로 구성되어 있다. 이 55개의 소수민족은 대부분 접경지대에 집중적으로 거주하고 있어 이들 소수민족의 접경 면적은 중국 국경의 90%에 달한다. 이중 서부지역의 접경 지역에서도 신장 위구르 자치주는 약 160만 평방미터에 이르는 중국 내 최대 소수민족 자치 지역으로서 국경선의 길이는 약 5,500km에 달한다. 1991년 (구)소련의

---

* 이 글은 『한중사회과학연구』 제19권 제4호(2021.10)에 게재된 "중국 변경, 신장지역의 문화적 갈등 심화에 대한 소고" 논문을 수정·보완한 것입니다.

붕괴 이후 신장은 카자흐스탄, 타지키스탄, 키르기즈스탄 등 중앙아시아 3국과 아프가니스탄, 인도, 파키스탄, 몽골 등 총 8개 국가들과 국경을 접하고 있다. 이로써 신장지역은 유라시아 대륙의 중심에 속하고, 중앙아시아와 코카서스, 그리고 유럽과 중동으로 나가는 교통의 요지이며 완충지대의 역할을 하는 곳으로 중국에 있어서 지정학적으로 매우 중요한 핵심지역이 되었다. 또한 신장은 중국 전체 광물 매장량의 35%, 석유와 가스 매장량의 25%가 매장되어있어 에너지원으로서도 중요한 역할을 한다. 그리고 (구)소련에서 독립한 인근 중앙아시아 신생 독립 국가들 대부분이 위구르족과 유사한 역사, 언어, 문화적 전통을 지니고 있는 투르크계 민족국가라는 사실은 중국의 신장지역에 대한 통제의 긴장감을 더욱 고조시킨다.

1950년에서 1981년까지 약 30여 년 동안 신장에서 위구르족에 의한 반중국 운동은 194건이 발행하였고, 19건의 무장 투쟁이 일어난 바 있다고 중국에서는 공식적으로 주장하고 있다. 구소련으로부터 인근 중앙아시아 민족들의 독립과 이슬람 운동 범투르크주의 운동, 그리고 민족 독립운동 증가 등의 영향으로 1990년에서 2001년 사이에 신장에서 일어난 테러 사건은 최소 200여 건에 달했으며, 2008년과 2009년에는 그 활동이 최고조에 달했다. 최근에는 중국 정부의 신장지역 내 위구르족에 대한 탄압의 문제로 갈등이 더욱 고조되고 있다.

중국 개혁개방(1978년)의 시작과 21세기의 국제질서는 중국에게 더 이상 외부세력의 직접적인 침략은 없는 상황이지만 계속해서 중국의 변경지역에 대한 위기의식을 불러 일으킨다. 현재는 전통적인 중국의 위상을 경제력 중심으로 회복하였고 중국은 현재의 중국을 더욱 안정적으로 발전시키기 위해 소수민족의 분열이 없는 안정된 변강을 통해 강한 국가를 세우려고 한다. 따라서 중국에게 변강은 그 어떤 안보보다 중요하다. 변강지역의 분열로 인한 소모는 안정적인 국가운영을 어렵게 만들기 때문에 변강 지역 중 갈등이 가장 극심한 신장 위구르지역에 대한 관리와 통제는 더 강화 되고 있는 것이 현실이다. 현재 중국의 통치하에 있는 변경지역, 신장 위구르지역은 중국 내에서도 정치뿐 아니라 문화적으로도 가장 민감한 갈등지역이다. 신장 주변 국가 모두가 이슬람 문화권으로 중국의 통제보다는 주변 국가로부터의 종교 문화적 영향을 많이 받고 있기 때문이다. 무엇보다 위구르 지역의 인문학적 성격을 보여주는 투르크 종족, 이슬람 문화, 도시 정주와 유목적 삶의 방식 그리고 실크로드를 통한 문화교류의 접점 등의 전통적 정체성이 굳건하던 지역이었다. 그러나 이러한 정체성은 짧지 않은 시간 동안 중국의 한족과 끊임없는 긴장과 갈등을 겪으며 많은 변화를 맞고 있다.

본 글에서는 중국의 변경지역인 신장의 역사 문화적 과정의 변화를 통해 신장 위구르족과 한족과의 관계에서 민감하게 일어나는 문화적 갈등의 원인을 한족과 위구르족의 관계, 동투르키스탄의 주인으로서의 정체성을 지니고 있는 위구르족의 특징, 이슬람 문화의 전통을 지니게 된 위구르족의 문화정체성을 통하여 한족과의 문화적 갈등의 형태를 이해하고자 한다. 그리고 한족과의 문화적 갈등으로 나타나는 결과인 테러와 탄압의 형태를 살펴봄으로써 과거 동서 문명소통의 장소였던 신장 위구르지역이 근대 이후 갈등과 탄압의 장으로 변했고, 한족은 테러에 불안과 공포를 느끼고, 위구르족은 강압적인 통제와 탄압으로 생존의 위협을 받는 모두가 불안한 상황에서 중국이 변강지역, 신장 위구르족과의 공존을 위해 고민해야만 하는 문화적 소통 방식이 향후 어떻게 변해야 하는지, 그 방향을 제시해 보고자 한다.

Ⅱ. 중국 변경, 신장의 역사문화 변천

중국의 북서부 지역에 위치한 신장위구르자치구는 역사적으로 서역(西域)
이라 불렸다. 서역은 옥문관(玉門關), 가욕관(嘉裕關)등 서쪽지역의 광활한 곳
을 가리키며 중국 신장을 일컫는다. 서역은 지정학적으로 세계 4대 문화권
이 합류하는 유일한 지역이며 세계 9대 어족 중 5개 어족이 혼합된 곳이기
도 하다. 아시아와 유럽 사이에 해운 교통이 발달하기 전의 서역은 실크로드
에 위치한 동서 교통의 주요통로였다.

신장위구르자치구는 중국의 성급 행정단위 중 가장 면적이 크고 국경선
도 길며 따라서 인접국가도 가장 많은 변경지역이다. 신장은 중국 육지 면적
의 1/6에 달하는 166.49만 km^2의 광활한 대지와 러시아, 카자흐스탄, 키르키
즈스탄, 타지키스탄, 파키스탄, 몽골, 인도, 아프가니스탄 등 8개국과 인접하
였으며 중국 육지 국경선의 1/4에 달하는 5,600여km의 국경선을 갖고 있다.

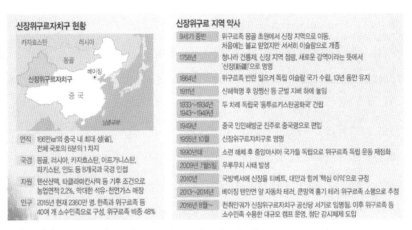

출처: 문화일보 (2019.7.10.) http://www.munhwa.com/news/view.html?no=2019071001032403013001

〈그림 1〉 신장 위구르자치구의 현황과 지역 약사

신장은 3개의 산이 두 개 분지를 둘러 안은 '3산협 2분지'의 지형이다. 3개의 산은 천산, 곤륜산, 아얼타이산이며, 2개의 분지로는 타림분지와 준갈분지를 말한다. 천산이 신장을 가로질렀기 때문에 습관적으로 천산 이북을 북부신장(北疆), 천산 이남을 남부 신장(南疆)이라고 부르며 하미(哈蜜), 투루판 지역을 동부 신장(東疆)이라고 부른다.

1. 한족과 위구르족

중국 진시황의 천하 통일 이후 대한족주의 천하관은 오래전부터 형성되어 왔다. 천하에 자기와 겨룰 자가 없다는 절대적인 대한족주의 사상인 것이다. 대한족주의 천하관을 가진 화이족(華夷族)은 천하에 거주하는 모든 이민족들은 당연히 자기들의 지배를 받는다고 주장한다. 천하는 사방을 가리키는 것으로 서쪽으로는 충령(葱嶺,지금의 파미르), 동쪽은 대해(大海)에 이르기까지 북쪽은 고비사막, 남쪽은 해변(海濱)에 이르는 지역을 가리킨다. 역대 중원왕조에서 한족은 지정학적으로 중심부에 위치하고 있을 뿐 아니라 다른 민족에 비대 수적으로 다수 민족이었고 높은 생산기술을 소유하고 있었다. 따라서 원나라를 지배했던 몽골족과 청나라를 지배했던 만주족 역시 한족 지주계급의 도움을 받고서야 그들의 지배체제를 유지할 수 있었기 때문에 중국 역사에서 한족이 차지하는 중심적 역량은 정권 담당자와 무관하게 일관되게 유지되었다.[1] 천하의 주인이라는 대한족주의 사상은 이렇게 지속적으로 존재해 올 수 있었다. 중국의 천하관은 그 당시 중국의 세계의 일부분이라는 생각이 없었고, 세계라는 존재에 대한 인식 자체가 부재했으며 세계 여러 민족 간의 접촉도 일어나지 않아 한족의 세계관은 계속된다. 그러다가 한나라에 이르러 인도 동남해안과 스리랑카까지 항해하였고, 당나라때 더 멀리 걸

프만, 바그다드까지 항해한다. 명나라에 이르러 정화(鄭和)가 아프리카 해안까지 항해하면서 비로소 세계에 대해 알기 시작했으나 중국인들의 천하관에는 근본적인 변화는 없었다. 명나라 말기에 서방국가에서 카톨릭 전도사들이 중국에 건너왔고 그들의 출현과 신학 관념은 많은 사람들을 당황하게 했다. 시계, 세계지도와 같은 문명을 중국에 전해 주어 중국이 세계의 일부분에 지나지 않는다는 것은 사람들에게 충격적이었다. 이 시기 중국에는 각종 새로운 사상이 출현하고 천지개벽의 시대를 연다. 그러나 세계지도는 중국 사람들의 천하관을 변화시키는 첫걸음에 불과할 뿐 근본적인 변화는 가져오지 못했다. 중국 사람들의 세계 지리 지식은 여전히 매우 빈약하였고 천하관은 여전히 변함이 없었다. 이러한 천하관에 근본적인 변화를 보이기 시작한 것은 비교적 최근의 일로 개혁개방이 중국인의 천하관(세계관)을 전환 시킨 계기가 된다.[2] 중국은 개혁개방을 통해 세계와 접하게 되면서 천하에서 가장 발달하고 가장 문명이고 가장 위대한 국가와 민족은 중국과 중국인이라는 생각에 변화가 일었다.

기원전 74년 한나라는 흉노를 물리치기 위해 카자흐족의 선조인 오손(嗚孫), 위구르족의 선조인 정령(丁零)을 포함한 여러 민족들과 연합하였다. 이렇게 되어 신장지역에서 흉노의 세력은 영향력을 행사할 수 없을 정도로 약화된다. 기원전 60년에 이르러 흉노 내부 분쟁으로 신장지역을 통치했던 흉노는 한나라에 귀순하게 된다. 이 때문에 중국 정부는 한나라가 서역을 제패하였다고 하고 서역 도호부의 관할 범위는 동쪽으로는 양관, 옥문관이었고 서쪽으로는 중앙아시아의 페르가나 분지, 북쪽은 발하슈호, 남쪽은 파미르산 구까지였다. 중국 정부는 서역에 도호부를 설치하면서 역대 중앙정부 모두 신장에 대한 군정(軍政)통치를 했다고 주장하는데, 다만 역대 중앙정부의 세력이 강하고 약함에 따라 신장에 대한 통치도 강하고 약했다는 것이다.[3]

<표 1> 역대 중원왕조가 신장에 설립한 기관

시기	한나라	수나라	당나라	원나라	명나라	청나라	청나라
기관명	서역 도호부	선선군, 체모군, 이오군	안서, 북정, 몽지, 곤령 도호부	원수부 도호부	하미위	이리 장군부	신장성

출처: 中华人民共和国国务院新闻办公室

중국 역대 중원왕조는 신장의 안정과 중원과의 통합을 위해 꾸준한 노력을 경주해왔으므로 다양한 종교, 다양한 언어, 다양한 민족 구성이라는 지역적 특성 때문에 신장에서 시기별로 서로 다른 전략과 정책을 펼쳤다. 청나라에 들어서서 신장성이 성립되기까지 역대 왕조는 군장교가 많고 행정관료는 적은 한족이 절대적으로 통치하는 군부제(軍府制)를 중심으로 부분적인 군현제(郡縣制)를 실시하였다. 신장 성립 이후 전면적인 군현제 도입으로 명목상으론 한족과 만족이 함께 관직을 담당한다고 했지만 역사적으로 오랫동안 한족 관원이 이 지역에서 관직을 담당했기 때문에 실제로는 오직 한족만이 관직을 독점하게 되었다.[4] 이처럼 역대왕조는 위구르족이 다수를 차지하는 신장지역에서 위구르족과 기타 소수민족의 세습적인 추장제도인 토사제도(土司)는 보류하고 일부 지역에서 우선 군현제를 실시하는 점진적 정책을 펼쳤다. 또한 이 지역과 여러 차례의 결혼을 통해서도 안정적인 관계를 확보한다. 이로써 조성된 안정적인 사회 환경과 상호의존의 관계로 실크로드에 의한 무역은 활발하게 진행되었으며 지역 경제의 발전에도 적지 않은 공헌을 했다.

한족은 자신들의 천하관을 고집하기 때문에 천하의 모든 이민족들은 한족 통치하에 있는 미천한 신분의 오랑캐 '융적(戎狄)'에 불과하다고 생각한다. 그러나 화이족에 대한 이민족의 반발 역시 만만치 않다. 위구르제국 이전에도 중원왕조의 대한족주의 천하관에 저항하는 위구르족의 반발은 여러 차례 있어 왔다.[5] 중원왕조의 대한족주의로 인한 민족 억압과 민족 멸시는 당나라 시기에도 여전히 심각했다. 당나라의 대신으로부터 장국에 이르기까지 거의 모두 소수민족은 하찮다고 여겼다. 당시 당나라는 위구르족이 대부분일 철륵부(鐵勒部)의 도움으로 많은 영토를 넓혀왔으며 매번 정벌에서 위구르족을 전투에 앞장세웠다. 이는 '이들이 죽어도 나라에 손해 되지 않으며 이들이 싸움에 이기면 강토를 넓힐 수 있다'는 생각 때문이었다. 이에 위구르족은 당나라에 저항하여 끊임없이 투쟁해 왔으며 이로 인해 당나라의 막북(漠北)[6]세력은 완전히 붕괴되었고,[7] 위구르족은 위구르 제국의 건설을 맞이하게 되었다.

중국 정부의 주장과는 다르게 신장 위구르족은 한족과는 무관하게 오랫동안 자기 민족의 강역 즉, 자신의 민족 국가를 가지고 있었다고 주장한다. 한족이 자기들의 천하라고 간주하는 넓은 땅에는 예로부터 수많은 민족들이 거주하고 있었다. 위구르족의 선조들은 전설시대인 하나라(夏代)에 이미 만리장성 이북, 몽골사막 이남, 현재 중국의 서북변경지역에서 생활했다. 그러다가 중원왕조의 토벌에 의해 살길을 찾아 막북으로 이동 후 다시 현재의 신장지역으로 이동하여 지금까지 정착 생활을 해오고 있는 것이다.

위구르족의 의미에 대해서는 다양한 논쟁이 있지만 대체로 '연합', '결합', '동맹'이란 뜻으로 해석되는 것이 주요 경향이다. 현대적 의미의 위구르 주체성이 위구르 민족주의라고 이야기 하지만 사실 상상되는 주체성이다. 15세기 이전 이리지역과 타림분지, 투루판분지 그리고 준갈분지에 거주했던 원주민을 위구르라고 지칭하였으며 당시 이들은 불교도들이었다. 15세기 투루판지역이 이슬람으로 전향하기 시작하면서 '위구르'라는 명칭은 20세기 이전까지 500년 동안 사용되지 않았다. 따라서 위구르라는 이름이 마지막으로 사용된 것은 불교도들을 지칭하기 위한 것이었기 때문에 중국이 20세기 초에 여러 종족들을 위구르라고 명명한 것은 잘못된 것이다. 이는 중국이 범투르크주의 운동을 약화 시키기 위한 치밀한 시도였다고 볼 수 있다.[8] 서로 다른 역사시기의 한문 문헌에서 살펴보면 〈표 2〉와 같이 위구르족에 대한 서로 다른 칭호가 있었음을 알 수 있다.

〈표 2〉 시대별 위구르족의 중문 명칭

시대별	~6세기 말	6세기말~7세기초	7세기초~788년	788년~1270년대
한문명	원흘 遠紇	위흘 韋紇	회흘 回紇	회골 回鶻
시대별	1270년대~1640년대		1640년대~20세기초	
한문명	외올아 畏兀兒		회부 回部 혹은 전회 纏回	

출처: 오흥엽, (2009)

744년 위구르족은 투르크제국을 멸망시키고 위구르제국을 건설한다. 위구르제국은 서쪽으로는 알타이산으로부터 시작하여 동쪽은 흑룡강 상류까지, 고비사막 남북을 포함한 방대한 지역을 차지했다. 당시 위구르제국과 당나라는 우호적인 관계였다. 758년 '안사의 난'으로 당나라가 위기에 몰렸을 때 당나라의 요청으로 위구르제국 왕자는 군사를 거느리고 당나라를 도와 장안, 낙양을 반군의 손에서 되찾아옴으로써 당나라는 위기를 모면한다. 840년 위구르제국 내부의 정권 다툼으로 내란이 일어나면서 한 세기 가까운 위구르 제국은 붕괴되었으며 위구르족은 3갈래로 나눠지게 된다. 한 갈래는 만리장성 부근으로 이동했고, 다른 한 갈래는 지금의 감숙성에 감주왕국(甘州王國)을 건설했다. 마지막 한 갈래는 신장지역에서 고창왕국(高昌王國, 약 850~1280년)[9]을 세웠다. 당시 위구르족의 선조인 회골인들은 투루판지역을 고창이라 불렀다. 투루판분지는 신장 타림분지의 북동부에 위치하고 있으며,

오랜 옛날부터 동서교통로인 실크로드에 위치하고 있었다. 고창왕국시기 중원에는 요나라(遼, 907-1125년), 금나라(金, 1115-1234년), 송나라(宋, 960-1279년)가 세워졌는데 고창왕국은 이들과 사절왕래가 빈번했을 뿐 아니라 기타 주변지역의 다른 국가와 민족들과도 활발하게 교류하였다. 이 시기 강력한 고창왕국의 영향으로 타림분지 주변지역의 여러 민족들은 회골인에게 동화되어 '회골화'되었다. 13세기 하반기에 이르러 고창왕국은 붕괴되기 시작하였고 이어 차카타이 칸국에 귀속되었다. 1514년 위구르족은 또다시 옛 땅에 카슈가르(야르칸드)칸국(1514-1684년)을 세웠다. 수도는 현재 카스지역의 싸처였으며 동쪽은 가욕관, 남쪽은 티베트, 서남쪽은 카슈미르, 서쪽은 몽골 제국과 인접해 있었다. 우즈베키스탄과는 페르가나 분지를 경계선으로 하였으며 북쪽은 천산을 중간에 놓고 카자흐스탄과 마주하고 있었다. 당시 이슬람을 신앙하던 위구르족은 흑산파(黑山派)와 백산파(白山派)로 나눠지면서 치열한 충돌을 하게 된다. 결국 몽골의 준갈에 의해 명말되었다가 18세기 중반에 이르러 준갈은 청나라에 의해 멸망하여 위구르족은 청나라의 통치하에 놓이게 된다.

위구르의 선조인 귀방(鬼方)은 상나라, 주나라와 갈등을 빚었고 정령(丁零)은 흉노제국 및 중원 16국에 만은 영향을 미쳤다. 고차는 유연 칸국, 철륵(鐵勒)은 투르크제국 및 수나라와 당나라에 많은 영향을 미쳤고 이어서 강대한 위구르제국이 건설되었다. 위구르제국의 멸망 후 오랜 기간 여러 민족 간의 전쟁을 거쳐 신장지역은 마침내 청나라의 통치에 놓이게 된 것이다. 따라서 위구르족이 최초 중국 서북변경지역에서 생활하다가 막북으로 이동하였고 다시 신장지역으로 이동하게 된 것은 위구르족과 한족을 포함한 이민족들과의 장기간 전쟁으로 빚어진 역사적 결과라고 할 수 있다.[10]

2. 동투르키스탄의 주인, 위구르족

신장 위구르족과 동투르키스탄은 아주 밀접한 관계를 갖고 있다. 신장지역은 역사적으로 제3투르크제국 도는 동투르키스탄이라고도 불렸기 때문이다. 또한 20세기에 위구르족은 '동투르키스탄'이란 독립 국가를 두 번 세운적도 있다. 현재 신장 위구르족 분리주의 운동도 동투르키스탄의 주인은 위구르족이라는 역사적 관점에서 출발한다. 역사적으로 신장 위구르족은 위구르제국건설 이전 투르크인의 통치를 두 차례나 받았다. 한번은 제1투르크제국(552-628년)의 통치를 받았으며, 다른 한번은 제2투르크제국(682-745년)의 통치를 받았다.[11] 또한 위구르족은 위구르족의 기원인 귀방때부터 이미 투르크어를 사용했다.

동투르키스탄은 투르키스탄을 동서로 구분한 데서 비롯된다. '투르키스탄'이란 단어는 중세기 아랍지리학 저작에서 언급된 적이 있었다. 지역범위는 '투르크인의 지역'으로 중앙아시아 시르다리야(Syr Darya)북동지역을 가리켰다. 그러다가 제국주의 열강들이 중앙아시아 지역으로 식민지를 확장하게 되면서 1805년 러시아인 티므콥스키가 '투르키스탄'이란 명칭을 다시 사용하였다. 그는 '투르키스탄' 동부, 신장 남부 타림분지를 '동투르키스', 또는 '중국투르키스탄'이라 칭하였다. 19세기 중엽에 러시아가 중앙아시아의 히바, 부하라, 코칸트 3개 칸국을 흡수하고 중앙아시아 하중지역 즉, 우즈베키스탄과 카자흐스탄 남부에 '투르키스탄총독구역'을 설립하면서 서방 일부 사람들은 중앙아시아 하중지역을 '서투르키스탄'이라고 부르고 중국신장지역을 '동투르키스탄'이라고 불렀다.[12]

20세기 초 위구르족은 신장에서 2차례 '동투르키스탄 공화국'을 탄생시켰다. 1차는 1933년 11월 12일 카스에서 설립된 '동투르키스탄 이슬람 공화국'이며 제2차는 1944년 11월 12일 이리(伊犁)에서 '3구정부(三區政府, 이리, 타청과 아라타이 등 3개 지역으로 구성된 인민 민주 혁명운동을 취지로 한 정부)'가 설립한 '동투르키스탄 공화국'이다. 제1차 '동투르키스탄 이슬람 공화국'은 '동투르키스탄 독립협회'에서 '민족의 밤' 행사를 통해 '동투르키스탄 이슬람 공화국'의 성립을 선포함과 동시에 공화국의 조직강령, 시정강령 및 헌법을 공포한다. 그러나 신장지역에 대한 영국과 러시아의 세력다툼으로 인해 86일이란 짧은 수명으로 끝나고 만다. 제2차는 1944년 11월 12일 이리에서 '3구정부'가 설립한 '동투르키스탄 공화국'으로 1945년 1월 5일 정식으로 중국에서 분리하여 독립을 선포하였으나 1945년 10월 '3구정부'는 국민당 정부와 담판을 통해 신장성 정부와 연합정부를 구성함으로써 제2차 '동투르키스탄 공화국' 또한 짧은 수명으로 끝이 났다. 이에 중국 인민해방군은 1949년 신장에 진주하면서 신장은 중국 공산당 통치하에 놓이게 된다.

개혁개방 이후 신장 위구르족 분리주의 운동의 첫째 구호 역시 '동투르키스탄공화국'을 설립하자는 것이다. 즉, 민족의 역사를 되찾자는 것이다. 민족의 역사를 되찾자고 주장하는 대표적인 인물은 아지야쿼부(啊吉亞闊甫)인데, 그는 1950년대 민족반역자로 지목되어 중국정부에 의해 투옥되었다가 1980년대 중국정부가 이전의 착오를 시정하는 정책전환으로 감옥에서 풀려나왔다. 이후 신장대학교 중문학과 교원으로 배치를 받고, 역사자료를 수집한다는 명목으로 남부신장 지역을 돌아다니면서 카스, 아커쑤 지역에서 수차례 '학술세미나'를 열었다. 그는 이 세미나에서 "신장은 애초부터 독립 국가였으며 위구르족은 역사상 자기 독립 국가를 갖고 있다", "만리장성 밖에는 종래로 독립적인 지역이다", "위구르인은 자기민족의 역사를 똑바로 알고 자기 민족 역사를 바로 잡아야 한다" 등의 내용으로 호소하기도 하였다. 1950년대 민족분열 분자로 투옥되었다가 다시 풀려나온 많은 사람들도 이와 동등한 주장을 폈고 이런 주장의 영향으로 위구르족의 가기 민족 역사에 대한 인식은 중국 정부가 주장하는 중화 민족역사와는 많은 차이를 보이게 되는 것이다.[13]

3. 이슬람문화의 위구르족 전통

위구르족은 역사적으로 인도로부터 전파된 불교, 페르시아로부터 전파된 마니교, 경교 등을 신앙하였다. 10세기부터 신장지역에 이슬람이 전파되면서 16세기 초 위구르족 전부가 이슬람화되는 과정은 세 단계로 나뉜다. 첫 단계는 제1차 이슬람전파 고조기이며, 두 번째 단계는 이슬람 종교의 자유 발전 단계이며, 세 번째 단계는 제2차 이슬람 전파 고조기이다. 두 차례 고조기 모두 이슬람 전파를 위한 이교도들에 대한 참혹한 전쟁이 있었다.

위구르족이 처음으로 이슬람 문화를 받아들이기 시작한 시기는 서카라한 왕조때부터 였다. 왕조의 창시자인 싸투커는 비밀스럽게 이슬람교를 전파하였으며 이로 인해 그의 많은 충신들이 이슬람을 믿게 되었다. 그는 무슬림 군대를 조직하여 불교를 신앙하는 그의 삼촌 아우구얼차커를 공격하여 정권을 탈취한 후 이슬람교를 전파했다. 그리고 카스를 수도로 정하고 이슬람을 국교화한다. 이 시기 카스는 이미 중앙아시아의 정치, 경제, 문화, 종교의 중심지로 탈바꿈하였다. 사커투가 죽은 후 그의 아들 무싸도 이슬람전파를 위해 우전왕조(지금의 허톈지역)에 대한 전쟁을 도발한다. 무싸가 죽고 그의 아들 하쌍도 부친의 뒤를 이어 전쟁을 계속한다. 결국 우전왕조와의 전투에서 전사하고 위쑤부·카더얼 칸이 등극한 후 약 1005년경에 이르러서야 우전왕조를 멸망시키고 이슬람이 이 지역에 전파된다. 결국 우전왕조와 40년간 신장 역사상 규모가 크고 시간이 가장 많이 길며 파괴 정도도 가장 심각한 종교전쟁을 치룬 것이다.

12세기 초 서카라한 왕조는 서요(西遼)에 정복되었다. 그러나 정복자들은 비록 불교를 믿었지만 이슬람종교에 대해서는 간섭하지 않았다. 이 시기 이슬람교는 부단히 발전한다. 1218년 칭키스칸의 출정으로 카스지역를 포함한 신장 여러 지역은 몽골인의 통치를 받았지만 몽골인들도 종교와 신앙의 자유라는 정책을 펼쳤기 때문에 이슬람문화는 지속적인 발전을 이룰 수 있었다.

14세기 중엽, 동차카타이칸국 투헤이루테무얼은 신장에서 이슬람교를 신앙하는 첫 번째 몽골칸이 되면서부터 신장은 제2차 이슬람전파의 고조기를 맞게 된다. 그는 이슬람교를 이용해 통치기반을 견고히 하려고 했던 것인데 이슬람 선교사들을 대량 파견하여 이슬람 교리를 전파한다. 이로 인해 이교들은 이슬람을 신앙하게 되었으며 이때 칸국의 수도인 아라마리(阿里麻力, 지금의 이리 위청현 이북)의 16만명 몽골인들까지 이슬람을 신앙하게 되었다. 당시 신장 불교 중심지의 하나인 쿠처(库车)에 '쿠처이슬람 사단'이라는 이슬람 선교단체를 파견한다. 비록 쿠처 불교도들의 완강한 저항이 있었지만 이슬람 교도들의 승리로 끝났다.

원나라 시조 쿠빌라이는 통일된 국가건설을 위해 무슬림들의 많은 도움을 받았기 때문에 이슬람 문화의 발전에 많은 편의를 제공해 주기도 한다. 1514-1533년 하미와 투루판 지역의 위구르족도 차츰 이슬람교를 믿게 되면서 16세기 초에 이르러 위구르족 전부가 이슬람이 된다. 현재 페르시아, 아랍의 이슬람문화가 언어문자, 철학윤리, 도덕관념, 문학예술, 음악댄스, 악기 등등 곳곳에서 위구르족의 생활에 깊이 영향을 미치고 있음을 볼 수 있다.[14]

11세기 말부터 12세기 초 이슬람 문화는 위구르족 언어문자에도 상당히 많은 영향을 미친다. 투르크어를 사용하던 위구르족은 아랍어를 흡수하게 되면서 위구르족이 사용하던 회골 문자도 차츰 아랍 문자로 대체되기 시작한다.

신장 위구르족 이슬람문화 전통은 이들의 종교 활동에도 잘 표현된다. 중국 건국 초기 신장 위구르족은 거의 모두 이슬람교를 믿었다. 신장에는 종교 법정, 종교 학교 등 종교적 색채가 농후했다. 비록 현대 교육이 주도적 지위를 차지 했지만 자녀들을 경문학교에 보내 공부시키는 부모가 많았다. 1954년 통계에 따르면 신장지역 경문학교의 학생 수는 10만 명에 달했다고 한다. 비록 중국 정부의 종교탄압 및 종교 말살 정책으로 종교 신앙이 금지되고 종교 인사들은 무참히 박해를 받았고 대부분 모스크는 파괴되었지만 개혁개방 이후 중국 정부의 종교 완화정책으로 위구르의 이슬람 문화는 빠른 속도로 부활 되었다.

III. 한족과의 문화적 갈등

1. 다름의 갈등

1) 신장지역의 지리적, 민족적 갈등

신장의 민족 갈등은 서북의 변경지역에 위치한 신장의 지리적 민족적 사회적 경제적 구조의 특수한 성격과 관련이 깊다. 현재의 신장은 1949년 10월 중국 인민해방군에 의해 소위 '평화적 해방'이 된 이후 1955년 공식적으로 신장 위구르족자치구로 확정된 것으로 지리적으로 중국 서북의 변경인 동시에 유라시아 대륙의 중심에 위치하여 고대로부터 아시아와 유럽을 연결하는 주요한 통로로서 문화와 교통의 요충지 역할을 해왔다. 이러한 지리적 특성은 신장을 역사적으로 다양한 종교, 인종 및 문화가 서로 접촉, 교차하면서 다른 어느 지역보다 다양하고 복잡한 종교 및 민족 관계를 형성해 왔고 현재는 그것으로 인한 갈등이 지속되고 있다.

신장은 교통 및 전략의 요충지로 고대부터 중원 왕조를 비롯한 인근 여러 민족들 사이에서 이 지역의 지배권을 둘러싼 경쟁과 투쟁이 진행된 곳이다. 19세기에는 영국과 러시아 등 제국주의 세력의 국가들까지 이 지역에 대한 지배권 경쟁에 참여하여 더욱 혼란을 가중 시켰다. 이것은 오늘날 신장의 문제가 단순히 중국 국내문제에 국한되지 않고 국제적 쟁점으로까지 비화 되는 데는 이러한 역사 및 지리적 배경이 있는 까닭이다.

특히, 지리적 측면에서 신장은 면적이 166만 ㎢로 중국 전 국토의 1/6을 차지하는 소수민족 자치구 중에서 가장 큰 면적이다. 국경선의 길이만 5,600 ㎞에 달하고 중국 육지 국경선의 1/4을 차지한다. 구소련이 붕괴되고 나서 신장은 중국에서 가장 많은 총 8개국과 국경을 접하게 되었다. 중국, 러시아, 중앙아시아 각국, 인도, 몽골, 그리고 시장(西藏)까지 서로 다른 문화지형을 지닌 다양한 유형의 국가와 지역이 신장을 둘러싸고 있게 되었다. 따라서 신장에는 국경, 자원, 과계민족(跨界民族), 이슬람 근본주의, 테러리즘 등 여러 가지 복잡한 문제들이 얽혀 있는 상황이 되었다.

1978년 중국의 개혁개방정책 시행 이후 현재까지 고속 경제 성장을 이룬 중국은 에너지 수요가 급증하여 에너지 경쟁이 가열되면서 에너지 매장지역 으로서의 신장의 가치는 더욱 높아만 갔다.

위구르족은 중국의 다른 지방에 널리 분산되어 분포된 것이 아니라 민족 인구의 99%가 신장에 집중되어 살고 있다. 중국에서 소수민족으로서 인구가 가장 많다는 장족 87%, 회족 18.9%, 티베트족 52%, 몽골족 69%의 지역 집중도에 비하면 위구르족이 가장 집중도가 높다. 신장지역 내에서도 위구르 족은 한족과 어울려 살지 않고 거의 남부 신장의 농촌 지역에 몰려 거주하고 있다. 신장지역의 특수한 자연환경으로 인해 신장 인구의 90% 이상이 7.07만 km^2에서만 생활한다는 점을 고려하면 신장지역의 실제 인구밀도는 중국 평균 수준을 훨씬 넘는 동부 연안 지역과 비슷한 수준이다. 또한 신장은 중국에서 무슬림이 가장 많은 지역이며 세계적으로도 모스크 밀도가 가장 높은 지역이기도 하다.[15] 따라서 한족과의 문화적 공감대 형성은 근본적으로 불가능해 보인다.

2) 인종적, 문화적 갈등

신장 위구르족은 한족과는 상당히 다른 외모와 종교, 언어·문자를 사용하고, 기타 다른 소수민족에 비해 민족적·종교적 정체성과 일체성이 상당히 뚜렷한 특징을 나타내고 있다. 사실 이러한 특징으로 인해 중국 내에서도 가장 차별받는 소수민족 중 하나가 되기도 했다. 위구르족의 특이한 점은 첫째, 한족과 판이한 인종적 특징을 가지고 있다. 유독 신장 위구르족의 외모는 독특하여 한족과 바로 구분이 된다. 야르칸드강역의 바추(巴楚), 허텐(和田) 및 타플라마칸사막 남부지역의 위구르족은 유럽의 파미르-페르가나 유형이 비교적 선명하다. 이에 반해 뒤랑(多郎)과 커핑(柯坪), 아커쑤(阿克蘇), 쟈스(伽師)등 지역의 위구르족은 중남 시베리아 혈통이며, 신장 동부지역의 하미, 투루판과 쿠얼러(庫尔勒) 지역에서도 남시베리아인 혼혈 특징을 찾아볼 수 있다. 또 다른 유형은 유럽인종의 지중해 인종 집단 중의 인도-아프가니스탄 인종유형이다. 이처럼 신장 위구르족은 중앙아시아, 서아시아 및 서구의 인종특징을 갖고 있기 때문에 한족과는 판이한 외모를 가진다. 둘째, 위구르족은 한족과 다른 언어와 문자를 사용한다. 중국 10대 이슬람 민족 중에서 인구가 가장 많은 회족은 한족과 동일한 언어와 문자를 사용하고 있다. 중국에서 인구가 가장 많은 소수민족인 장족(壯族)은 자기 민족 언어는 있지만 문자는 한족과 동일한 한자를 사용하며 중국어를 사용하는 사람은 계속적으로 늘어나고 있다. 그러나 위구르족은 민족 언어와 문자에 대한 애착이 특별히 강하다. 중국 정부가 신장편입 초기부터 위구르족 문자개혁을 단행했지만 실패할 정도로 위구르족은 민족 언어와 문자에 대한 애착심은 강하다. 현재 위구르족은 여전히 신장편입 전에 사용하던 문자 그대로를 사용하고 있다. 위구르족 언어는 알타이어족 투르크어군에 속한다.

2. 이해관계의 갈등: 신장 갈등의 현실적 문제

신장은 역사적으로 서역이라 불리는데, 서역은 지정학적으로 세계 4대 문화권이 합류하는 유일한 지역이며 세계 9대 어족 중 5개 어족이 혼합된 곳이기도 하여 실크로드에 위치한 동서 교통의 주요 통로였다. 신장은 지정학적으로 동서아시아 대륙의 중심지일 뿐 아니라 풍부한 광물자원과 에너지 자원을 보유하고 있는 중국 에너지 보고이다. 신장은 서부의 풍부한 가스를 동부로 보낸다는 서기동수(西氣東輸)의 발원지이며 신장의 석유생산량은 해마다 증가세를 이어가고 있다. 세계적인 에너지 부족과 에너지 가격 폭등은 신장 지역의 경제적 중요성을 부각시킨다. 그러나 신장의 에너지 자원은 중국의 경제성장에는 중요한 역할을 담당하지만 정작 신장 지역의 경제발전에는 큰 도움을 주지 못하고 있다. 즉, 신장의 풍부한 자원의 우위를 경제적 우위로 전환시키지 못함으로 신장의 1인당 소득은 중국에서 하위권에 머물러 신장은 '부유한 빈곤 지역'이 된다.

풍부한 에너지 자원을 보유하고 있으면서도 경제 후진 지역으로 꼽히는 이유는 지방이 경제자치권을 행사할 수 없기 때문이다. 중국은 연방제 국가가 아닌 단일제 국가이기 때문에 에너지 자원은 국가 혹은 집체 소유로 규정되어 있다. 따라서 중국 정부가 자원의 소유권과 통제권을 행사하며 지방정부는 사용권과 경영권만을 행사할 수 있다. 특히 에너지 자원 중에서 석유와 가스자원은 국가에서 거의 독점하고 있다. 현재 신장의 3대 주요 에너지 자원 중 석탄자원의 개발에서 지방정부가 일정한 자주권을 행사하지만 기타 자원의 소유권과 개발권은 모두 중앙정부에 집중되어 있다.

2021년 7월 20일 펑파이 등 중국 매체에 따르면 국가통계국이 올 상반기 31개 성·시·자치구의 데이터를 업데이트한 결과, 〈그림 2〉와 같이 1인당 가

上海市	40357	四川省	14921
北京市	38138	河北省	14340
浙江省	30998	陕西省	14287
江苏省	25119	江西省	14195
天津市	24625	吉林省	13690
广东省	23604	广西壮族自治区	13536
福建省	21419	河南省	12735
山东省	18304	山西省	12621
辽宁省	18083	云南省	12235
重庆市	17791	宁夏回族自治区	12232
内蒙古自治区	16259	黑龙江省	12205
安徽省	15969	青海省	11729
海南省	15670	贵州省	11573
湖南省	15183	甘肃省	10149
湖北省	15097	新疆维吾尔自治区	10114
		西藏自治区	9639

출처: 중국 매체 펑파이 캡처

〈그림 2〉 2021년 상반기 중국 31개 성·시·자치구의 1인당 가처분소득 추이

처분소득이 가장 높은 곳은 상하이로 4만357위안(약 715만4000원)으로 집계됐다. 중국 본토에서 1인당 가처분소득이 4만위안을 넘는 곳은 상하이가 유일했다. 티베트는 가장 낮은 9639위안(약 170만8000원)에 불과했고, 신장지역은 최하위에서 두 번째로 1만114위안으로 집계됐다. 두 지역 모두 상하이와 4배 안팎의 차이가 난다.[16] 가처분 소득은 사회보장금이나 연금 등을 포함해 자유롭게 쓰거나 저축할 수 있는 돈으로 국민경제에서 소득분배의 평등 정도를 측정하는 자료로 활용된다. 2021년 상반기에 중국의 1인당 가처분소득이 지역별로 최대 4배 이상 차이가 나는 것으로 나타났다. 가처분소득이 가장 낮은 곳은 티베트자치구와 신장위구르자치구 등 서방 세계로부터 인권탄압 비판을 받고 있는 지역이었다.

티베트와 신장은 미국과 유럽연합(EU) 등이 인권문제로 공격하는 주요 지역이다. 유럽의회는 중국 정부가 홍콩과 티베트, 신장 등의 인권 상황을 개선했다고 입증하지 않는다면 정부 대표단이나 외교관의 베이징동계올림픽 참석 초청을 거부하라는 내용의 결의안을 의결했고 미국은 영국 등 40여 개국과 유엔 인권이사회에서 신장과 티베트의 인권 상황 악화에 우려를 표시한다는 내용의 성명등이 발표되었지만 중국은 인권 침해는 없으며 내정간섭이라는 입장이다.

중국의 개혁개방 이후, 서부대개발 정책이 진행되면서 신장과 중국 평균 수준과의 경제발전 격차는 날로 심화 가속되고 있는데, 신장지역의 풍부한 자연자원에 대한 개발이 주된 요인이 된다. 신장지역은 방대한 자연자원과 그에 따른 이익이 엄청남에도 불구하고 충분한 보상을 받지 못하고 있는 것이다. 자원 보유지의 주민들을 그릇만 좋았지 담을 음식이 없다는 의미로 '금 사발을 들고 굶주려야'하는 상황에 처해 있는 것이다. 따라서 신장 주민들은 자연자원에 대한 박탈감을 느끼게 되고 이런 경제적 불평등 현상은 신장 소수민족 특히 절대다수인 위구르족의 커다란 불만을 자아내게 된 것이다.

3. 구조적 갈등: '쌍범주의' 사조가 지배하는 문화로 인한 분리주의

1) 쌍범주의 사조

쌍범주의는 범이슬람주의와 범투르크주의를 통틀어 일컫는 것이다. 범이슬람주의는 초계급, 초민족, 초국가적 사상이며 종교의 정치화를 기본원칙으로 하며 범투르크주의는 민족주의를 강조한다. 범투르트주의는 범이슬람주의가 무슬림 민족의 진보를 저해한다고 주장하지만 투르크 민족 자체가 이슬람교를 믿기 때문에 범투르크주의는 탄생과 더불어 범이슬람주의와 끈끈한 연계를 갖게 되는 것이다.[17] 따라서 신장 위구르족은 범이슬람주의와는 종교적 일치성과 범투르키주의와는 투르크민족 이라는 동질성으로 쌍범주의와는 원초적인 연관성을 가지고 있다.

범이슬람주의는 일부 이슬람국가들에서 19세기 중엽 이후 생겨난 사회적 사조이다. 정치적으로 범이슬람주의는 모든 이슬람교를 신앙하는 국가와 민족이 연합하여 하나의 단일한 국가를 형성하여 공동으로 외래의 침입을 막으려는 것이다. 사상적으로 범이슬람주의는 서방에서의 무신론과 세속화 경향이 미치는 영향을 막아보려는 것이다. 이런 사조의 창시자는 장기간 아프가니스탄에서 생활해온 이란의 유심주의 철학자 자말 알딘 알아프가니(Jamal al-Din Al-Afghani)이다. 1860년대 그는 이슬람 국가들이 쇠망하고 식민주의 침략을 받는 상황에서 범이슬람주의를 창시했다. 그는 서아시아, 북아프리카의 각 이슬람 국가들을 돌아다니면서 범이슬람주의를 선전하고 그들이 스스로 힘을 키우고 연합해야 한다고 호소했다. 19세기 말 범이슬람주의는 아세아와 북아프리카 일부 이슬람 국가들에 막대한 영향을 끼쳤다. 이는 식민주의에 반발하는 사조를 불러 일으켰으며 이슬람 지도층과 종교계인사들의 지위를 공고히 하는데 역할이 컸다. 그리하여 중소상인들과 일부 수공업자들, 지식분자와 민족주의자들과의 동정과 지지를 받았다.[18] 따라서 19세기에 부흥한 범이슬람주의는 현재의 범이슬람주의와는 성격적 차이가 있다.

범투르크주의는 대터키주의 혹은 오스만주의라고고 불린다. 범투르크주의는 터키, 러시아, 이란, 아프가니스탄, 중국 및 중앙아시아 국가들에서 투르크어를 구사하는 민족을 연합하여 '대투르키스탄'을 건설하려는 국경을 초월한 민족주의 사조와 세력을 말한다. 19세기말 제정러시아 정부가 대대적으로 추진하는 범슬라브주의에 대처하기 위해 러시아의 크리미아 타타르(Crimean Tatar)민족주의 지식인계층에서 범투르크주의가 처음으로 탄생한다. '범투르크주의 아버지'로 불리는 가스프린스키(Ismail Gasprinski, 1851-1914년)는 무슬림은 "언어, 사상, 행동적으로 반드시 연합하여야 한다"고 하였다. 이는 투르크어를 구사하는 민족 즉, 투르크칸국 시기 이 지역에서 생활해온 사람들은 모두 투르크어를 사용하였기 때문에 모두 뭉쳐 통일된 '민족연맹'을 만들자는 것이었다. 범투르크주의 출현 및 초기 활동은 사실상 타타르(Tatar)등 약소민족이 언어와 문화 측면에서 공통성이 있는 지역으로 넓은 땅과 많은 인구를 가진 민족 공동체를 형성하여 대러시아 민족주의 정치와 문화의 압박에 저항하기 위한 것이었다. 따라서 19세기 흥기한 범투르크주의는 지금의 범투르크주와와는 다른 성격이었음을 알 수 있다.[19]

19세기에는 범투르크주의 사조가 터키로 중심을 바꾸게 되는데 첫째, 이 시기 서구 근대 민족국가의 탄생으로 하나의 민족은 하나의 국가이며 각 민족 모두 자결, 독립, 자기 민족국가를 설립할 권리가 있다는 민족국가 이념이 작용했다. 둘째 오스만 제국 말기 민족주의 정당 청년터키당은 술탄 압둘 하미드 2세가 대대적으로 추진하는 범이슬람주의 영향을 견제하려고 했다. 셋째, 당시 터키와 러시아와의 관계에서 비롯된 것이라 할 수 있다.

당시 러시아 타타르에서 범투르크주의 사조가 일어났을 때 터키는 술탄 압둘 하리드 2세기 주장하는 범이슬람주의 사상에 물들어 있었다. 러시아 10월 혁명 전후, 가스프린스키 등 범투르크주의자들이 터키에 망명하면서 터키에서 범투르크주의 운동이 계속되었다. 터키 지식엘리트들은 처음에는 '투르크'라는 단어는 비하의 뜻이 있기 때문에 '오스만주의'라고 자칭하게 되었다가 유럽 투르크학의 영향을 받아 터키는 자신들의 '투르크'역사를 다시금 돌이켜 보게 되면서 투르크주의를 대대적으로 양산하게 되었다. 가스프린스키가 러시아 타타르 범투르크주의의 지야 고에카르프(Ziya Goekalp, 1876-1924년)는 터키 범투르크주의의 시조라고 할 수 있다. 그의 『투르크주의 원리』라는 책은 처음으로 범투르크주의를 체계화 시킨 경전이기도 하다. 이처럼 범투르크주의와 범이슬람주의는 거의 동시에 발생하였고 지금까지고 상호 의존하고 있다. 이 두 가지 주의는 극단정치 운동이 동시에 내거는 두 개의 깃발이기도 한다. 비록 범이슬람주의가 범투르크주의보다 범위가 더 넓고 쌍범주의가 성행하는 지역은 범이슬람주의가 성행하는 지역보다는 작지만 매우 안정적이다. 이 지역에는 터키, 코카서스지역의 아제르바이잔, 러시아의 달단지역, 중앙아시아의 카자흐스탄, 우즈베키스탄, 튀니지, 키르기즈스탄과 중국의 신장이 포함된다.

위구르족과 쌍범주의와의 이러한 원초적인 연관성으로 인해 19세기 쌍범주의의 탄생은 신장에 거대한 영향을 미친다. 당시 신장은 1839-1842년 영국과의 제1차 아편전쟁과 1856-1860년 제2차 아편전쟁으로 인해 '사분오열'되기 시작했다. 두 차례 아편전쟁은 봉건사회로부터 반봉건 반식민지로 중국의 사회구조를 처음으로 변화시키는 거대한 전환점이다. 1864년 태평천국운동과 섬서성, 감숙성의 회족봉기의 영향 하에 신장에서도 회족과 위구르족의 대규모 농민 반란이 폭발하면서 내부적으로 5개의 정권으로 분할되었다. 이러한 혼란을 틈타서 1865년 4월 야쿱 벡은 카스에서 이슬람국가인 야타샤르칸국(Yatta shar)을 건설하고 13년간 신장을 통치했다. 야쿱 벡 정권은 1868년 영국의 정식 승인을 받았고 1873년 러시아의 승인도 받았다.[20] 야쿱 벡이 신장에서 통치하던 시기 신장지역에 대한 러시아와 영국의 생각은 달랐다. 러시아는 야쿱 벡 정권이 러시아가 갓 점령한 중앙아시아 영토에 영향을 미칠 것을 염려하여 이리지역을 점령하였다. 러시아와 반대로 영국은 인도와 러시아 사이에 이슬람 독립 국가가 만들어지는 것을 환영하였다. 그러나 야쿱 벡은 영국으로부터 충분한 무기와 자금을 지원받지 못하게 되자 오토만 투르크제국의 편에 섰다. 오토만 술탄은 그에게 4명의 군사 고문단, 6개의 화포, 1,200정의 총을 주고 아미르(amir)라는 칭호를 내렸다.[21] 야쿱 벡은 이슬람 율법으로 통키하는 이슬람국가라는 성격의 종교 법정도 설치하였다.

1차 세계대전 전후 범투르크주의자들은 중앙아시아와 중국 신장지역에 많은 이슬람신도들을 파견하여 선교 함으로써 신장지역에서 범투르크주의 사조가 범람하게 된다. 터키인 아이마이티·부마얼은 1914년 학자의 신분으로 신장 아투쓰에 들어와 범투르크주의를 선동하기도 했다. 바로 이 시기 범투르크주의 사조는 신장 위구르족의 독립욕망을 강렬하게 자극하였으며 결국엔 2차례 이슬람국가가 신장에서 세워지게 된다. 현재 신장 분리주의운동은 바로 이슬람국가 건설을 목표로 하는 쌍범주의 사조인 것이다.

2) 분리주의 운동

신장지역 47개 민족 중 위구르족만이 유일하게 분리독립을 주장하는 가장 큰 이유는 위구르족과 한족 간의 민족 갈등이다. 이 두 민족 간의 갈등은 세 단계를 거쳐 형성되는데 역사·문화적 갈등, 중국 사회주의의 정책형성으로 인한 갈등, 그리고 개혁개방과 탈냉전으로 인한 변화된 국제질서로 형성된 갈등으로 정리해 볼 수 있다.

첫째, 역사·문화적 갈등은 자기 민족역사에 대한 두 민족의 관점이 서로 다르다. 한족의 입장은 역사적으로 천하에 자기와 겨룰 자가 없다는 절대적인 대한족주의 사상 즉, 대한족주의 천하관을 가지고 있기 때문에 신장 위구르족의 역사를 중화민족의 역사로 취급하는 것은 지극히 당연한 일인 것이다. 반면에 위구르족은 신장에 거대한 위구르 제국을 세우면서부터 신장에서 장기간 생활해온 자기 민족의 역사를 갖고 있기 때문에 만리장성 밖에서는 줄곧 독립 국가였다고 주장하는 것이다. 20세기 들어서서 위구르족은 2차례 독립 국가를 세운 적이 있는데 이 역시 자기 민족의 역사를 되찾으려는 위구르족의 정당성에서 나온 것이다. 현재 신장 위구르족의 분리주의 운동은 신장에서 한족을 몰아내고 이교도를 추방하고 정교 통일의 이슬람공화국을 세우는 것을 목표로 한다. 특히 국제 쌍범주의의 부활은 무슬림인 위구르족과 비무슬림인 한족과의 문화적 갈등을 부추기고 있다. 두 민족은 각자의 관점과 시각으로 자기 민족을 발전 역사를 평가하기 때문에 두 민족 간의 역사·문화적 갈등은 과거나 현재, 나아가 미래에도 여전히 존재할 가능성이 높다

둘째, 중국 사회주의 정책으로 형성된 갈등은 신장편입 이후 중국 정부정책으로 인해 신장에는 수많은 변화가 일어난다. 신장편입 이후 중국 정부는 민족 융합을 통해 하나의 중화민족의 형성을 목표로 여러 가지 정책을 단행하였다. 주요한 정책으로는 신장으로의 한족 이주 정책, 위구르족 문자개혁정책, 이슬람 종교 개혁정책이 있다.

한족을 대량 신장에 이주시켜 '잡거(雜居)'를 추진하는 한족 이주정책은 신

장편입 초기부터 실행되었다. 중국 정부는 1950~60년대 계획적으로 한족을 대거 신장으로 이주시켰다. 개혁개방 이후에는 한족들이 신장을 이탈하지 못하도록 하는 정책이 펼쳐졌다. 이러한 정부의 한족 이주정책으로 신장 편입 초기 신장에서의 한족의 인구비율은 약 6%였지만 현재 약 40%로 한족의 영향력은 막강해지고 자치구 정부 소재지인 우루무치에서 한족은 절대다수 민족이 된다. 위구르족의 문자개혁정책 역시 신장편입 직후부터 시작되었다. 1950년과 1954년 두 차례에 걸친 간단한 개혁에 이어 4년간의 시행 경험을 바탕으로 1960년부터 본격적으로 시작되었으나 22년이 지난 1982년 실패로 돌아갔다. 이로 인해 200만 이슬람 민족이 '신문맹'으로 전락되었다.[22] 이로 인해 이들은 한어를 제대로 하는 것도 아니고 그렇다고 해서 위구르어를 완벽하게 하는 것도 아닌 이상한 현상이 일어나게 된 것이다.

위구르족 이슬람 종교에 대한 개혁도 계획적이고 강제적으로 시행되었다. 중국 정부는 신장편입 초기 이슬람 종교에 대해 점진적인 개혁을 단행하다가 1958년 대대적인 개혁을 단행하였다. 문화대혁명 시기에는 종교의 존재를 아예 부정하는 종교 말살 정책을 펼쳤다. 신장 이슬람 민족의 민족 자존심을 여지없이 짓밟는 정책이었으나 국가의 강한 통제력으로 민족 갈등은 표출되지 못했다. 개혁개방 이후 중국 정부는 종교에 대한 완화 정책을 실시하게 되는데, 이로써 그동안 장기적으로 억제되었던 종교문화는 '광신'에 이르게 된다. 중국 정부의 종교개혁 정책 특히 종교 말살 정책은 그 후유증으로 오늘날의 신장 위구르족 분리주의 운동이 대중화 성격을 띠게 한 원인이기도 하다.

셋째, 개혁개방과 탈냉전으로 인한 국제질서의 변화로 형성된 새로운 갈등이다. 개혁개방 이후 민족 간의 불평등이 심각해지면서 위구르족의 불만은 갈수록 커지고 있다. 자연자원에 대한 박탈감, 취업기회의 감소, 빈번히 발생하는 문화적 충돌 및 빈부격차의 가속화는 위구르족으로 하여금 종교에 대한 의존도를 심화시켰으며 이로 인한 정교 통일의 이슬람국가를 세우려는 분리주의운동은 과격화되고 있다. 이러한 내부적 요인과 국제질서의 재편으로 인한 국제 쌍범주의 부활은 국제 이슬람 테러조직과 신장 위구르족 테러분자들과의 연대를 강화시켰으며 이는 신장 위구르족 분리운동에 기름을 붓는 격이 되었다.

이러한 세 단계에 걸친 갈등의 형성 및 증폭 외에도 신장지역에서 유독 위구르족만이 독립하려는 요인은 위구르족의 특수성에서 찾아볼 수 있다. 그러나 독립 욕구를 강하게 부추긴 가장 주된 요인은 소련의 붕괴로 중앙아시아 이슬람 국가들의 독립이었다. 현재 신장지역의 다른 이슬람 민족인 카자흐족을 포함한 키르키즈족, 타지크족, 우즈베키족은 소련의 붕괴로 민족국가를 형성하고 있다. 이는 과거 소련 시대부터 소연방의 중앙아시아 각국을 민족국가 건설의 모델로 생각해온 위구르족[23]으로 하여금 중국 내 기타 소수민족과 달리 독립을 주장할 명문, 기회, 조건을 갖추고 있다고 간주하는 것이다.

위구르족 분리주의운동은 신장에서 정교 통일의 '동투르키스탄 이슬람국가'를 세우는 것을 궁극적인 목표로 하고 있다. 신장에서 오랫동안 자기 민족국가를 가졌고 16세기 초 전 민족이 이슬람화되면서 이슬람국가를 여러 차례 세웠던 역사가 있는 위구르족이기 때문이다. 1949년 중화인민공화국이 설립된 이후 민족국가를 건설하려는 위구르족의 노력은 끊임없이 진행 되어 왔다. 다만 개혁개방이 시작되면서 위구르족 분리주의 운동은 더욱 과격화된 것이다. 2005년 신장의 테러세력은 "혈전을 끝까지 하겠다"는 녹화 테이프를 신장자치구정부에 보내오기도 했다. 2008년 위구르족 분리주의 운동은 보다 더 과격해지면서 본격적으로 중국체제에 대한 위협으로 인식되었다.

신장에서 이슬람 민족이 독립하려는 사조는 역사적으로 꾸준히 진행되어 왔다. 1950년대 신장 분리주의 운동을 주도한 세력은 각각 1930, 40년대 신장에서 두 차례 이슬람 공화국의 건설을 주도한 두 갈래 세력이었다. 이들은 신장편입 이후 상층 종교 인사 및 소수민족 군인들과 단합하여 폭동을 주도하게 된다. 또한 장기적인 '반혁명무장폭동'[24]을 단행한 종교 군대 세력도 중국 정부의 큰 근심거리였다. 종교군대는 중국 정부군과 맞서 2년 7개월 동안 장기전을 치른다. 이들 모두 신장에서 한족을 몰아내고 이교도를 소멸하고 공산당을 타도하자는 구호를 외쳤으며 모두 신장에서 정교 통일의 이슬람 국가를 세우려는 목적이었다. 그러나 이들의 폭동 및 반란은 거세였지만 중국공산당의 강경한 탄압으로 모두 실패로 돌아갔으며 중국 정부의 무차별한 탄압으로 인해 많은 사람들은 억울하게 투옥되기도 했다. 개혁개방 이후 중국 정부는 이전의 정부 정책이 착오라고 판단하고 이들을 감옥에서 풀어 주지만 몇십 년 감옥생활을 한 이들이 분리주의운동에 적극적으로 참여하게 된 것도 우연한 일은 아니다.

1950년대 신장 분리주의운동은 군인들과 종교계 상층인사들이 대거 참여함으로써 아주 과격한 측면이 많았지만 지역적이고 체계적이지 못한 정서적인 무장폭동이었다고 할 수 있다. 반면 1960년대 신장 분리주의운동은 중소 양국관계의 악화로 인해 소련의 대폭적인 지지를 받으면서 '동투르키스탄인민혁명당'을 창건하고 신장 전 지역에 지부를 연결하는 네트워크를 구축하여 보다 계획적인 통일 조직을 만들었다. 이 조직은 많은 공산당 당원 간부가 참여하였고 국외세력의 대폭적인 지지를 받았으며 빈번하게 폭동을 감행하기도 하였다. 이에 중국 정부는 이 조직을 신중국 탄생 이래 신장에서 발생한 가장 규모가 크고 분명한 조직 강령이 있고 통일적이고 계획적이며 조직적인 행동을 단행한 분열집단이라고 규정하였다. 그러나 1970년 3월

'동투르키스탄 인민혁명당'은 중국 정부에 의해 붕괴되면서 개혁개방 이전까지 신장 분리주의운동은 상대적으로 침체기에 들어서게 된다. 그러나 중국 정부의 무자비한 탄압에도 불구하고 1950-60년대 신장에는 국가분열을 시도하고 민족 단결 파괴를 목적으로 한 동란이 100여 차례나 발생하였다.[25] 개혁개방 이후 1980년대부터 신장 분리주의 운동은 다시금 활기를 띠기 시작했다. 1970년대 말부터 남부 신장 일부 지역의 종교 열기가 광신에 가까운 비정상적인 현상을 보이기 시작했는데 이는 중국 정부의 종교 완화정책 때문에 가능했다. 그러나 이러한 종교적 정서는 1980년대 분리주의 운동으로 번지기 시작했다. 더욱이 개혁개방은 신장 위구르족과 한족 간의 불평등을 가속화시킴으로써 신장지역에 한족주의와 지방 민족주의의 두 가지 '이즘'을 의미하는 양종주의(兩種主義)를 유발시킴으로 민족의 역사를 되찾으려는 신장 위구르족의 민족주의는 더 강력해졌던 것이다. 1980년대 신장 분리주의운동은 대중들의 참여가 많았고 특히 학생들의 참여가 두드러지게 나타난 것이 특징적이다. 이들의 구호 역시 1950, 60년대 분리주의운동의 구호와 비슷했다. 즉, 신장에서 한족을 몰아내고 '동투르키스탄이슬람공화국'의 설립을 외쳤다.

1990년대에는 소련의 붕괴와 더불어 전 지구적으로 민족 분리주의 사조가 만연하게 된다. 신장 분리주의 세력도 1990년대 초에는 신장에서 테러 훈련기지를 설립 했지만 국제 테러세력과 연합하게 되면서 국외 테러 훈련 기지에서 정규적인 훈련을 받고 있다. 현재 신장 테러세력은 국외에서 지휘하고 국내에서 행동하며, 국외에서 훈련 시키고 국내에서 파괴를 감행하고 있다. 동남아, 서아시아, 유럽과 미국에 분포된 50여 개 '동투르크스탄' 테러 조직들은 서아시아를 대본영으로 중앙아시아를 선두부대로, 남아시아를 훈련기지로, 유럽과 미국을 지휘센터로, 신장을 주요전선으로 하는 전략을 펼치고 있다.[26] 신장 테러분자의 시조로 불리는 아부리커무·마이허수무(阿不力克木·买合苏木)는 1990년대부터 시작하여 처음 10년 동안은 게릴라전, 그다음 10년 동안은 정규전이라는 20년 전략목표를 세웠다.[27] 1992년 12월 신장 독립세력은 사우디아라비아와 터키의 자금 지원을 받아 이스탄불에서 '동투르크스탄 민족대표대회'를 개최하였다. 이 회의에서 '동투르키스탄국'을 국명으로 정하고, 국가, 국기, 휘장의 디자인 등을 결정했다. 1999년 12월에는 10년 내에 1만 명 이상의 정규군을 창립하여 신장에서의 테러 작전 이외에 게릴라전 내지는 정규전을 통해 무력으로 건국한다는 노선을 재확인했다.[28] 신장 테러세력은 그동안 폭발, 암살, 독약 살포, 강탈, 방화, 난동과 폭동 사건을 획책하여 공포 분위기를 조성하는 등 일련의 테러 행위를 감행하였다. 1990년부터 2001년 사이에 국내외 '동투르키스탄' 테러세력이 중국 신장지역 내에서 조작한 테러폭력사건은 최소한 200여 건에 달하며, 이로 인해 각 민족 인민, 기층간부 및 종교계 인사 등 162명이 살해되고 440여 명이 상해를 당했다고 한다.[29] 2008년에 들어서서 신장 분리주의운동은 2008년 북경 올림픽을 개최하는 중국 정부에게 심각한 공포 분위기를 조성하였다.

중국 정부는 민족문제는 국가 주권, 사회안정, 경제발전 등의 요인과 밀접한 연관성을 갖고 있기때문에 반드시 정치, 군사, 경제, 문화가 강대한 '4대 변강'을 구축해야 한다고 강조한다.[30] 이러한 원칙 하에 중국 정부는 신장 분리주의운동에 대해 '미리 예방하며, 주동적으로 격파하고, 효율적으로 처리하고 국제협력을 강화'하는 강력한 대응을 진행한 것이다. 또한 다년간 반테러 경험과 교훈에 비춰 테러 돌발사건에 대해 우유부단하면 심각한 결과를 초래하기 때문에 모든 테러 돌발사건에 대해 현장 지위자에게 신속하게 처리할 모든 권한을 부여하고 있다. 그러나 중국 정부의 강력한 탄압에도 불구하고 신장 분리주의운동은 수그러들지 않는다. 이는 신장 분리주의운동이 단지 위구르족과 한족 간의 경제적, 문화적 차이를 넘어서서 민족의 역사를 되찾고자 하는 위구르족 민족주의 의식이 강하기 때문일 것이다. 초기에는 민족분규나 종족갈등이 경제적 후진 지역의 전유물이라고 생각해왔다. 그러나 계급분화가 사라지고 주체성, 언어, 문화, 민족 등과 같은 지위 분리(status divisions)가 중요하게 될 때에도 민족주의는 극대화 되기 쉽다.[31] 따라서 중국 정부의 정책개선으로 신장 소수민족과 한족 간의 경제발전 격차가 해소된다 해도 민족의 역사를 되찾으려는 민족주의 사조는 사라지기 어려울 것이다. 신장에서의 분열 위기는 항상 존재할 가능성이 있다.

4. 이슬람 종교 확산에 대한 해석적 갈등

중국 정부는 종교 신앙 자유 정책을 표방하지만, 종교 신앙 자유란 신앙하지 않은 자유도 포함되어 있는데, 이 점은 반드시 지적해야 할 부분이지만 강조할 필요는 없다고 특별히 설명을 가한다. 신장 이슬람 종교에 대한 중국 정부의 정책은 신장편입 초기 이슬람 종교에 대해 점진적인 개혁을 단행하다가 1958년 대대적인 개혁을 단행 후 문화대혁명 시기(1966-1976)에는 종교의 존재를 아예 부정하는 종교 말살 정책을 펼친다. 개혁개방 이후에는 종교에 대한 완화정책과 더불어 그동안 장기적으로 억제되어있던 종교 문화는 '광신'에 이르게 된다.[32]

신장편입 초기, 신장 이슬람 민족을 거의 모두 이슬람 신앙을 가지고 있었다. 역사적으로 오래 이슬람 문화 전통을 가지고 있는 신장지역에서의 이슬람 종교에 대해 중국 정부는 신장편입 초기 신장이 이슬람교 협회를 설립하였으며 유산분배 및 이혼 등 문제는 이슬람 관습에 따르는 것을 원칙으로 하였다. 이는 민감한 종교문제에 대해 잠정적으로 개혁을 논하지 않음으로써 신장 사회의 안정을 유지하려는 중국 정부의 계산이기도 했다. 중국 정부는 종교 인사와 봉건 지주계급은 다르다는 원칙을 내세우고 이슬람 종교 제도, 종교지도층의 지위 및 직권은 그대로 유지 시켰던 것이다. 그러나 교회의 자립인 '삼자(三自: 自傳, 自治, 自養)' 즉, 스스로 선교하고, 스스로 관리하고, 스스로 부양해야 한다는 원칙을 강조했다. 이는 외부 이슬람세력의 영향을 차단하기 위해서였다. 중국 정부의 이슬람 종교에 대한 관용은 신장편입 초기 신장의 안정적인 사회 분위기를 조성하는데 긍정적인 역할을 했다. 그러나 1958년 말 중국 정부는 이슬람종교에 대해 대대적인 개혁을 단행했다. 사회주의와 소수민족의 발전에 불리한 모든 종교 제도와 관습은 많은 군중들이 개혁을 강렬하게 요구하기 때문에 반드시 개혁해야 한다는 것이 개혁의 논리였다.[33] 따라서 종교 법정, 종교 감옥과 종교형벌, 혼인과 교육제도에 간섭하는 모든 종교 특권은 폐지되었고 이 시기 이슬람 신도들의 숫자도 차츰 감소 되기 시작했다.

문화대혁명 시기 중국 정부는 종교 말살 정책을 펼쳤다. 정부의 강경한 탄압으로 모든 종교단체의 활동은 중지되었고 모스크는 파괴되었으며 종교계 인사에 대한 박해는 극심해 진다. 종교 말살 정책은 위구르족에게 말할 수 없는 민족 수치감을 안겨주었다. 이는 개혁개방 이래 이슬람교가 반발하는 '반탄(反彈)'으로부터 '부흥' 및 종교 광신에 이르게 하고 더욱이 민족갈등을 심화시킨 원인이 되기도 한다.

개혁개방 이후 중국 정부는 종교 완화정책을 펼친다. 다만 신장은 신장 이슬람 민족과 같은 터키계 무슬림 국가들과 인접해 있기 때문에 중국 정부의 이슬람 종교정책은 보다 조심스러울 뿐 아니라 종교 활동에 대한 견제의 측면도 있다. 외부 종교세력의 영향을 차단하기 위해 문화대혁명 전에 강조했던 독립자주, 자립교회와 '삼자'라는 방침을 더욱 강조하는 것이 특징적이다. 1982년 '사회주의 시기 종교문제의 기본관점과 기본정책에 관하여'라는 문건에서는 첫째, 일체 정상적인 종교 활동은 보장하는 한편, 일체 종교 활동 장소는 정부 종교 사무 부서의 행정지도 아래 종교조직과 종교성직자들이 책임지고 관리한다. 둘째, 대외 종교계 인사들과 우호적인 왕래와 종교, 학술, 문화교류는 진행할 수 있으나 독립자주, 자립교회의 원칙을 준수해야 하며 국제적 종교반동세력이 다시 중국의 종교를 통제하려는 시도는 단호하게 차단해야 한다. 셋째, 그 어떤 외국 교회와 종교계 인사도 중국의 종교 사무를 간섭하지 못하며 그 어떤 외국의 종교조직과 종교조직이 통제하는 기구도 어떤 방식으로든 중국에 와서 선교할 수 없으며 종교 선전물을 배포하지 못한다고 강조하고 있다. 자치구 정부는 종교 활동에 대한 통제와 관리를 강화하기 위해 여러 가지 규정을 두고 있다. 1988년 '종교 활동 장소에 대한 관리규정'에 이어 1990년 '종교 활동 관리규정' 및 '종교 직업 인원 관리규정'을 발표하였고, 1994년에는 자치구인대와 국무원에서 각각 '종교 사무관리조례'와 '국내외인 종교 활동 관리규정' 및 '종교 활동 장소 관리조례' 등 위구르족 종교정책에 대한 관용과 일부 제한적인 정책을 펼치고 있다. 1991년 새로운 시험제도를 도입하여 성직자들의 정치성과 애국심을 심사하는 바람에 25,000명의 사제 중 10%가 자리를 그만두어야 했다.[34]

　개혁개방 이후에는 중국 정부의 종교 완화정책으로 그동안 억제되었던 신장지역의 종교 활동은 생기를 되찾게 되었다. 현재 신장에는 이슬람교, 불교, 기독교, 천주교, 동방정교와 도교 등 6대 종교가 있으며 샤먼교도 민간에서 찾아볼 수 있다. 이슬람교는 위구르족을 포함한 10개 소수민족의 종교이며 신장 전체인구의 60%가 신앙하는 절대적 우위에 있는 종교이며 불교, 기독교, 천주교와 도교는 대체로 한족들의 종교이며 동방정교는 러시아족의 종교이다.

개혁개방 이후 이슬람을 신앙하는 무슬림 숫자는 대폭 증가하였다. 그러나 일부 반정부사상을 가진 사람들이 정부의 허가 없이 경문학교(經文學校), 경문반, 경문을 배우는 지하장소를 통해 청소년들에게 민족 분열주의 사상을 심어 주었다는 것이 중국 정부의 해석이다. 정부가 금지령을 내렸음에도 불구하고 경문학교는 매년 급격한 증가세를 보였다. 1996년부터 2000년 6월 사이 카스지역의 경문학교 학생은 매년 2.5배의 속도로 증가했다. 이들 중 나이가 가장 어린 학생은 3살이었고 90%는 재학생이었다.

사회적 분위기가 전반적으로 종교에 대한 광신으로 이어지면서 이슬람을 신앙하지 않는 사람들에 대한 압박감도 대단해졌다. 이슬람을 신앙하지 않는 자식이 앓아누워도 짐승보다 못하다면서 밥을 주지 않는 부모가 있는가하면 이민족인 한족이 생산한 과일이나 야채는 먹을 수 없다는 인식도 갖고 있다. 현지 종교 인사가 "태양도 알라의 것이고 토지, 물도 알라의 것이다. 알라의 태양, 물과 토지에서 자란 과일과 야채를 먹을 수 없단 말인가"라고 호소하고서야 겨우 한족들의 농산물은 팔릴 수 있었다.[35]고 한다. 신장에 이슬람 경전인 코란이 유행하기 시작한 것은 1980년대부터였다. 1980년대는 세계적으로 이슬람 부흥시대라고 할 수 있다. 중국의 개혁개방 정책으로 신장과 중앙아시아와 서아시아 간의 유동인구가 많아지게 되었고 친척방문, 비즈니스, 학술 교류 등 상호 간의 교류가 많아지면서 이슬람 문화가 교류되기도 했지만, 이 기회에 국제 이슬람 부흥의 사조도 동시에 신장에 들어오게된다. 이 시기 국제 종교세력은 신장지역의 종교계 인사들에게 영향력을 행사하기도 하였다. 외국 이슬람 조직에서는 '코란' 10여만 권을 일차적으로 신장에 기부했다. 수백 명에 달하는 청소년들이 외국에 가서 코란을 배우도록 경제적 지원을 아끼지 않았다. 매년 신장에 1000장의 참배요청서를 보내오기도 하였다. 1990년 모스크와 경문학교를 설립하는데 지원한 금액은 200

만위안에 달한다. 예청과 허텐 지역의 성직자를 의미하는 몇 명의 대모라(大毛拉: greant mawla)에게 이슬람교에 공헌하였다는 명목으로 1인당 수천 위안에서 1만 달러에 달하는 금액을 장려금으로 주기도 하였다. 국제 적대세력과 외국에 둥지를 튼 신장 분열주의 세력은 종교를 이용해 정치적 목적을 달성하려고 하는 경향이 갈수록 심각한 상황이라고 중국정부는 주장한다. 1990년 초에는 종교 활동에 참가하는 카스지역 교사는 4,243명에 달하며 어느 현에는 664명의 교직원, 2,496명의 학생이 종교 활동에 참가하며 어떤 교사는 종교지도자를 의미하는 이맘(imam)을 겸임하기도 한다. 어떤 교사들은 강의시간에 학생들로 하여금 코란을 읽고 쓰게 하며 교실 벽에는 코란을 붙여 놓기도 한다. 교사들이 학생들에게 무신론 교육을 할 수 없는 사회 환경이 조성되었다고 할 수 있다.[36] 신장에서 모스크를 보수하거나 확장하는 것은 매우 보편적인 현상이다. 무슬림들은 인간 세상에서 하나의 모스크를 지으면 알라가 천당에서 하나의 궁전을 지어준다고 믿는다. 모스크에 대한 열정이 지나칠 정도로 경제적 여건을 고려하지 않고 서로 경쟁하는 현상은 보편적이다. 그뿐만 아니라 가장 좋은 위치에 크고 보다 호화롭게 건축하려고 한다. 따라서 정부의 허가 없이 가장 번화한 거리에 모스크를 건축하려 하기 때문에 정부와 잦은 충돌을 빚을 때가 많다. 이러한 충돌은 종교와 정치를 혼동하는 종교 극단주의자들에게 빌미를 제공해 주며 분열주의자들은 이런 기회를 이용하여 무슬림들에게 반정부 사상을 심어 주기도 한다는 것이 중국 정부의 주장이다.

종교 문제에 대해 혁명과 반혁명을 논하는 중국 정부와는 달리 위구르족은 이슬람 그 자체를 생활방식으로 받아들인다는 점에서 극단적인 해석의 차이를 보이기 때문에 종교를 둘러싼 중국 정부와 무슬림 간의 갈등은 해결이 힘들다.

1991년 말 소련연방이 해체된 이후 신장지역과 인접한 카자흐스탄·우즈베키스탄 등 투르크계 이슬람 민족이 분리·독립하면서 신장지역 위구르족은 큰 자극을 받게 된다. 특히 2001년 9·11 사태 이후, 중국 정부는 중앙아시아 민족국가의 독립, 그 자체만으로도 신장 위구르족의 분리주의를 자극하기에 충분한 요인이 될 수 있다고 판단하고 이들 신생독립국가의 이슬람 단체들이 신장지역 위구르족 분리주의자들에게 자금과 무기, 그리고 훈련 및 은신처를 제공하는 등의 실질적 연계 가능성을 우려할 뿐 아니라 철저한 통제와 감시의 체제로 전환하게 된다.

Ⅳ. 문화적 갈등의 결과: 테러와 탄압

인간이 나와 타자를 구별하려는 본능은 언어, 의상, 전통 같은 인간의 생활양식이라고 하는 '문화'에 차이를 만들었다. 따라서 인간의 생활양식과 가치 체계, 사회적 주장, 행위규범, 사회적 관계, 특정 언어 내부의 언어 형태나 위상어, 인식 과정, 예술적 표현, 공적 공간과 사적 공간의 개념, 학습과 표현의 형태, 의사소통 양식, 심지어 사고체계까지도 이제는 단일한 방식으로 환원하거나 고정된 관념으로 바라볼 수 없게 되면서 문화의 다양성이 중요시되고 있다.

지역사회의 정치 무대에 토착민과 빈곤 취약 계층, 그리고 민족·사회적 소속·연령·성을 이유로 배제된 사람들이 등장하면서 여러 사회에서 새로운 형태의 다양성도 자연스럽게 나타나고 있는 것이다. 결국 기존 정치 질서와 문화 전통은 재해석되기 시작했고, 문화 다양성(Cultural Diversity)은 세계 대부분의 나라에서 중요한 정치, 사회, 문화 의제로 떠올랐다. 이러한 문화 다양성으로 인해 직면한 긴급 상황을 어떻게 이해하고 대처해야 하는가 하는 고민이 필요한 시대가 되었다. 즉, 자유와 인권 그리고 법과 정의를 구현하기 위해 교육, 과학, 문화 분야의 국제 교류를 촉진하고 이로써 세계 평화와 안전을 지속적으로 유지한다는 것과 빈곤을 근절하고 지속 가능한 개발과 교육을 통한 상호 대화를 마련하고, 과학·문화·커뮤니케이션과 정보 흐름 및 정보 격차를 해소하기 방안도 고민해야만 한다.

더불어 문화의 이질적 특성 그 자체가 실제로 시행된 혹은 시행되고 있는 정책과 어떤 차이가 나는가를 찾는 것과 문화가 갖는 축소된 현상을 벗어나 문화의 정의를 최대한 넓혀 문화 다양성을 갖도록 하는 실천 방안을 계속해서 제시해야 하는 것이 문화의 다양성을 인정하고 문화적 갈등을 해결할 수 있는 최대한의 수렴적 방법이 될 수 있을 것이다.

문화 다양성을 언급할 때 '문화', '문명', '국민' 이란 용어를 사용하게 되는데 이는 학문적, 정치적 맥락에 따라 서로 다른 함의를 가질 수 있다. '문화'는 상호 관계 속에서 스스로 규정하는 경향이 있는 실체를 언급하지만, '문명'이란 용어는 자체의 가치나 세계관을 보편적인 것으로 단언하고 그런 견해를 공유하지 않는, 혹은 아직 공유하지 않은 이들에게 팽창주의적 태도로 대하는 문화를 의미하게 된다. 그래서 문명은 '문명의 충돌'을 예언하는 이데올로기적 의미와는 거리가 멀다. 문명은 '여전히 진행 중'이다. 따라서 문명이란 세계 여러 문화들을 진행 중인 전 세계적 프로젝트에 평등하게 담는 것으로 이해해야 한다. 과거에는 문화를 본질적으로 고정된 실체로 보고 문화의 내용은 교육이나 다양한 종류의 입문 관습의 여러 통로를 거쳐 '전달'되는 것으로 보는 경향이 있었다. 하지만 오늘날 문화는 사회가 고유의 경로를 따라 발전하는 하나의 과정으로 더 많이 이해되고 있다. 한 사회에서 진정 독특한 것은 인간의 가치나 신념, 정서, 습관, 언어, 지식, 생활양식 등이 아니라 이 모든 특성이 변화하는 방식일 수 있다. 따라서 문화 다양성을 바라보는 새로운 관점이 필요하다.

문화 다양성은 단순한 존재의 의미를 넘어 인류의 창의성의 표현이자 노력의 결실이며 집단적 경험의 총체로서 미적, 도덕적, 도구적 가치를 지고 있다. 그런데 문화가 다르다거나 다를 수 있다는 것을 절대적으로 우위에 있다는 관점에서 바라보게 되면 문화 간 혹은 동일 문화권 안에서도 갈등이 발생하게 된다. 세계화가 가속화되고 있는 현대사회는 새로운 통신 및 운송 기술의 발달로 속도와 시공간이 압축되고 있으며 점점 복잡한 사회적 상호작용, 개인과 집단의 정체성 혼란 등 다양한 현상이 포착되고 있다. 현재 중국 변강, 신장지역에서 발생하는 갈등은 극단으로 치닫고 있다. 이러한 문화적 갈등의 결과는 위구르족이 한족과 다름을 내세워 분리독립을 주장 하며 〈표 3〉과 〈표 4〉와 같이 계속해서 발생하고 있는 유혈사태와 테러리즘, 그리고 그에 대한 대응 조치로서의 중국 정부의 위구르족에 대한 강압적인 통제와 탄압이다.

〈표 3〉 중국 유혈사태 2008-2014

연월일	사 례
2008.8.4	신장위구르자치구 카스에서 경찰관을 향해 수류탄을 투척하여 17명 사망. 15명 부상
2008.8.27	신장위구르자치구 카스(略什)인근 수색 경관이 괴한의 습격으로 2명 사망. 5명 부상
2008.8.29	중국공안 카스(略什)지역에서 이슬람분리. 독립주의자 6명 사살. 3명 체포
2009.2.25	위구르족 남녀가 베이징(北京)도심에서 아들과 함께 분신자살을 시도 하였으나 실패
2009.7.5-7.6	신장위구르자치구 우루무치(烏魯木齊)에서 분리·독립을 요구하는 3천 명 이상의 대규모 유혈시위가 발생하여 140명 사망. 828명 부상. 300명 체포

연월일	사 례
2009.7.7-7.8	유혈시위로 사망 156명. 부상자 1080명. 체포 1434명으로 1989년 톈안먼(天安門)민주화 시위 이후, 최악 유혈사태
2010.1.6	광둥성(廣東省) 선쩐(深圳)시 식당에서 한족 손님에게 위구르족 종업원이 흉기를 사용하여 사망
2010.8.19	신장위구르자치구 아커쑤(阿克蘇)시 교외에서 폭발성 물질을 탑재한 삼륜차가 인파로 돌진하여 21명 사상
2011.6.6	중국공안과 신장위구르자치구 허텐(和田)시 미등록 이슬람 코란학교 관계자가 충돌하여 어린이 12명 포함 17명 부상
2011.7.18	신장위구르자치구 허텐(和田)시 경찰서 습격으로 14명 사살. 4명 체포
2013.6.26	신장위구르자치구 투루판(吐魯番)지구 루커친진(鲁克沁鎮) 관공서 습격으로 35명 사망
2013.10.28	베이징(北京)시 톈안먼(天安門) 광장에서 위구르인 일가족 차량으로 돌진하여 5명 사망
2014.1.24	신장위구르자치구 아커쑤(阿克蘇)지구 신허현(新和县)에서 경찰을 공격하여 12명 사망

출처: 이대성, 김태진, (2014)

〈표 4〉 중국에서의 테러리즘 발생 현황(2007-2014)

연월일	사 례
2007.1.5	중국 파미르고원 산악지대에서 동투르키스탄 이슬람운동(ETIM) 테러리즘 훈련 기지를 급습하여 18명 사살. 17명 체포
2008.1.27	중국공안 신장위구르자치구 우루무치에서 테러범 2명 사살. 15명 체포
2008.3.7	위구르족 10대 여성이 우루무치(烏魯木齊)발 베이징(北京)행 남방항공 여객기 테러리즘 공격을 시도하였으나 실패
2008.5.5	중국 상하이 버스폭탄테러리즘 발생
2008.7.22	윈난성(雲南省) 쿤밍(昆明)지역에서 사제폭발물에 의한 버스 폭탄테러리즘 발생
2008.8.10	신장위구르자치구 쿠처(庫車)현에서 연쇄 폭탄테러리즘이 발생하여 테러범과 경찰관 등 10여명 사망
2010.8.19	신장위구르자치구에서 중국공안을 대상으로 한 자살폭탄 테러리즘 발생으로 7명 사망. 14명 사상
2011.2.29	신장위구르자치구 카스(喀什)시 예청현(叶城县)에서 흉기테러리즘이 발생하여 10명 사망
2011.3.8	중국공안 폭탄 제조의심 농가를 급습하여 용의자 21명을 체포하는 과정에서 저항하는 테러용의자 4명 사살

연월일	사 례
2011.6.29	신장위구르자치구 허톈(和田) 공항에서 항공기 납치테러리즘 시도
2011.8.31	신장위구르자치구 카스(喀什)시에서 연쇄 흉기테러리즘이 발생하여 19명 사망
2012.2.28	신장위구르자치구 카스(喀什)시 예청현(叶城縣)에서 흉기테러리즘이 발생하여 민간인 13명 사망. 용의자 7명 사살
2012.6.29	위구르인 6명이 항공기를 납치하여 자살 폭탄테러리즘을 시도하였으나 실패
2014.3.1	윈난성(雲南省) 쿤밍(昆明)시 쿤밍 철도역에서 흉기테러리즘이 발생하여 170여명 사망

출처: 이대성, 김태진, (2014)

중국은 최근 세계적으로 에너지 수요가 급증하면서 신장지역에 매장된 풍부한 에너지 자원의 가치를 새롭게 조명하고 있다. 그러나 신장지역 위구르족의 입장에서는 민족 정체성, 종교적 탄압, 문화적 충돌, 정치적 소외, 경제적 빈곤 등으로 인한 문제를 해결할 수 있는 방법으로 분리·독립을 주장하고 있다.

중국에서 발생한 유혈사태의 특징은 첫째, 대물(對物)적 관공서·경찰서 등과 같은 경성목표(hardtargets)와 대인(對人)적 불특정 다수시민 등과 같은 연성목표(soft targets) 모두를 그 대상으로 하고 있는 것이다. 둘째, 폭발물·총포도검류 등과 같은 재래식 무기를 이용하고 셋째, 공격 형태가 다양하고 또 연쇄적으로 발생하는 경향이 있다.

이러한 갈등 발생에 대하여 중국 정부는 종교 및 민족 정책, 정치 및 경제 정책, 법률정책, 그리고 외교정책 등으로 대응하고 있다.

먼저 종교 및 민족 정책에서 중국 정부는 특히 종교 활동에 대한 관리를 위해 다양한 규정을 두고 있다. 1988년 「종교 활동 장소에 대한 관리규정」, 1999년 「종교 활동 관리규정」, 「종교 직업 인원 관리규정」을 제정하였고,

1994년 자치구 인민대표대회에서 「종교 사무관리 조례」와 국무원(國務院)에 서 「국내외인 종교 활동 관리규정」, 「종교 활동 장소관리 조례」등을 제정하 였다. 이는 신장지역 위구르족 종교에 대한 일부 제한 또는 완화된 정책이라 고 주장하고 있다.[37] 중국의 소수민족에 대한 정책들은 '중화민족(中華民族) 다 원일체론(多元一體論)'[38]에 그 기원을 둔다. 중국은 이를 실현하기 위하여 '민족 구역자치', '민족지구 분리 불가원칙'[39]을 제시하고 있다.

두 번째는 정치 및 경제 정책이다. 신장지역에 조직적이고 폭력적인 분리 주의운동이 빈번하게 발생하자, 당(黨)정치국은 불법 종교 활동 세력에 대한 강경대응정책을 내부적으로 결정하고 기존의 치안조직인 공안, 무장 공안 외에도 한족(漢族)으로 구성된 인민해방군과 신장생산건설병단(新疆生産建設兵 團) 등 다양한 공권력을 적극적으로 동원하여 무력진압을 진행하고 있다. 그 리고 신장지역 유혈사태 발생 이후, 신장생산건설병단은 국경 지역을 안정 시키고 민족 간의 단결 도모와 동시에 지역경제 발전이라는 명분을 가지고 실질적인 공권력(公權力)을 행사하고 있다.[40]

1994년 중국 공산당은 전국적으로 국가 민족주의 개념과 유사한 애국주 의 운동을 전개했다. 애국주의는 중국이 다민족 국가인 만큼 인종 민족주의 또는 지방 민족주의의 결성 가능성을 사전에 차단하기 위해 사용한 정치 개 념으로 해석할 수 있고 중국 정부는 재정지원, 동서지역 협력 촉진 등의 방 법으로 신장지역 경제 활성화 및 발전을 추구하여 소수민족 불만을 완화하 고자 했다.[41]

이를 세부적으로 살펴보면, 신장지역 15개 주(州)·시(市)를 전국 59개 주 (州)·시(市)·현(縣)과 상호지원 및 우호 협력 관계를 형성할 수 있도록 추진하 여 전국적인 경제협력과 정보 교환망을 통한 횡적 경제협력 체제를 구축했 다. 또한, 신장 국경 지역 대외경제협력을 위하여 국내 협력을 바탕으로 하는 양방향 대외개방전략을 추진하고 있는데, 이는 신장지역에 동부지역과 유사한 대외개방 기회를 제공하는 것이다.[42]

세 번째는 법률정책이다. 중국 정부는 2011년 10월 29일 제11대 전국인민대표대회 상무위원회에서 반(反)테러리즘 업무 강화와 관련된 결정을 했다. 이 결정의 주요 내용은 반(反)테러리즘 업무 강화, 인민의 생명과 재산 보호, 국가 안전, 그리고 사회 질서 유지를 보장하기 위한 특별한 반(反)테러리즘 업무와 관련된 문제를 규정하고 있다.[43]

마지막으로 외교정책에서 중국 정부는 대외적으로 중앙아시아의 아프가니스탄·키르기스스탄·타지키스탄 등과 5개국 정상회담을 개최하며 민족 분리주의에 공동대처한다는 공동성명을 발표하였고, 2002년 6월 우즈베키스탄을 포함한 상하이협력기구(SCO)[44]을 창설하면서 테러리즘·극단주의·분리주의 타파에 관한 상하이 조약을 체결하였다.[45]

조약 체결 이후에는 매년 상하이협력기구(SCO) 정상회담에서 테러리즘에 대한 공동대응을 주요로 하는 의제로 상정하고 있다. 2003년 파키스탄 대통령이 중국을 방문하여 범죄인 인도협약을 체결하고, 반(反)중국 활동을 하는 테러조직의 파키스탄 내 영토 이용을 금지했다. 중국은 이처럼 국제적 반(反)테러리즘 협력 기조에 편승하여 신장지역 위구르족 분리·독립운동에 적극적으로 대응하고 있다.

한편 신장지역 위구르족은 중국 정부와는 아주 상이(相異)하게 이슬람교를 정치 문제로 생각하지 않고 오히려 전통과 문화의 문제로 인식하고 있기 때문에 극심하게 종교의 자유를 갈망하고 있다. 그러나 중국 정부는 이슬람교 문제에 대한 접근을 혁명과 반(反)혁명의 극단적인 문제로 인식하고 있으므로 두 민족 간의 갈등 문제가 쉽게 해결될 수 없다. 이는 중국 정부가 종교 활동에 대한 다양한 규정을 두고 있지만 큰 한계가 있는 것이다.

경제적으로는 동서지역 빈부격차를 해소하기 위해 신장지역 경제발전을 중국 정부는 추진하고 있다. 하지만 이러한 경제발전의 과정이 신장지역의 '중국화' 시도 차원에서 진행되므로 위구르족의 저항은 더욱 고조될 수밖에 없다. 법률적으로도 전국인민대표회의 상무위원회 반(反)테러리즘 업무 관련 결정은 한계가 있을 수밖에 없는데 첫째, 테러리즘 활동, 테러범에 대한 개념 정의, 테러리즘 활동조직 등이 명확하지 않으므로 '위험 제거'라는 명목하에 국민의 기본권을 과도하게 제한할 우려가 있다.

둘째, 법률 결정으로 지정되지 못한 테러리즘 활동조직들은 어떻게 처리하는가와 또 지정되지 않은 테러범들은 어느 기관에서 담당할 것인가의 문제도 발생한다. 이는 아직까지 반(反)테러리즘 업무 관련 부서의 권한과 책임이 명확하지 않고, 이를 통제할 수 있는 매인 컨트롤 타워가 부재하다는 것을 의미하기도 한다.

그리고 외교적으로는 위구르족을 상하이협력기구(SCO)조약을 통하여 고립시켰다고 중국 정부는 주장하지만, 실제로 중앙아시아독립 국가들과 이슬람 세력들은 신장지역의 위구르족 분리주의자들에게 암묵적으로 자금과 무기, 훈련 및 피난처 등을 제공하는 것으로 밝혀지기도 해 중국 정부의 대외정책에도 허술하게 보인다. 이러한 중국 정부의 다양한 대응에도 불구하고 다민족으로 구성된 중국은 분열과 통합의 경험이 있어 다른 어떤 국가보다 분리주의에 민감하게 반응하고 있으며, 실제로도 종교·민족문제 등으로 인한 갈등과 분쟁이 빈번하게 발생하고 있어 중국의 유혈사태와 테러리즘은 지속적으로 발생할 수 있다. 특히 신장지역 위구르족에 의한 유혈사태와 테러리즘은 중국 사회에 큰 혼란과 두려움을 주고 있다. 이들은 종교적으로 이슬람교를 신봉하고, 인종적으로 터키·이란계이며, 언어도 인도·유럽 계통에 속하는 과계민족(跨界民族)이므로 한족과 융합하기에 한계가 있다.

중국 정부는 정치·민족적 통합이 최우선과제라고 밝히면서 민족자치를 실행하려 하였지만, 근본적으로 당우위원칙(黨優位原則) 등의 한계로 효과적인 성과를 거두지 못하고 있는 것이 현실이다. 이를 개선하기 위한 방법들이 제시되어야 하지만 현재는 한족 중심의 문화 정책들이 운영되고 있고, 소수민족의 민족 언어가 아니라 한족 언어로 통합하는 언어정책이 시행되고 한족들의 반발로 소수민족의 우대 정책들도 점차 소멸되고 있는 상황이다.

이외에도 법률적으로 반(反)테러리즘 업무 관련 결정이 인권 침해와 권력 불균형 현상을 유발할 수 있으며, 외교적으로도 중앙아시아 독립 국가들과 체결한 상하이협력기구(SCO) 조약에 한계가 있어, 신장지역 위구르족 유혈 사태와 테러리즘에 대한 근본적인 해결책이 되지 못한다.[46]

중국 정부의 유혈사태와 테러에 대한 조치는 강압적인 통제와 탄압으로 이어지고 있다. 전문가들은 중국이 2017년부터 신장 지역에서 100만 명의 위구르족과 이슬람교도들을 구금하고 수십만 명을 감옥에 보냈다는 점에 대해 대체로 동의하고 있다. 실제로 해당 지역의 감옥과 수용소 안에서 신체적, 심리적 고문을 겪었다는 광범위한 보고서는 계속 나왔다. 중국이 출산율과 인구밀도를 낮추기 위해 강제 불임 시술과 낙태, 거주지 강제 이전 등을 자행하고, 종교와 문화적 전통을 말살시키기 위해 종교 지도자들을 탄압했다는 혐의도 제기됐다. 중국은 이러한 지적을 일체 부인하고 있으며, 신장에 있는 수용소는 이 지역의 테러 행위와 싸우기 위한 자발적인 직업 교육과 재교육을 위한 곳이라고 주장해 왔다. 반테러 행위에 대한 중국적 조치인 것이다. 그러나 "중국 정부의 조치가 종교와 민족적 이유로 신장 지역 사람들을 집단적으로 겨냥한 것"이라며 "폭력과 위협을 동원해 이슬람 종교와 투르크 이슬람교의 문화와 민족을 말살하기 위한 분명한 목적을 갖고 있다"고 하는 우려의 목소리는 끊임없이 계속해서 쏟아져 나오고 있다. 결국 한족과 위구르족 모두 불안과 공포 속에 존재 하고 있는 것이다.

V. 나가는 말

신장은 북방 유라시아 지역 여러 민족의 고향이며 여러 역사의 무대였다. 신장이 특정 집단을 위한 배타적인 무대가 아니라 그곳에서 살아가고 있는 모두를 위한 공동의 고향이라는 사실에 서로 다른 민족들이 동의할 수 있는 지의 여부는 이들이 이 지역의 역사를 어떠한 방식으로 이해하고 활용할 것 인지에 달려 있다. 또한 이 문제는 서로 다른 민족들이 현재와 미래를 어떻 게 이해하는지, 서로를 그리고 신장의 환경을 어떻게 다룰 것인지에 의해 더 욱 좌우될 것이다. 미래의 영웅들은 민족 간의 분열을 봉합할 뿐만 아니라 신장, 중국, 그리고 세계 사이의 거리를 좁힐 수도 있을 것이다. 그러나 이를 위해서 그들은 균형 감각을 유지해야 한다.[47]

사실상 위구르 민족의 독립문제는 이슬람 극단주의 테러리즘의 등장 휠 씬 이전부터 존재해오던 문제이다. 역사적으로 1759년에 청 제국이 동투르 키스탄을 병합하고 신장지역으로 지정한 이래 약 245년 동안 위구르인들 은 독립투쟁을 지속해오고 있다. 1815년, 1825년, 1830년, 1847년, 그리고 1857년에 봉기가 있었으며 이는 1866년에서 1877년까지 군사지도자인 야 쿱 벡이 독립적인 이슬람 통치 질서를 건설하는 밑거름이 됐다. 이후 1877 년에 다시 중국에 복속되었다가 1931년에서 1934년, 그리고 1944년에서 1949년 두 차례 동투르키스탄 공화국으로 독립했었다. 마지막으로 1949년 에 중국 인민해방군에 의해 정복된 이후로 지금까지 신장-위구르 자치주의 소수민족으로 명맥을 유지해오고 있다.[48] 이처럼 신장지역의 역사는 중국에게 병합된 1949년 이후가 아니라 훨씬 더 이전으로 거슬러 올라가며 북방지역의 광활한 터전 위에서 때로는 개방적으로 주변 지역의 문화를 수용했고, 때로는 치열하게 민족국가를 건립하기 위해 투쟁했다. 현재는 신장지역의 테러에 대한 중국 정부의 강력한 대응조치로 인해 신장의 역사적·문화적 가치는 철저히 외면되었고 문화적 갈등을 해결하지 못한 채 서로에 대한 극심한 증오만 남겨 놓은 상황이다.

1990년대 이후 국제정치적 변화에 따라 위구르에서 억눌려 있던 독립을 요구하는 반정부 시위가 본격 발생했고 진압 과정에서 많은 위구르인들이 목숨을 잃었다. 신장 위구르가 '중국의 화약고'라는 별칭을 갖게 된 것도 이 무렵부터다. 이에 따라 신장에 대한 유화와 동화 정책 이면에 감시·통제는 날로 강화되어왔으며, 과학기술의 발달에 따라 더 정교해져 왔다. 2018년 영국 로이터는 중국 당국이 안면인식 기술을 통해 위구르 주민 260만명의 24시간을 추적 감시하고 있다고 보도했다. 특히 신장은 각종 드론과 수만 대의 안면 인식 카메라, 모바일 앱 등 첨단 기술이 총동원되는 만큼, 지구에서 단위면적당 감시 도구가 가장 많이 설치된 '세계 최대의 감옥'이라는 말도 나온다.[49]

"한족과 위구르족 간 평등한 발전 없이 평화도 없다." 위구르족 경제학자 일함 토흐티 교수의 발언이다. 그는 위구르 분리·독립과는 거리가 먼 '온건파'였지만, 2014년 중국 당국에 의해 종신형을 선고받고 수감됐다. 조상 대대로 살아온 땅에서 위구르족이 한족에게 밀려 경제, 사회적 차별을 받는 문제를 해결하려는 그의 노력은 '극단주의'로 몰릴 뿐이었다.

이합집산의 역사가 반복돼 온 중국은 대내적으로 수많은 민족과 종교를 '하나의 중국'이라는 깃발 아래 붙들어놓는 상태가 계속되고 있다. 이들을 언제까지 강압 통치로 계속 복종시킬 것인지 알 순 없지만, 적어도 시진핑 정부의 신장 통치 방식은 과거보다 훨씬 더 억압적이라는 의견이 지배적이다. 대외적으로는 중국 눈치를 보며 쉬쉬하는 몇몇 나라들과 선택적 인권 감성에 물든 지식인들, 이런 암담한 환경에서 위구르인들은 21세기에도 여전히 20세기 전체주의의 야만 속에 살아가고 있다. 중국 한족은 테러의 공포에 떨어야 하고 위구르족은 한족의 강압적인 대응하에 숨죽이며 인권을 유린당한 채 생존에 대한 위협을 느껴야 한다. 이렇게는 공존이 불가능하다. 이제는 여러 민족들의 문화와 역사가 얽혀있는 상황에 대해 각각의 입장과 이익에 가치를 두기보다는 어떻게 공존할 것인가에 대한 방법을 모색해야만 한다. 중국 정부가 과거 '대한족주의'에 매몰되어 있어서는 안 되는 이유다. 다름과 차이를 인정하는 대범한 태도와 과거 이민족의 문화를 개방적으로 수용했던 과감한 '문화 대국'의 모습을 보여줘야만 한다. 다름과 차이에 따라 다른 문화적 현상에 대한 존중과 배려는 중화 문화의 자부심을 한층 더 강화시켜 줄 획기적인 방법이다. 물론 시간이 필요하고 과정이 축적되어야만 하는 일이긴 하다. 문화란 긴 시간 동안 축적되어 모두가 공감하고 인정 가능한 단계가 될 때까지 상당한 인내심을 필요로 한다. 그 과정 중에는 외부세력의 개입, 감정적 해결, 극단주의, 민족주의, 애국주의 등 구성원 각자의 생각과 논리, 때로는 정치적 배경과 이유에 따라 우여곡절을 겪어내야 하기도 한다. 그러나 지금 필요한 것은 '믿음'이다. 과정 중에 반드시 '신뢰'할 만한 중국 정부의 행동과 조치들이 뒷받침되지 않으면 과거 '문화 대국'에 대한 의심은 계속될 것이기 때문이다.

그러나 현재 중국인들의 자국에 대한 자부심은 사상 최고로 격앙되어있다. 곧 경제에 이어 군사적으로도 세계 1위를 차지해 아편전쟁 이후 진행된 19세기 치욕의 역사를 갚아주고 '중국몽'을 실현하리라 믿어 의심치 않는 분위기다. 시진핑 정권 출범 후 한층 강화된 애국주의, 민족주의 교육은 타오르는 '중화주의'의 불길은 더욱 거세지기만 한다. 신장지역에 대한 감시와 탄압으로 인한 인권문제와 위구르 수용소 문제에 대한 서구국가의 지적들은 종종 잘나가는 중국이 부러워서 나오는 '괜한 트집' 정도로 치부되어 버린다. 과거 화려했던 '동서양 문명소통의 장'이었던 신장지역이 근대 이후 복잡한 국제관계와 중국의 대응정책, 그리고 위구르 민족의 내부 문제 등으로 인해 갈등과 탄압의 장으로 변해 버렸다. 이 문제를 푸는 방법은 결코 테러와 탄압의 공포가 아니라 중국의 대범한 문화적 포용정책과 신장지역의 여러 가지 박탈감 해소에 있다는 것을 외부의 압력에 의한 것이 아니라 중국 스스로가 문화적·문명적으로 자각하는 것이다.

몽골제국 이후 동·서문명의 언어적 교류와 사전의 형성: 『화이역어(華夷譯語)』와 『라술리드 헥사글롯(Rasūlid Hexaglot)』의 비교를 중심으로

I. 들어가는 말

12-13세기는 다른 차원의 전지구적 교류가 이루어졌다는 점에서 그 이전 시기와 구분된다. 11세기 말 시작된 십자군 전쟁(1095~1291)은 13세기 초까지 지속되면서 유럽과 서아시아 사이 전쟁과 동시에 이에 수반되는 다양한 교류를 촉발했다. 남러시아 초원과 이집트 사이 투르크 노예의 거래도 이집트 맘룩 왕조(1250~1510)의 설립을 정점으로 활발히 이루어졌다. 동아시아에서는 거란의 요나라, 여진의 금나라에 밀려 남중국에 정착한 남송(南宋, 1127~1279)이 적극적으로 대외무역을 추구한 결과 동남아시아 및 인도양 지역 사이 교류가 급증했다. 13세기에는 유럽, 시리아, 인도 중남부를 제외한 거의 전 유라시아 대륙을 통치하는 몽골제국이 건설되었다. 이른바 '팍스 몽골리카(Pax Mongolica)'의 건설로 유라시아 대륙 각 문명·문화 지역이 상호 활

발히 교류하는 장이 펼쳐졌다.[1] 천문학, 의학, 농업, 과학을 비롯한 다양한 인적, 물적 자원이 교환되고 이를 통해 문화적 교류 역시 이루어진 것을 확인할 수 있다.[2]

14세기 중반부터 몽골제국이 붕괴되고 각 지역 정권들이 재건되면서 이러한 전지구적 교류가 약화 내지는 끊어졌다고 보는 것이 통설이다.[3] 그런데 각 지역마다 몽골의 지배에서 벗어난 이후에도 몽골제국이 남긴 정치적 유산은 상당 기간 지속되었다. 명나라의 영락제(永樂帝)나 중앙아시아 출신 티무르(Timur 또는 테뮈르Temür) 같은 이들은 정치적으로 몽골제국의 통치 방식을 본받아 적극적인 대외 정책을 추구했다. 특히 중앙아시아에서는 칭기스칸 후예의 권위가 18세기까지 불가침의 신성한 것으로 여겨지고 존중되었다.[4]

몽골제국 붕괴 이후 그 정치적 유산이 학계의 조명을 받은 것과 달리, 사회적 유산이라고 할 수 있는 다양한 문명·문화의 지속적 교류는 그간 학계의 관심을 끌지 못해왔다. 이는 상당 부분 유럽의 이른바 '대항해시대'의 역사적 의미를 강조하는 서구학계의 관점으로부터 영향을 받은 바 크다. 유럽 중심적인 세계사에서 포르투갈 상인이 등장하기 전후 아시아 국가들의 해상 교역 및 문화 교류는 도외시되어 왔던 것이 사실이다. 그런데 근래 연구 동향을 살펴보면, 유럽 국가들의 아시아를 아우르는 해상교역로 개척이 기존 유라시아 교통·통상망을 대체할 정도로 결정적인 것이었는지에 대해 의문을 제기하는 연구자들이 많다. 인도양, 동남아시아 및 중앙아시아 각 지역 단위 무역망이 15~17세기에도 계속 활발히 진행되었고, 단지 포르투갈, 영국, 네덜란드 및 러시아 상인들은 이러한 지역 단위 물류망에 참여를 했을 뿐이라는 것이다.[5]

본고는 14~15세기 편찬된 유라시아 문명·문화 여러 지역에서 사전이 편찬되었다는 사실에 주목하고, 이를 통해 몽골제국 이후 시기에도 각 지역의 국가들이 몽골제국을 모방하여 상호간 교류를 장려한 점을 강조하고자 한다. 그 대표적인 사례로 동아시아의 『화이역어(華夷譯語)』와 서아시아의 『라술조(Rasūl朝)의 6개 언어집』 혹은 영어권에서 통용되는 표현으로 『라술리드 헥사글롯(Rasulid Hexaglot)』을 비교, 분석해보도록 하겠다. 『화이역어』에 대해서는 우리말을 다룬 「조선관역어(朝鮮館譯語)」가 이미 20세기 초엽부터 학자들의 주목을 받아왔고, 근래에는 다른 언어에 대한 학자들의 관심도 확대되고 있다.[6] 하지만 『라술리드 헥사글롯』은 아직 국내는 물론이고 세계 학자들의 관심도 그다지 끌지 못하고 있는 실정이다. 따라서 이 두 자료를 소개하고 비교하는 작업은 새로운 사료를 통해 기존의 사료를 재조명한다는 점에서 의의가 있다고 하겠다. 아래에서 각 사전의 특징과 편찬 배경을 살펴보고 이를 비교함으로써 몽골제국 이후 14~15세기에도 활발히 이루어진 전지구적 교류의 면모를 짐작해보고자 한다.

II. 『화이역어』의 특징과 편찬 배경

『화이역어』는 최소 4종류의 편집본이 있는 것으로 알려져 있다. 기존에는 일본의 이시다 미키노스케(石田幹之助)가 1931년 발표한 논문에 의거, 연대에 따라 3가지 편집본으로 구분하여 각각 갑종(甲種), 을종(乙種), 병종(丙種)으로 불렀다.[7] 갑종본은 명(明) 홍무(洪武) 15년, 즉 1382년 한림시강(翰林侍講) 화원결(火源潔), 편수(編修) 마사역흑(馬沙亦黑) 등이 명 태조 홍무제의 칙령을 받고 편찬한 것으로 홍무22년(1389년) 한림학사(翰林學士) 유삼오(劉三吳)의 서(序)가 붙어있다. 당시 중국 본토의 언어였던 한어(漢語)와 몽골어를 대역한 어휘집과 몽골어 문장을 한자로 음사한 예문이 첨부되었다. 몽골어는 '오랑캐의

말'을 뜻하는 '호어(胡語)'로 표기되었다.

을종본은 명 영락(永樂) 5년(1407년) 사이관(四夷館)에서 편찬된 것으로 당시 외국에서 오는 조공사절단의 통역과 외교 서신의 번역을 용이하게 하기 위해 작성된 것으로 보인다. 『명사(明史)』「직관지(職官志)」에는 사이관이 '서신의 번역을 관장한다'고 규정되어 있다. 외국 조공사절단의 통역 및 외교문서의 번역을 위해 몽골(韃靼, 즉 타타르), 여진, 티베트(西番), 인도(西天), 페르시아(回回), 백이(百夷, 즉 윈난성 인근 타이계 집단), 투르판의 위구르(高昌), 미얀마(緬甸)의 8개 관청을 설치하고 번역관(譯字生) 및 통역관(通事)을 두어 외국어의 통번역을 맡겼다.[8] 이후 정덕(正德) 6년(1511)에는 팔백(八百, 즉 라오스 지방의 라오계 집단), 만력(萬曆) 7년(1579)에는 섬라(暹羅, 즉 태국)관이 추가되었다.[9]

을종본의 특징으로는, 한어에 대응하는 외국어가 본래 고유의 문자로 쓰이고 발음이 한자로 표기되었다. 또한 한어와 외국어 대역의 어휘집인 '잡자(雜字)'와 주로 외국 사신이 중국 조정에 바친 서신을 한어와 외국어로 병기한 '내문(來文)'으로 구성되었다.[10] 현재까지 알려진 바로는 독일베를린국립도서관에 소장된 명나라 시기 초본(抄本), 즉 중국과 일본학자들 사이에서 소위 '백림본(伯林本)'으로 통용되는 필사본에는 앞서 언급한 10곳의 사이관에서 각각 담당한 10개 언어가 망라되어 있다고 한다.[11]

병종본은 그간 우리나라 학자들이 가장 관심을 갖고 연구해온 편집본이다. 우리나라 말을 다룬 「조선관역어」가 여기에 속하기 때문이다. 을종본과 달리 한어와 외국어의 대역 어휘집만 있고 '내문'은 없다. 또한 외국어가 고유의 알파벳이 아니라 한자로 표기되었다. 병종본에는 을종본에 해당되는 언어 이외 조선, 류구(瑠球, 즉 오키나와), 일본(日本), 베트남(安南), 점성(占城, 참파 즉 캄보디아), 말라카(滿刺加, 즉 말레이시아) 등 언어가 포함되었다.

사실 을종본과 병종본 모두 19세기 서양 열강의 동아시아 식민활동의 결과 때문인지 세계 각지 유수 도서관에 다양한 형태의 사본으로 보관되어 있다. 예를 들어 『화이역어』 중 페르시아어를 다룬 「회회역어(回回譯語)」 또는 「회회관역어(回回館譯語)」의 경우 독일, 프랑스, 영국, 일본 등지에 흩어져 있다.[12] 병종본에 해당하는 「조선관역어」 역시 우리나라와 일본 이외 영국과 베트남 등지에 소장되어 있는 것으로 확인된다. 서울대학교 규장각에는 명나라 만력(萬曆) 연간(1573-1619)에 출간된 판본의 필사본이 소장되어 있다. 서문을 쓴 주지번(朱之蕃)에 따르면 영락제 시기 판본을 모서징(茅瑞徵)이 재차 편집했다고 한다. 규장각본은 13개국 '역어' 가운데 8개 언어를 포함하고 있는데, 점성(占城), 서번(西蕃), 회회(回回), 여진(女直), 백이(百夷) 부분은 목록 상에만 존재할 뿐 실제 규장각본에는 포함되지 않았다.[13]

「조선관역어」에 대한 연구는 일제강점기 일본 학자 오구라 신페이(小倉進平)에 의해 진행되기 시작했다.[14] 광복 이전에는 신태현, 광복 이후에는 이기문, 김민수, 문선규 등의 학자에 의해 연구되었다.[15] 「조선관역어」는 12세기 초 고려의 단어를 기록한 『계림유사(鷄林類事)』와 함께 훈민정음 이전 우리말의 음운을 파악하는 데 중요한 자료로 여겨지고 있다.

규장각 소장 「조선관역어」의 경우 그간 서문의 내용처럼 명나라 후기에 편찬되었다고 여겼다. 그런데 몇몇 학자들이 이러한 연대 비정에 의문을 제기해 왔다. 먼저 주지번의 서문에 대하여 학자들은 모서징의 다른 저작인 『황명상서록(皇明象胥錄)』의 서문과 자구가 동일한 것을 들어 본래 『화이역어』의 서문으로 보기 어렵다는 점을 지적했다. 또한 「조선관역어」에 반영된 '조선어'의 표기법의 경우 16-17세기 한국어의 용례가 아니라 오히려 고려말 조선초의 단어 표기법을 사용한 것으로 보아 14-15세기초에 제작된 것으로 보아야 한다고 주장했다.[16]

사실 병종본 『화이역어』의 구성적 특징을 들어 을종본과 비슷한 시기에,

그러나 다른 경로로 편찬된 것으로 봐야한다는 주장은 이전부터 있었다. 프랑스의 학자 폴 뻴리오(Paul Pelliot)에 따르면 영락제 시기 설치된 사이관(四夷館)과 이전부터 존재해오던 회동관(會同館)[17]의 역할이 달랐으며 그에 따라 사이관에서 준비된 사전은 『화이역어』 을종본으로, 회동관에서 준비된 사전은 『화이역어』 병종본으로 훗날 불리게 되었다고 한다. '사이관'은 문서의 번역을, '회동관'은 통역을 양성하는 기관이었기 때문에, 을종본에는 외국어의 문자로 적힌 단어집과 함께 외교문서의 샘플인 '내문'이 포함된 반면, 병종본에서는 한자로 음을 표기한 '단어' 위주이면서 더욱 다양한 종류의 언어들이 포함되었다는 것이었다.[18]

병종본의 편찬이 15세기 초에 이루어진 것이라고 해도 후대에 계속 사용되었던 듯 하다. 「조선관역어」 이외에 『화이역어』의 일본어와 말라카어 부분인 「일본국역어(日本國譯語)」와 「만랄가국역어(滿剌加國譯語)」의 런던 대학 동방아프리카 학부 (School of Oriental and African Studies, University of London) 소장본에는 명나라 嘉靖 28년(1549) 通事들이 교정했다는 기록이 나타나는데, 지속적으로 『화이역어』에 대한 참고와 수정이 16세기 중엽에도 이어졌음을 보여준다.[19] 만일 주지번의 서문의 진위 여부와 상관없이 모서징이 만력 연간에 병종본에 대한 편집이나 수정을 가했다고 한다면 16세기말 17세기초 추가 교정이 이루어졌을 가능성도 배제할 수 없다.

한편 이시다 미키노스케의 3종 판본에 덧붙여 중국의 평정(馮蒸)이 1981년 발표한 논문에 따르면 4번째 종류라고 할 수 있는 정종본(丁種本)으로 간주될 수 있는 판본이 존재한다. 이는 청나라 건륭(乾隆) 13년, 즉 1748년에 설치된 회동사역관(會同四譯館)에서 편찬한 것으로 서번(西蕃), 류구(瑠球) 등 기존 을종 내지는 병종본에서 다루었던 언어뿐 아니라 영어, 프랑스어, 독일어, 네덜란드어, 이탈리아어, 포르투갈어 등의 유럽어를 포함하여 총 42개 언어가

망라되어 있다.[20]

이렇게 『화이역어』는 언어별로, 내용별로, 또 자료 수집 및 제작이 이루어진 기관별로 차이를 보이고 있다. 그럼에도 불구하고 각 판본 사이 단어가 일정한 주제별로 구분되었다는 특징을 공유하고 있다. 주제들은 '문(門)'이라는 용어로 분류되는데, 그 순서도 대체적으로 「조선관역어」에서 보이는 것처럼 '천문문(天文門)'에서 시작하여 '지리문(地理門)', '시령문(時令門)', '화목문(花木門)', '조수문(鳥獸門)', '궁실문(宮室門)', '기용문(器用門)', '인물문(人物門)', '인사문(人事門)', '신체문(身體門)', '의복문(衣服門)', '성색문(聲色門)', '진보문(珍寶門)', '음찬문(飮饌門)', '문사문(文史門)', '수목문(數目門)', '간지문(干支門)', '괘명문(卦名門)', '통용문(通用門)'의 순서를 따르고 있다.[21] 갑종본부터 시작하여 을종본, 병종본이 거듭 교정되고, 청대에는 정종본이라 부를만한 새로운 편집이 이루어졌음에도 불구하고 『화이역어』의 편찬이 일정한 방식으로 이루어졌다는 점은 주목할 필요가 있다.

III. 라술리드 헥사글롯

제목이 없어 학자들이 『라술리드 헥사글롯』으로 명명한 이 책은 1360년대 후반 아라비아 남단 예멘 지역에서 편찬된 아랍어, 페르시아어, 투르크어, 몽골어, 그리스어, 아르메니아어 6개 언어로 된 사전 혹은 어휘집이다. 예멘의 한 개인 소장 필사본으로 전해 내려오다가 1960년대 발견되어 학계에 소개되었다. 당시 컬럼비아 대학교의 투르크학 전공 티보르 할라시-쿤(Tibor Halasi-Kun) 교수가 레바논에서 시리아 아랍 방언 내 오스만 투르크어 요소를 연구하고 있을 때, 한 레바논 학자가 『라술리드 헥사글롯』 필사본의 사진을 건네주었고, 결국 이를 수소문한 끝에 발견했다고 한다. 이후 세계 여러 학자들이 각 언어 분야로 나뉘어 공동연구를 진행하여 미국의 피터 골든(Peter B. Golden)이 최종 편집 책임을 맡아 2000년 영인본(faximile)과 함께 그 전사(transliteration)를 출간하게 되었다.[22]

이 사전은 두 개의 부분으로 나뉜다. 필사본 186~197쪽에 해당하는 첫 번째 부분은 아랍어, 페르시아어, 투르크어, 그리스어와 아르메니아 사전의 형태를 띤다. 이어 197~205쪽에는 아랍어, 페르시아어, 투르크어, 몽골어 사전이다. 일부 표제어가 중복되는 것으로 보아 두 종류 혹은 더 많은 종류의 사전을 종합 정리한 것으로 보인다.[23]

연구를 관장한 골든에 따르면 이 사전은 본래 아랍어로 쓰여진 방대한 선집(anthology)의 일부였다. 선집 자체는 1998년 별도의 편집자들에 의해 영인본으로 출간된 바 있다. 이를 통해 13~15세기 예멘을 통치하던 라술조(Rasūl 朝, the Rasūlids: 626/1228~858/1454)의 군주 알말릭 알아프달 알압바스(al-Malik al-Afḍal al-ʿĀbbas: 치세 1363-1377) 시기 작성된 것으로 확인된다.[24]

『라술리드 헥사글롯』의 제작은 예멘의 라술조가 처한 정치적·사회적 상황과 관련 깊다고 할 수 있다. 아라비아 반도 끝 지점에 위치해 있는 예멘은 시리아를 통해 이집트 및 페르시아와 연결될 뿐 아니라 지중해-홍해 지역과 인도양 지역의 중간 기착지였다. 특히 13세기 몽골의 이슬람 세계 침공이라는 정치적인 갈등에도 불구하고 각 지역에서 다양한 문명·문화가 상호작용을 하고 있었다는 사실에 주목할 필요가 있다. 칭기스칸의 손자 훌레구가 건설한 일칸국(Il-khanate)은 몽골제국의 세계 정복을 이어가기 위해 이집트와 시리아를 기반으로 하던 맘룩(Mamluk) 술탄국과 전쟁을 벌였다. 또한 훌레구의 형이었던 쿠빌라이(Qubilai)가 다스리던 중국의 원나라와 친밀한 관계를 맺고 다른 몽골 일족들과 전쟁을 벌였다. 이러한 와중에서 러시아 지방에 건국된 금장칸국(金帳汗國; 영어로 통상 Golden Horde로 지칭된다)은 맘룩 술탄국과 동맹을 맺고 일칸국에 맞섰다.[25]

이러한 몽골 일칸국과 투르크-아랍계 맘룩 술탄국의 갈등 속에서 주변 국가들은 이들의 언어인 몽골어, 페르시아어, 아랍어, 투르크어에 대한 지식을 갖춘 인재를 필요로 했을 것이다. 또한 당시 무역상으로 유명했던 아르메니아인들과 그리스인들과 소통하기 위해 그리스어와 아르메니아어도 필요했던 것으로 보인다. 이러한 배경에서 비추어 볼 때 위 6개 언어의 주요 단어를 집약한 사전인 『라술리드 헥사글롯』은 당시 서아시아의 국제정세를 잘 반영하고 있다고 할 수 있다.

실제 『라술리드 헥사글롯』의 각 언어적 특징을 보면 위 정치·경제적 구도가 잘 드러난다. 사전에 활용된 투르크어의 경우 몽골 제국의 중핵을 구성한 중앙아시아 투르크족들의 언어적 특징과 함께 맘룩 술탄국의 지도층이었던 킵착(Qipchaq) 방언의 특성 역시 발견된다. 몽골어의 경우 중앙아시아 투르크어에서 들어온 어휘적 특징을 받아들인 것을 볼 때 일칸국 몽골어의 특징을 보인다고 할 수 있다. 그리스, 아르메니아어의 경우 당시 상인들이 주로 사용한 구어체의 특징을 확인할 수 있다.[26]

이렇게 언어적으로 준비된 예멘의 라술조는 적극적인 대외 교류를 펼침으로써 번영을 누릴 수 있었다. 당시 라술조는 인도에서 들어오는 후추 등 향료를 지중해 지역으로 운송하는 중간기착지였다. 특히 예멘 남부 항구인 아덴(Aden)은 이미 13세기부터 인도양 무역으로 번성했다. 이는 베니스의 상인이자 여행가였던 마르코 폴로(Marco Polo)의 언급을 통해 알 수 있다. 그는 예멘 라술조의 국왕을 모든 "무슬림 왕들 중 가장 강력한 군주"라고 언급하고 아덴항을 통한 무역에 관세를 매김으로써 "세계에서 가장 부유한 자 가운데 한 명"이 되었다고 묘사했다.[27]

라술조는 근래 들어서도 새로운 사료의 발굴이 계속되면 해외 학계의 비상한 관심을 받고 있다. 특히 예멘이 인도양 무역에서 중요한 위치를 차지하고 있는 만큼 당시 활발했던 해상 교역의 문물 교환을 반영한 자료들과 이에 대한 연구가 나타나고 있다.[28] 국내 학계에도 포르투갈 상인 도래 이전 인도양의 향신료 무역에서 부를 축적한 라술조에 대해 관심을 기울여야 할 때이다. 이런 측면에서 『라술리드 헥사글롯』에 대한 연구는 라술조 연구의 문을 여는 핵심 열쇠가 될 것이다.

Ⅳ. 『화이역어』와 『라술리드 헥사글롯』의 비교

『화이역어』와 『라술리드 헥사글롯』는 비슷한 시기 유라시아 대륙의 다른 곳에서 발생한 다양한 언어의 '사전' 편찬이라는 동일한 문화 현상이라는 측면에서 주목할 만하다. 두 작품을 비교해보면 그 역사적 의의가 더욱 확연히 드러난다.

첫째 두 사전 모두 몽골제국 시기부터 유행하기 시작한 사전 편찬의 영향을 짙게 받았다. 일찍이 토마스 올슨(Thomas Allsen)은 두 사전의 전반적인 체계가 주제별로 단어들을 배열한 점, 그리고 그 주제 및 순서가 서로 유사하다는 점에서 공통적인 전통에서 비롯되었을 가능성을 제기했다.[29] 필자는 앞서 2장에서 『화이역어』의 17종에서 19종에 이르는 '문(門)'으로 언급된 주제별 구성에 관해 언급했었다. 그런데 비록 구체적으로 '문'이라는 용어를 사용하고 있지는 않지만 『라술리드 헥사글롯』 역시 단어의 배열 순서가 천체, 지리, 동식물, 인사 등의 주제로 진행되고 있다. 따라서 만약 올슨의 가설이 사실이라면 이미 14세기 중엽 예멘에까지 동일한 계열의 사전이 영향을 미쳤다고 할 수 있다.

그렇다면 14세기 중엽 이전 이와 유사한 사전 제작의 전통은 어떤 것이 있었을까? 이와 관련하여 13세기 후반 몽골의 대칸(大Khan, 몽골-페르시아어 표현으로는 qa'an)이자 중국지역에 원조(元朝)를 창시한 쿠빌라이(Qubilai) 시기 제작된 『지원역어(至元譯語)』 혹은 『몽고역어(蒙古譯語)』와의 유사성을 들 수 있을 것이다. 중국 푸젠성(福建省) 지역 문인 진원정(陳元靚)이 수집한 일종의 백과사전 격인 『사림광기(事林廣記)』에 수록된 이 사전은 몽골어 단어를 한어 발음 및 뜻으로 표기한 점이나, 주제별 배열이 천문문(天文門)에서부터 주제별로 배열되어 있다는 점에서 『화이역어』와 유사성이 지적되었다.[30]

만약 『지원역어(至元譯語)』 혹은 『몽고역어(蒙古譯語)』가 『화이역어』와 『라술리드 헥사글롯』에 영향을 미쳤다고 한다면 어떤 방법으로 사전 제작의 지식이 흘러나간 것일까? 몽골제국 시기 원조(元朝)와 일칸조(Il-Khan朝) 사이 활발한 교류의 과정에서 유출되어 이후 이란-페르시아 지역에서 예멘으로 흘러 들어 갔을 확률도 없지 않다.[31] 혹은 『지원역어(至元譯語)』 혹은 『몽고역어(蒙古譯語)』가 중국의 강남지역 민간에서 유통된 점을 고려할 때 이 사전이 중국 천주(泉州)를 중심으로 이루어진 활발한 해상교역로를 통해 예멘에 다다랐을 가능성도 배제할 수 없다. 어떤 경우에서든 몽골제국에서 통용되던 언어에 관한 지식 생산의 방식과 전통이 원(元)을 대체한 명(明)나라와 인도양의 서쪽 끝 예멘에까지 전달되었다는 점은 몽골제국이 창립한 이른바 세계 교역망이 단순한 물자 뿐 아니라 지식의 교류도 촉진했다는 점에서 시사하는 바가 크다.

둘째 몽골제국 중심 '세계체제'의 관점에서 『화이역어』와 『라술리드 헥사글롯』 모두 몽골어의 높은 비중을 확인할 수 있다. 몽골제국 시기 급상승한 몽골어의 지위에 관해서는 명나라 홍무제(洪武帝)가 홍무 15년(1382년) 『화이역어』의 최초 편집본 제작을 명하는 조칙에서 원나라가 "이전에는 문자가 없이 명령을 발표했으나 고창(高昌) 지역에 거주하던 위구르인들의 문자를 차용한 이후 몽골문자를 제작하여 그것으로 천하의 언어를 통하게 했다(上以前元 素無文字發號施令, 但借高昌之書, 製爲蒙古字, 以通天下之言)"고 언급한 데서도 잘 드러난다.[32] 즉 몽골제국에서 몽골 문자 및 몽골어를 통해 세계의 통치가 가능했음을 강조했던 것이다. 따라서 이렇게 세계적으로 통용되던 몽골어를 한어로 바꾸는 것은 한족이 세운 명나라가 몽골제국을 대신하여 세계를 통치하는 제국이 되었음을 선언하는 것과 다를 바 없었을 것이다. 서아시아에서도 하산 이븐 후세인 카라히사리(Ḥasan ibn Ḥusayn Qarā Ḥiṣārī)가 14세기에 지은 페르시아어-투르크어 사전인 『샤밀 알 루가트(Shamīl al-lughat)』에도 몽골어 어휘 부분이 별도로 추가된 것도 몽골어가 갖는 중요성을 보여준다.[33] 한편 사전에서 몽골어를 반영한 것은 몽골제국이 만들어낸 세계적 교류의 시스템을 명나라와 라술조가 인식하고 활용하려는 의지를 갖고 있었다고 해석할 수도 있을 것이다.

셋째 국제상업어로서 페르시아어의 건재가 확인된다. 페르시아어는 몽골제국 시기 이른바 실용공통어(lingua franca)로서 이용되었다는 사실은 이미 잘 알려져 있다.[34] 그런데 『화이역어』와 『라술리드 헥사글롯』에서도 페르시아어는 매우 중요한 지위를 차지고 있다. 『화이역어』에서는 페르시아어를 다룬 「회회관역어(回回館譯語)」는 이미 영락제 시기 을종본으로 간행된 바 있고, 이후 병종본에서도 지속적으로 중시되었다.

『라술리드 헥사글롯』에서도 페르시아어는 라술조의 민족어인 아랍어 항목 바로 측면에 위치하여 투르크어, 그리스어, 아르메니아어보다 더 중시되었다.

페르시아어의 존중은 무엇보다 명나라와 라술조에서 사전 편찬을 적극

추진한 또 다른 이유를 암시한다는 측면에서 중요하다. 즉 몽골제국이 이룩한 세계적 문물교류의 장, 특히 해양 교류 체제 속에서 양국은 적극적으로 참여하려 했다. 물론 명의 경우 건국 직후 홍무제(洪武帝)는 당시 남부 연안 지역을 장악하던 왜구의 침입을 경계하며 해금정책(海禁政策)을 시행한다. 하지만 그를 이어 즉위한 영락제(永樂帝)는 1405년부터 1422년까지 환관 정화(鄭和)를 통해 남중국해, 인도양 해안 곳곳과 외교 관계를 수립하고 활발한 교류를 도모했다.[35] 정화의 원정 당시 보여준 페르시아어에 대한 접근 방식은 명 나라에서 당시 인도양 무역에서 페르시아어가 갖는 중요성을 인식하고 있음을 보여준다. 정화(鄭和)는 1407년부터 2년간 진행된 제2차 원정 중 실론, 즉 지금의 스리랑카 지역에 이르러 한자, 타밀어와 함께 페르시아어로 된 비석을 건립하기도 하고, 동남아시아와 인도 지역을 대상으로 3차의 원정을 진행한 이후, 4차 원정을 준비하면서 시안(西安) 지역에서 페르시아어 통역을 고용하기도 했다.[36]

넷째 『화이역어』와 『라술리드 헥사글롯』은 한꺼번에 다수의 언어(『화이역어』 병종본의 경우 13개, 『라술리드 헥사글롯』의 경우 6개)를 다루고 있다는 점에서 다양성 혹은 다자주의적인 세계관을 보인다고 할 수 있다. 동아시아나 서아시아 모두 이전부터 사전류는 존재하고 있었다. 그러나 대체로 기준이 되는 언어와 외국어 하나를 대역한 두 개 언어의 사전류가 대부분이었다. 14세기 중반부터 한꺼번에 여러 언어를 동시에 망라한 다국어 사전류들이 나타나기 시작했고 그 효시가 『화이역어』와 『라술리드 헥사글롯』라고 하겠다. 앞에서 언급한 대로 『화이역어』의 편집본의 발전 양상 역시 이러한 경향을 증언한다. 홍무년간에 제작된 갑종본은 한어-몽골어 사전이었다. 그런데 영락제 시기부터 다양한 언어가 추가되었고 점차 확장하여 청나라 시기에는 수십 개의 언어를 헤아리게 되었던 것이다. 유사한 경향은 서아시아에서도 목격된다.

맘룩조 치하 이집트나 일칸국 치하 페르시아에서 13-14세기부터 점차 다양한 사전의 편찬이 이루어지기 시작했다. 애초 두 언어의 사전으로 시작했던 작품도 이 시기를 거치면서 다양한 언어들의 사전이 추가 편찬되어 부록처럼 덧붙여졌다. 예를 들어 칭기스칸 이전 12세기 중앙아시아와 페르시아를 지배하던 호라즘샤조의 군주를 위한 아랍어 사전인『무까디마트 알 아답 (Muqaddimat al-Adab)』은 이후 13세기부터 다른 언어들이 추가되기 시작해서 15세기 이후 버전에는 호라즘 투르크어, 이란계 호라즘어, 페르시아어, 몽골어, 차가타이어 투르크어, 그리고 오스만 투르크어 사전이 추가되었다.[37]

끝으로,『화이역어』와『라술리드 헥사글롯』의 내용상 명확히 드러나지는 않지만, 명나라와 아라비아 반도 사이 직접 교류에 관해서도 언급할 필요가 있다. 정화의 원정과 관련하여 명나라와 예멘의 라술조가 직접적으로 교류한 것은 1415년 경 정화 선단의 일부가 몰디브-동아프리카-아라비아 반도를 순회하면서 아덴을 방문했던 시기부터 시작된다. 이렇게 확보된 양국 간의 교류는 1417-1419년 제5차, 1421-1422년 제6차, 1430-1433년 제7차 원정에도 이어진다. 특히 제6차 원정시에는 라술조 측에서 기린을 명 나라 측에 보내는데, 당시 상서로운 동물로 알려진 기린의 선물은 정통성의 부재를 극복하고자 했던 영락제 측에 정치적으로 큰 의미를 부여할만한 사건으로 기념되었다.[38]

영락제 사후 명나라의 대외 정책에 대해서는 다양한 의견이 존재한다. 사이관이나 회동관에 대한 평가도 다양하다. 기존에는 명나라 관리들의 상소를 분석하여 역관들의 부정부패와 무능함을 지적해왔다. 또한 명나라 조정에서 사이관의 번역관이나 회동관의 통역들에 대해 낮은 지위 만을 부여했고, 시설이나 인력이 부족했을 뿐 아니라 적합한 인재를 받아들이기에 부적합했다고 보았다. 그럼에도 불구하고 모리스 로사비(Morris Rossabi)가 적절히

지적한 것처럼 사이관이나 회동관의 운영 자체가 놀라운 일이었다. 또한 이를 개혁하고자 했던 명 조정의 노력은 실제 능력있는 역관을 길러내고자 하는 의도를 가지고 있었다는 점에서 명나라가 대외적으로 열린 태도를 견지했음을 보여준다.[39]

V. 나가는 말

중국 명나라에서 작성된『화이역어』와 서아시아 예멘의 라술조에서 편찬된『라술리드 헥사글롯』는 전혀 다른 환경에서 다른 언어로 편찬되었다. 그럼에도 불구하고 두 작품은 비슷한 시기 유라시아 대륙의 다른 곳에서 발생한 다양한 언어의 '사전' 편찬이라는 동일한 문화 현상이라는 측면에서 주목할 만하다. 12~13세기 몽골제국 통치 시기의 도래와 함께 활발하게 진행된 전지구적 문화 교류와 달리 14~15세기는 앞 시기에 비해 확연히 분열과 갈등의 시기였던 것으로 인식하는 것이 통례이다. 그러나 위에서 살펴본 대로 동아시아의『화이역어』, 서아시아의『라술리드 헥사글롯』이라는 사전의 편찬은 14세기 중엽 이후에도 상당한 수준의 문화 교류가 유라시아 대륙 곳곳에서 진행되었음을 증명한다.

명나라에서는 영락제와 선덕제에 이르는 시기 7차례에 걸쳐 정화의 원정을 감행할 정도로 활발히 인도양 지역에 대한 정치, 경제적 활동을 전개했다.[40] 라술조의 군주들 역시 국운을 홍해를 통한 해상무역의 활성화에 걸고 적극적인 개방 정책을 도입했다. 사실 이러한 활발한 대외 교역과 개방은 명이나 라술조에만 국한된 것은 아니었다. 6개에서 13개에 이르는 언어들을 다룬 사전이 세계 곳곳에서 지속적으로 편찬되었다는 사실은 유라시아 국가들이 세계적인 교류와 교역에 열려있었을 뿐 아니라 이를 적극적으로 추진 했다는 것을 보여준다. 이러한 측면에서 몽골제국 이후 전지구적 네트워크 에 관해 앞으로 더 많은 연구가 진행될 필요가 있다고 하겠다.

제9장

정원대

한중 문화교류의 매개체로서 중국 애니메이션의 가능성: 〈부니베어: 브램블의 신비한 모험 (熊出没之雪岭熊风)〉을 중심으로

I. 들어가는 말

한중 양국은 밀접한 문화적 공감대가 있지만, 서로 간의 오해와 소통의 부재로 인해 빈번하게 갈등을 겪고 있다. 김치의 국제표준 ISO 신청(2020), 윷놀이의 기원(2021), 갓(笠)의 유래와 정통성 논쟁(2021) 등과 같은 문화공정과 대중의 충돌은 한중 양국의 갈등 사례에 해당한다.[1] 한중 양국의 갈등은 공통적으로 문화 공감대가 형성되는 대상과 현상을 중심으로 이루어짐을 확인할 수 있다. 문화적 공감대가 형성된 대상과 현상은 유사하면서도 다르기 때문에 제대로 인식하지 못한다면 갈등이 발생하기 쉬운 경우에 해당한다. 그러한 한중 간의 갈등은 비슷하면서도 차이가 있는 각자의 독특한 문화를 제대로 인지하지 못하고 교류가 이루어지지 않았기 때문이라고 생각된다.[2]

문화교류는 서로의 특정한 정감구조를 이해할 수 있다는 점에서 한중 양국 간의 갈등 해결방법에 해당한다고 할 수 있다. 문화교류는 특정한 집단에서 형성된 정감구조(the structure of feeling)를 각기 다른 구성원들이 서로 이해하고 소통하는 방법이다. 독특한 정감구조는 특정한 집단 구성원의 보편적 인간으로서 특성과 특수한 사유체계를 통해 형성된 문화적 요소에 해당한다. 정감구조의 이해는 서로 다른 집단 구성원이 인간으로서의 보편성과 특수성을 부분적으로 납득하고 공감대가 형성되도록 할 수 있기 때문에 상호 소통에 도움이 될 수 있다.[3] 문화교류는 각기 다른 집단이 서로를 한 층 더 깊게 이해하도록 한다는 점에서 한중 갈등의 해결 방법이 되는 셈이다.

그러한 문화교류는 집단 구성원의 정감구조가 드러나는 특정한 매개체를 통해 이루어지기도 한다. 다양한 매개체중에서도 애니메이션은 각기 다른 집단 구성원을 허구의 세계로 인도하여 상호이해하도록 돕는다. 애니메이션은 생명이 없는 대상을 통해 "우리가 이해하고 수용하고 있는 전통적인 실존"[4]이 재편되도록 한다. 전통적인 실존은 특정한 집단 내부에서 형성된 일종의 고유한 정감구조를 통해 형성되기도 한다. 이는 특정한 집단 내부에서만 형성되는 정서적 구조를 기반으로 형성되기 때문에 타인이 이해하기 제한된다. 애니메이션에서는 이를 인위적으로 재편한다는 점에서 타인의 이해를 돕는데 용이한 매개체라고 할 수 있다. 특히 애니메이션은 생명이 없는 대상, 즉 캐릭터를 통해 내용이 구성되는 스토리텔링으로 일상을 재정의한다. 또한 애니메이션의 캐릭터는 인간과의 유사한 형상과 특성으로 인해 '나' 혹은 '우리'와의 동일시를 불러일으켜 타인이 되어보도록 한다. 애니메이션은 캐릭터를 통해 정감구조에 기반한 전통적 실존의 재편과 서로 다른 '우리'의 모습을 재현하여 스토리텔링으로 공감대가 이루어지도록 하는 것이다.

특히 특정지역에서 공통적으로 찾아 볼 수 있는 스토리텔링의 곰 캐릭터와 그 변화를 중심으로 만든 애니메이션은 각기 다른 사회 구성원에게 문화적 공감대가 형성되도록 할 수 있다. 곰 캐릭터는 스토리텔링 차원에서 특정 지역의 신화에서부터 현재까지 애니메이션에서 다양하게 활용되어왔다. 신화에서 곰은 신성한 존재이자 인간 보편적 원형으로 나타나기도 한다. 그러한 신화의 곰 원형적 특질 중심으로 보편적 인간의 사유와 일부 지역의 특성을 드러내는 캐릭터에 해당한다.[5] 곰 캐릭터와 그 변화를 통해 만들어진 애니메이션은 그러한 보편적 요소를 통해 서로의 다름으로 인해 발생할 수 있는 문화교류의 거부감과 일련의 갈등 요소를 잠재울 수 있다. 또한 곰 캐릭터와 그 변화는 특정 지역의 보편적 인식을 드러낼 뿐만 아니라 동시에 그곳의 정서적 공감대가 드러나도록 한다. 그러한 곰 캐릭터와 그 변화는 애니메이션에서 인간 보편적 인식과 지역적 특수성의 차이를 제시하고 각기 다른 집단 구성원이 서로 '우리'가 되어보게 하는 셈이다.[6]

한중 문화교류의 측면에서 곰 캐릭터와 그 변화를 중심으로 한 애니메이션은 상호소통의 매개체로 활용될 수 있다고 생각된다. 곰 캐릭터는 과거 한반도 북방지역과 접경지에서 신화의 원형으로 나타난다. 곰 캐릭터는 원형적 상징이자 동시에 한반도 북방지역에서 공통적으로 찾아 볼 수 있는 신화라는 스토리텔링적 요소라고 할 수 있다. 이러한 곰 캐릭터를 활용한 애니메이션은 한중 양국의 문화 공감대 형성에 도움이 될 가능성이 있다. 또한 애니메이션 캐릭터로서 곰의 모습과 그 변화는 서로 다른 '우리'의 모습을 재현하고, 이해하는 데 도움이 될 수 있다.

그와 같은 측면에서 애니메이션은 한중 문화교류의 매개체로서 가능성이 있다고 생각된다. 이는 곰 캐릭터와 대상의 변화를 중심으로 한 애니메이션의 스토리텔링적 특성을 살펴봄으로써 확인이 가능할 것이다. 그 사례로서 곰 캐릭터와 그 변화를 중심으로 한 〈부니베어: 브램블의 신비한 모험(熊出没

之雪岭熊风)〉(2015)은 적절한 대상이라고 판단된다. 〈부니베어: 브램블의 신비한 모험〉은 한중 양국이 공감하기 쉬운 곰 캐릭터의 원형적 특성과 대상의 변화, 중국 사회 구성원의 모습이 나타나는 애니메이션이다. 〈부니베어: 브램블의 신비한 모험〉은 한반도 북방지역과 접경지에서 찾아볼 수 있는 곰 캐릭터의 모습과 변화를 통해 공감대를 제시할 뿐만 아니라 시대와 장소에 따라 나타나는 사회 구성원의 모습이 녹아있는 애니메이션이라고 할 수 있다.

애니메이션의 문화교류의 매개체로서 가능성 검토는 곰 캐릭터와 대상의 변화를 중심으로 스토리텔링이 형성된다는 점에서 트랜스아이덴티티를 활용하여 진행하고자 한다. 트랜스아이덴티티(transidentity)는 캐릭터의 정체성과 그 변화를 통해 스토리텔링의 형성과 분석을 할 수 있는 분석방법이다. 정체성은 인간 보편적 사유와 특정 사회의 가치체계를 통해 규정된다. 정체성은 인간의 사유와 가치의 체계로 형성되는 일종의 정감구조로 이루어지는 대표적인 표상인 셈이다. 캐릭터의 정체성과 그 변화 또한 인간의 사유체계와 특유의 가치체계의 종합인 정감구조를 통해 결정된다. 그러한 정감구조를 통해 형성된 캐릭터와 그 변화는 특정한 문화적 기초 위에 나타난다는 점에서, 곰 캐릭터와 대상의 변화는 한 개인의 정체성 전환으로 간주가 가능하다. 〈부니베어: 브램블의 신비한 모험〉는 곰 캐릭터의 정체성 전환을 통해 이루어지는 스토리텔링이라는 점에서 트랜스아이덴티티로 그 가능성을 검토하기에 적합하다고 생각된다. 따라서 〈부니베어: 브램블의 신비한 모험〉의 스토리텔링 분석을 통해 한중 문화교류의 매개체로서 애니메이션의 가능성을 살펴보고자 한다.

II. 곰 캐릭터 변화 중심의 스토리텔링과 애니메이션의 접점

1. 한반도 북방지역의 곰 캐릭터 중심의 스토리텔링과 애니메이션

한반도 북방지역과 접경지에서는 곰 캐릭터가 중심이 된 신화, 설화, 민담 등의 스토리텔링을 공통적으로 찾아볼 수 있다. 과거 한반도 북방지역과 접경지의 모계 부족사회에서 곰은 우주의 창조자, 숲의 주인, 최초의 조상 등과 같은 초월적 존재로서 간주된다. 곰은 자연계에서 인간의 모든 측면을 뛰어넘는 대상이자 초월적 존재로 간주되는 것이다.[7] 그러한 곰은 인간의 입장에서 세계의 인식과 의식, 욕망을 상징하는 원형으로서 신화, 설화, 민담 등과 같은 스토리텔링의 중심 캐릭터로 자리잡았다고 할 수 있다.

다양한 스토리텔링 중에서도 한반도 북방지역과 접경지의 신화는 원형으로서 곰의 변화, 즉 캐릭터의 변화를 중심으로 내용이 이루어지기도 한다. 예컨대 "만주와 시베리아, 동유럽에서 지중해까지 모계사회에서 '곰 어머니' 웅녀는 부족의 섬김을 받던 신격"[8]인 초월적 존재로 간주되었다. 초월적 존재인 곰은 한반도 북방지역과 접경지 신화에서 그곳의 사회 구성원이 특정 지역에 정착하게 된 원인과 정당성을 제시한다. 초월적 존재로서 곰은 그곳 사회 구성원의 거주이유를 제시하고 증명한다는 점에서 신성한 대상이자 시조의 역할을 하는 것이다. 특히 곰 캐릭터는 인간으로 변화하면서 특정지역의 사회 구성원의 시조가 된다. 곰 캐릭터는 스토리텔링에서 그 지역의 사회 구성원이 초월적 존재의 후손이자 선택을 받아 거주하게 되었음을 증명하는 셈이다. 그에 따라 한반도 북방지역과 접경지의 신화는 초월적 존재이자 원형인 곰 캐릭터와 대상의 변화를 통해 사회 구성원의 거주이유를 밝히는 내용으로 이루어지는 것이다.

곽진석은 한반도 북방지역을 비롯하여 만주와 시베리아 등지에서 공통적으로 곰 신화를 찾아 볼 수 있다고 말한다. 이 연구자는 해당지역의 신화에서 곰이 초월적 존재로 나타나며 동시에 대상의 변화를 통해 특정 사회 구성원의 시조를 제시하는 내용으로 이루어지는 공통점이 발견된다고 주장한다. 해당 신화에서 초월적인 존재인 곰과 인간은 동거를 통해 새끼 곰을 출산한다. 새끼 곰은 본래 초월적인 존재이지만 기아, 자살, 유기 등의 상황을 통해 인간으로 변화하고 특정 지역 사회 구성원의 시조로 자리한다.[9] 그에 따라 이 연구자는 한반도 북방지역과 접경지의 스토리텔링에서 곰 캐릭터가 초월적인 존재로 나타나는 공통점이 발견된다고 말한다. 이 연구는 특정 지역을 중심으로 한 신화에서 곰 캐릭터가 원형적 존재임과 동시에 지역민의 시조로 나타남을 밝히는 연구라고 할 수 있다. 해당 연구를 통해 볼 때 이는 한반도 북방과 인근 접경지역에서 거주민이 접하는 스토리텔링에서 곰 캐릭터와 대상의 변화를 공통적으로 인지하는 요소인 셈이다. 한반도 북방과 인근 접경지역의 스토리텔링에서는 곰 캐릭터와 대상의 변화를 통한 신화가 공통적으로 나타남을 확인할 수 있다.

곰 캐릭터와 대상의 변화를 중심으로 한 스토리텔링은 애니메이션에서 다양한 방식으로 활용되기도 한다. "애니메이션 영상은 실사보다 실제로 존재하지 않는 상상이나 환상의 세계를 나타내기가 용이하고, 이러한 세계에서 이루어지는 신비함이나 서정성을 보다 깊이 있게 감각적으로 제시"[10]한다. 곰 캐릭터와 대상의 변화를 중심으로 한 애니메이션은 자유성과 환상성을 통해 서로 다른 우리의 모습으로 재현된 캐릭터를 받아들이기 쉽도록 제시하고 이해하도록 할 수 있다. 곰 캐릭터와 대상의 변화를 공유하는 사회 구성원 간의 타문화 거부반응은 애니메이션을 통해 상쇄가 가능한 것이다. 곰 캐릭터와 대상의 변화를 중심으로 한 스토리텔링은 원형적 공감대를 형성함과 동시에 특정한 지역적 특색이 드러나도록 한다. 그러한 곰 캐릭터와 대상의 변화를 통해 드러나는 지역적 특성은 이를 공유하는 서로 다른 구성원 간의 거부반응이 발생할 수 있다. 그에 따라 애니메이션은 곰 캐릭터와 대상의 변화를 통해 원형적 특성을 더욱 잘 받아들이도록 하며 동시에 다소 거부될 수 있는 이질적 문화를 공감하도록 만들 수 있다고 생각된다.

동징(董靜)과 딩핑(丁萍)은 〈부니베어: 브램블의 신비한 모험〉에서 곰 캐릭터가 초월적 존재로서의 모습과 중국인을 제시한다고 말한다. 두 연구자는 해당 애니메이션에서 백곰(白熊)이 배경이 되는 설산의 주인이자 초월적 존재로 나타난다고 말한다. 백곰은 초자연적인 능력으로 설산을 관리하기도 하고 화산으로 변화하도록 한다. 이로 인해 백곰은 작중 초월적 존재로 신성시 되는 대상으로 나타난다. 또 다른 곰 캐릭터인 브램블은 중국인의 일상적인 모습을 드러내기도 한다. 브램블은 중국인이 과일을 옮길 때 사용하는 수레를 사용하기도 하고 농촌인으로서 겨울나기 준비도 한다. 브램블은 중국 농촌에서 찾아보기 쉬운 농민의 모습을 재현하는 것이다. 또한 백곰과 브램블이라는 두 대상은 작중 사랑하는 사이가 되면서 역할 변화를 통해 애니메이션에 나타난 지역 특색의 가치와 문화를 중화시키기도 한다. 다시 말하면 두 대상이 드러내는 이질적 문화가 일종의 보편적 원형과 가치를 통해 작중에 스며들어 거부감이 발생하지 않도록 하는 셈이다. 그에 따라 이 연구에서는 곰 캐릭터와 대상의 변화를 통해 애니메이션에서 문화적 공감대를 제시한다고 주장한다.[11] 이 연구에서 근거해 볼 때 곰 캐릭터와 대상의 변화가 중심이 된 애니메이션은 이질적으로 나타날 수 있는 문화적 특색을 중화하고 이해하는 데 도움이 된다고 할 수 있다.

한편으로 곰 캐릭터와 대상의 변화를 중심으로 한 스토리텔링은 특정 사회에서 여성의 역할과 지위를 드러내기도 한다. 과거 한반도 북방지역과 접경지는 토테미즘을 중심으로 한 모계 부족사회가 번성하였다. 모계부족 사회에서 집단의 지도자는 오직 여성만이 맡아서 하기도 하였다. 당시의 여성 지도자는 신인 곰과 교감하는 존재이자 비등한 존재로 간주되었다. 또한 곰과 여성은 민족의 번영차원에서 출산과의 연관성을 토대로 그 사회적 지위, 상징 으로 연결되기도 하였다. 그로 인해 모계부족사회의 스토리텔링에서 초월적 존재로서 곰 캐릭터는 특정 사회권에서 여성의 지위를 제시하기도 한다.[12]

이는 애니메이션에서 곰 캐릭터가 여성을 상징하는 경우에도 유사한 방 식으로 나타나기도 한다. 애니메이션에서 곰 캐릭터가 암곰인 경우에는 특 정 지역사회에서 인식하는 여성을 나타내기도 한다. 이는 암곰이 내포하고 있는 특정 지역사회에서 원형적 특성과 여성의 기존 관념이 유비적 관점을 통해 재현된 경우라고 할 수 있다. 그로 인해 애니메이션에 나타난 암곰은 특정 지역사회에서 인식하는 여성의 모습을 제시하기도 한다.

예를 들면 〈곰이 되고 싶어요(The Boy Who Wanted To Be A Bear)〉(2002)에 나 타난 암곰 캐릭터는 시베리아 일부 지역의 구성원과 이누이투족이 생각하 는 여성에 관한 인식을 드러내기도 한다. 시베리아 일부 지역의 구성원과 이 누이트족은 암곰을 초월적인 존재로서 인간을 보살피는 대상으로 인식하기 도 한다. 애니메이션에 나타난 암곰 캐릭터는 소년인 주인공을 거두어 사랑 으로 키우는 어머니 같은 존재이다. 암곰 캐릭터는 마치 대자연의 어머니처 럼 인위적 구분에서 벗어나 사랑을 실천하는 존재라고 할 수 있다. 암곰 캐 릭터는 야생동물이지만 소년 주인공을 만나 대자연의 어머니와 같은 존재로 변화한다. 그러한 암곰 캐릭터는 이누이트족과 시베리아 일대에서 인식하는 암곰에 대한 인식과 그곳에서 여성이 지닌 관념을 드러내는 셈이다.[13]

또한 곰 캐릭터와 대상의 변화를 중심으로 한 애니메이션은 개인의 성장 담을 스토리텔링으로 제시하기도 한다. 캐릭터는 현실의 특정 사회 구성원 을 상징한다는 점에서 인간으로 인식되기도 한다. 캐릭터로서 곰은 앞서 살펴본 특정 지역의 사회 구성원이 친숙한 대상으로 인식될 수 있다. 또한 그러한 곰은 나와 동일시하는 캐릭터라는 점에서 한 개인을 인식하는 대상으로 인지되는 셈이다. 곰 캐릭터와 대상의 변화를 중심으로 한 애니메이션은 일종의 성장 스토리텔링의 특성이 있다. 곰 캐릭터와 대상의 변화는 스토리텔링의 원천소스로 간주되어 그 중심에 있는 캐릭터의 성장담의 애니메이션 제작에 활용되기도 한다.

예컨대 〈곰이 되고 싶어요〉는 곰 캐릭터와 대상의 변화를 중심으로 한 개인의 성장담으로서 각기 다른 사회 구성원 서로가 공감하도록 하는 애니메이션이라고 할 수 있다. 시베리아지역 일대에 나타난 스토리텔링에서 곰은 초월적인 존재이자 궁극적으로 지향해야 하는 대상이기도 하다. 〈곰이 되고 싶어요〉는 주인공인 소년이 인간에서 벗어나 초월적인 존재인 곰으로 변화하는 개인의 성장담으로 이루어진다.[14] 〈곰이 되고 싶어요〉는 시베리아지역 일대에서 찾아볼 수 있는 문화적 특성과 더불어 개인 차원에서의 성장담은 서로 다른 사회집단의 공감대가 형성되게 하는 데 도움이 될 수 있다. 〈곰이 되고 싶어요〉는 시베리아지역에서 인식하는 곰의 문화적 특성과 애니메이션을 통해 각기 다른 사회 구성원이 서로 이해하는 매개체가 되는 것이다. 〈곰이 되고 싶어요〉에서는 이누이트족이 생각하는 곰과 여성의 모습을 애니메이션으로 제시한 경우에 해당한다.

곰 캐릭터와 대상의 변화를 중심으로 한 애니메이션은 서로 다른 문화의 상호이해를 돕는다고 생각된다. 각기 다른 사회 구성원들은 자신들만의 문화적 인식에 따라 서로를 이해하려 하기도 한다. 이는 각기 다른 사회 구성원들 간의 문화적 특색 차이는 서로를 이해하는 데 제약으로 작용한다. 곰 캐릭터와 대상의 변화 중심의 애니메이션은 공감하기 쉬운 원형과 특정한 문화적 요소의 희석을 통해 상호이해를 도울 수 있다. 곰 캐릭터는 원형으로서 인간의 보편적인 차원에서 공감과 이해를 돕는다. 또한 곰 캐릭터가 지닌 특정한 문화적 요소와 관념은 일상을 재정의하는 애니메이션의 특성을 통해 각자의 이해를 돕는 수준에서 재정의될 수 있다.

〈브라더 베어(Brother Bear)〉(2003)는 서로 다른 문화의 상호이해를 돕는 애니메이션이라고 생각된다. 〈브라더 베어〉는 곰 캐릭터와 대상의 변화를 중심으로 한 자기 성장담의 스토리텔링에 해당한다. 작중 곰 캐릭터는 주인공으로서 초월적 존재의 매개적 대상으로 나타난다. 그러한 곰 캐릭터는 인류가 보편적으로 지닌 초월적 존재 즉, 원형으로서 특성의 제시와 더불어 인류 공감대를 제시한다. 또한 애니메이션에서 곰 캐릭터는 북아메리카 원주민이 지닌 세계관을 드러낸다. 북아메리카 원주민은 곰이 자연만물의 관찰자이자 인간의 무지함을 깨닫게 해주는 존재로 간주한다. 그러한 인식은 애니메이션에서 곰 캐릭터가 대자연을 관찰하며 인간이 얼마나 무지한지 깨닫게 한다. 결과적으로 곰 캐릭터는 일련의 과정을 통해 주변의 시선과 가치관에 굴하지 않고 오롯이 자신을 되돌아보고 성장하는 '자기'로 거듭난다.[15] 즉 〈브라더 베어〉는 곰 캐릭터를 통해 인류 보편의 공감대, 북아메리카의 원주민의 문화적 특성, 한 개인의 '자기'로서 성장담을 제시한다. 〈브라더 베어〉는 서로 다른 문화를 인류 보편적 공감대와 '자기' 성장담 스토리텔링으로 제시한다는 점에서 문화교류의 매개체로서의 애니메이션의 가능성을 제시한다고 생각된다.

곰 캐릭터와 대상의 변화를 중심으로 한 애니메이션은 문화교류의 매개체로서 역할을 할 수 있을 것으로 생각된다. 한반도 북방과 인접지역의 스토리텔링에서 곰 캐릭터는 다양한 경험과 사건을 통해 특정 지역민의 시조로 자리한다. 해당지역의 스토리텔링에서는 곰 캐릭터의 성장과 경험을 통해 그곳만의 특수성과 사회 구성원의 존재 이유를 드러낸다. 유사하게 곰 캐릭터와 대상의 변화가 중심이 된 애니메이션 또한 비슷한 방식으로 내용이 구성된다. 애니메이션 캐릭터는 일종의 오브제이며 동시에 인간과 유사한 형상으로 사회 구성원과 동일시하는 대상에 해당한다. 애니메이션 캐릭터의 변화는 이를 관람하는 서로 다른 사회 구성원에게 공감대 형성과 더불어 다양한 인간의 모습을 제시한다. 이는 애니메이션이 각기 다른 문화의 사회 구성원이 서로를 이해하는 매개체이자 방법으로 활용할 수 있음을 의미한다. 따라서 곰 캐릭터와 대상의 변화 중심의 애니메이션은 한중 간의 문화 공감대를 형성하고 더 효과적으로 전달하는 매개체로 활용될 수 있다고 판단된다.

2. 캐릭터의 외적 정체성 변화 중심의 트랜스아이덴티티

트랜스아이덴티티란 인간의 정체성과 전환의 양상이 캐릭터를 통해 드러나고, 이는 스토리텔링을 형성한다고 간주하는 분석방법론에 해당한다. 트랜스아이덴티티의 개념에서는 나와 동일시되는 캐릭터의 정체성 전환을 통해 다양한 스토리텔링이 형성된다고 간주한다. 이는 캐릭터가 스토리텔링에서 우리의 모습을 재현함으로써 다양한 경험의 제시와 인식의 지평을 확장하도록 도울 수 있기 때문이다. 이를 통해 인간은 캐릭터를 통해 스토리텔링에서 다양한 개인이 되어보거나 현실의 문제를 해결함으로써 대리만족을 얻는다.[16]

정체성은 한 인간에 있어 "자기 안의 지속적인 동일성(자기 동일성)과 다른 사람들과의 본질적인 성격의 지속적인 공유를"[17] 통해 나타나는 다양한 개인의 모습을 의미한다. 인간으로서 한 개인은 외부적 요인과 내부의 심리적 요소의 종합으로 이루어진 개별적인 존재이다. 특히 한 개인은 소속 사회의 영향과 외부적 요인의 종합으로 정체성이 드러난다. 그중 외부적 요인은 소속된 사회의 다양한 요소 즉, 문화적 요인에 따라 결정되기도 한다. 그에 따라 한 개인 혹은 인간의 정체성은 특정한 사회 구성원으로 인해 형성된 문화적 요소를 드러내고 대상을 판단하는 기준으로 작용한다. 정체성과 더불어 그 전환은 특정한 문화적 특성의 변화를 드러내는 셈이다. 한 개인의 정체성을 살펴보는 것은 문화적 특성과 변화를 이해하는 데 도움이 될 것으로 판단된다.

그와 유사하게 트랜스아이덴티티 개념에서는 캐릭터의 정체성 전환이 특정한 사회적, 문화적 특성을 스토리텔링으로 재현하고 우리에게 이해하도록 도울 수 있다고 여기기도 한다. 캐릭터는 인간과 유사한 모습과 인식체계를 통해 우리에게 동질감을 부여하고 스토리텔링에 빠져들게 한다.[18] 캐릭터가 드러내는 정체성의 외적요소는 인간으로서의 특성을 인식하게 할 뿐만 아니라 현실의 문화적 특성이 반영되어 있기도 하다. 그에 따라 캐릭터는 인간과의 동질감 형성을 통해 스토리텔링이 우리 삶의 한 부분으로 인식하게 만드는 것이다.

캐릭터의 특성에 근거하여 트랜스아이덴티티 개념에서는 정체성의 외적 요소를 통해 확인 가능하다고 간주하기도 한다. 정체성의 외적 요소는 가시적으로 인지 가능한 신체, 의복, 도구부터 사회 보편적으로 나타나는 계급, 역할, 직업까지 이르는 인간 구분의 기준에 해당한다. 정체성의 외적 요소는 특정한 사회적 특성을 드러내고, 그 변화를 통해 특정한 개인들이 서로가 되어보게 하는 요소로 작용하는 것이다. 마찬가지로 트랜스아이덴티티 개념에서는 캐릭터의 정체성이 외적 요소를 통해 드러나고 우리가 동일시 하도록 하는 대상이 된다고 간주한다. 특히 정체성의 외적 요소는 특정한 사회가 지닌 관념의 집합, 다시 말하면 문화적 특성으로 드러난다. 그에 따라 트랜스아이덴티티 개념에서는 캐릭터가 드러낸 정체성의 외적 요소는 우리가 서로 다른 개인을 인식하고 특정한 사회를 이해하는 기준으로 작용한다고 간주하는 것이다.

임대근은 캐릭터의 정체성과 전환의 양상이 복장을 통해 드러난다고 주장한다. 이 연구자는 〈킹스맨 : 시크릿 에이전트(Kingsman: The Secret Service)〉(2015)에서 주인공은 품이 넓은 힙합 복장에서 정장으로 환복하면서 정체성 전환이 이루어진다고 말한다. 작중 주인공은 힙합 복장을 입었을 때에는 주변 사람에게 한량으로 취급받는다. 주인공이 정장으로 환복한 이후 주변인은 그를 비밀요원으로 간주한다. 복장의 전환이 일어나기 전후는 주인공의 정체성을 구분하는 명확한 기준이 되는 것이다. 그에 따라 이 연구에서는 캐릭터의 정체성과 전환의 양상을 복장으로 판단이 가능하다고 주장한다.[19] 또한이 연구에 근거하여 캐릭터의 복장을 통해 드러나는 사회, 문화적 요소를 확인할 수 있다. 이 연구에서는 주인공의 복장 변화 전후에 대상을 규정하는 사회적 인식이 변화하고 있음을 제시한다. 주인공이 힙합복장 일 때 주변 사람은 그를 한량으로 취급한다. 주인공이 정장으로 환복할 때는 주변 사람은 그를 요원으로 취급한다. 즉 주인공의 복장과 그 변화는 특정한 사회가 지닌 문화적 특성을 드러내는 셈이다.

일부 트랜스아이덴티티 연구에서는 애니메이션에 나타난 캐릭터의 정체성 구분과 전환 양상도 동일한 방식으로 이루어진다고 간주한다. 그와 같은 연구에서는 애니메이션의 캐릭터 또한 정체성 개념에 근거하여 구성요소의 표상과 변화가 인간의 가시적이고 보편적인 요소를 통해 드러난다고 간주한다. 이는 정체성의 내적 요소가 가시적으로 인지되지 않기 때문에 신체, 의복, 도구 등과 같은 외부의 변화를 통해 확인이 가능하기 때문이다.[20] 그에 따라 일부 연구에서는 애니메이션에서 캐릭터의 정체성 규정과 변화가 인간의 외부적인 특성을 통해 확인된다고 간주하기도 한다.[21]

또 다른 연구에서는 캐릭터의 정체성과 대상의 전환을 중심으로 한 애니메이션은 한 개인의 자기실현 스토리텔링과 문화적 공감대를 불러일으킨다고 논의한다. 애니메이션 캐릭터는 자유로운 상상력을 토대로 다양한 개인의 모습을 드러내고 공감하는 데 용이하다. 그러한 애니메이션 캐릭터는 가상의 대상이자, 인간 동일시의 대상이라는 점에서 다양한 개인의 정체성을 드러내는 데 용이한셈이다. 캐릭터 변화 중심의 애니메이션은 개인의 성장담을 제시하고 다양한 인간에게 공감하도록 한다는 점에서 자기실현 스토리텔링으로서 가치가 있다고 생각된다. 그러한 자기실현 스토리텔링은 다양한 개인의 개별적 모습을 상기하고 타인에게 공감하도록 한다는 점에서 특정 사회의 문화적 특성 이해에 도움이 될듯하다.

정원대는 〈센과 치히로의 행방불명(千と千尋の神隠し)〉(2001)가 캐릭터의 정체성 전환을 통해 자기실현의 스토리텔링을 형성하고 동시대 사회 구성원이 서로 공감하도록 돕는다고 주장한다. 작중 주인공은 자신을 둘러싼 사회 구성원으로 인해 획일화된 인간으로 정체성이 결정된다. 주인공의 정체성은 얼핏 일반적인 사회 구성원이지만 실상 개인에 해당한다. 그러한 주인공은 자기로서 정체성을 달성하고 싶어 끊임없이 도전한다. 주인공은 여관의 손님 혹은 주인의 억압에 저항하며 자신의 정체성을 증명하려 한다. 천신만고 끝에 주인공은 기존의 획일화된 사회 구성원의 모습에서 벗어나 자기로서의 정체성 전환을 한다. 따라서 이 연구에서는 해당 애니메이션이 주인공의 정체성 전환을 중심으로 이루어지는 스토리텔링으로 간주한다. 또한 이 연구에서는 주인공의 정체성 전환이 동시대의 우리에게 큰 호응을 불러일으킬 수 있는 요인으로 작용한다고 여긴다. 한 개인의 자기로서 정체성 실현과 변화는 동시대 다양한 사회 구성원이 공감하는 요소이기도 하다. 디아스포라, 이주민, 타자로서 여성 등은 서로 다른 사회에서 나타나지만 현대의 개인들이 공통적으로 인지하는 자기로서 정체성 실현의 양상에 해당한다. 유사하게 이 연구에서는 주인공이 그와 같은 자기로서 정체성 실현을 드러내고 공감하도록 하고 있다고 언급한다. 해당 연구를 통해 캐릭터의 정체성 전환을

중심으로 한 애니메이션 스토리텔링은 문화적 공감대를 형성하는 데 도움이 됨을 알 수 있다.[22]

캐릭터의 정체성 전환 유형은 다음과 같이 네 가지로 구분할 수 있다. 첫째, 정체성 역전의 유형은 양립불가능한 관계에 놓인 구성요소 간의 변화로 나타나는 경우를 의미한다. 정체성은 특정한 맥락 안에서 동시성립이 불가한 대립관계 혹은 역할을 기준으로 결정되기도 한다. 영웅과 악당, 형사와 범인, 애국자와 간첩 등과 같은 경우가 해당된다. 그와 같은 정체성의 결정기준은 보편적이며 가장 기본적인 사회 구성원 간의 관계를 통해 이루어지는 인간 구분의 방식이기도 하다. 또한 이는 특정한 사회에서 규정하는 보편적 외적 정체성 요소를 통해 결정된 개인의 모습과 문화적 특성을 이해할 수 있다. 따라서 정체성 역전은 정체성 규정의 가장 기본적인 방식과 그 변화를 통해 특정한 사회에서 이루어지는 인간의 모습과 문화적 특성을 드러내는 캐릭터 유형에 해당한다.[23]

〈뮬란(Mulan)〉(1998)에서 주인공은 정체성 역전에 유형이라고 생각된다. 〈뮬란〉은 실제 중국 북조시대를 배경으로 한 애니메이션에 해당한다. 〈뮬란〉에서 주인공은 여성으로서 사회적인 정체성이 있지만 아버지를 대신해 전쟁에 참여하기 위해 남성으로 분장한다. 주인공은 특정한 사회에서 남녀로 구분한 일종의 역할 정체성으로 인해 전쟁에 참여할 수 없게 되자 남성으로 분장한 셈이다. 이를 통해 주인공은 전쟁영웅으로 변화하고 사회적인 여성 정체성에서 벗어나게 된다. 이처럼 〈뮬란〉은 주인공이 사회적인 여성 정체성에서 벗어나 남성으로 변화함으로써 발생한 내용을 중심으로 이루어진다. 〈뮬란〉은 남성과 여성이라는 동시성립이 불가한 생물학적, 사회적 정체성의 변화를 통해 스토리텔링이 형성된 경우라고 할 수 있다. 또한 우리는 〈뮬란〉을 통해 중국의 남성 중심의 문화적 가치관을 확인할 수 있다. 〈뮬란〉에서 주인공은 여성이라는 이유로 남성과는 다른 차별대우를 받는다. 특히 주인공은 개인의 자기로서의 정체성이 있음에도 불구하고 사회 체제로 인해 전쟁에 참여하지 못하는 자유의지까지 제한받는 것이다. 이처럼 〈뮬란〉은 주인공의 정체성 역전을 통해 스토리텔링을 형성하고 특정한 시기의 중국이라는 사회의 문화적 특성을 이해하는 데 도움이 된다고 할 수 있다.[24]

둘째 정체성 전치는 정체성 역전을 포함하여 더 폭넓은 사회 맥락적 정체성 전환이 발생하는 경우에 해당한다. 전치(轉置)는 보편적 관념을 의도적으로 '낯설게 하여' 기존의 인식이 새롭게 재편되도록 한다는 개념이다. 전치의 개념에 근거하여 정체성 전치는 특정한 사회 맥락 안에서 한 개인의 정체성을 새롭게 인식하려 할 때 나타나는 경우이다. 정체성은 사회적 관계와 역할에 따라 형성된 의무와 권리를 통해 규정되기도 한다. 특정한 관념 중심으로 결정된 정체성은 사회 내부의 합의로 이루어진 문화적 특성과 변화를 제시할 수 있다. 그와 같은 측면에서 정체성 전치는 특정한 사회적 맥락안에서 더 폭 넓은 사회적 관계와 역할을 통해 결정된 정체성 외적 요소의 변화로 이루어지는 캐릭터 유형에 해당한다.[25] 또한 정체성 전치는 특정한 사회에서 드러나는 개인의 정체성을 통해 다양한 문화적 이슈를 이해하는 데 도움이 될 수 있다. 특정한 사회적 맥락 안에서 형성되는 구성원 간의 관계는 다양한 개인을 드러낸다. 정체성 전치는 그 곳의 개인과 다자간의 관계를 살펴봄으로써 특수한 문화적 이슈를 이해하는 데 도움이 될 것이다.

〈색/계(色/戒)〉(2007)의 주인공은 정체성 전치에 해당하는 캐릭터라고 할 수 있다. 〈색/계〉는 일제 강점기 중국을 배경으로 한 영화이다. 〈색/계〉의 주인공은 본래 매국노를 응징하려던 애국자였다. 하지만 주인공은 매국노와 사랑에 빠져 동료와 조국을 저버리고 배신자로 변화한다. 주인공의 배신자로서의 정체성 전환은 특정한 사회적 맥락 안에서 한 개인을 새롭게 인식하도록 한다. 주인공은 애국지사지만 또 한편으로 사랑을 욕망하는 여인으로서 배신자가 된 것이다.[26] 〈색/계〉의 주인공은 그 맥락 안에서 본래의 정체성과 무관하며 동시에 완전히 다른 모습으로 변화함으로써 인식을 전환하게 하는 정체성 전치의 유형에 해당하는 셈이다. 또한 주인공의 정체성 전환은 우리에게 일제 강점기에 중요시되는 중국의 애국주의적 가치를 확인하도록 한다. 주인공은 단지 개인의 차원에서 사랑을 선택하였지만 영화에서는 그녀를 매국노로 치부할 뿐이다. 이는 주인공이 동료, 주변 사람, 사회적 가치에 따르지 않아 배신자로 역할이 변화하는 상황을 통해 확인할 수 있다. 즉 〈색/계〉는 주인공의 정체성 전치를 통해 형성되고 중국의 문화적 특색을 확인할 수 있는 스토리텔링에 해당한다.

셋째, 정체성 횡단은 정체성 전환이 다양한 방식으로 이루어짐과 동시에 캐릭터의 모습이 미결정의 상태로 남는 경우에 해당한다. 횡단(橫斷)은 시공간을 좌우로 왕래하고 지속한다는 개념이다. 횡단의 개념에 근거하여 정체성 횡단은 수평적 관계를 맺는 정체성 간의 지속적인 왕래와 변화로 정체성이 미결정 상태로 남는 경우에 해당한다. 정체성 횡단은 신체와 사회적 관계의 변화가 모두 발생하지만 미결정의 상태로 남는 경우라고 할 수 있다. 신체와 사회적 관계는 모두 정체성을 규정하는 요소이자 동시에 기존 고정관념이 반영된 결과에 해당한다. 신체와 사회적 관계가 다양한 이유로 결정되지 못할 때 정체성은 마치 표류하는 배와 같은 상태에 놓여 미정의 상태로 남게 되는 것이다. 정체성의 표류는 보편적이면서도 특수한 경우이며, 특히 사회적으로 형성된 정체성이 다른 시 공간에서 표류하는 경우 그곳에서만 형성된 특정한 문화적 특성을 밝히기도 한다.

이종현은 〈죽여주는 여자(The Bacchus Lady)〉(2016)의 주인공이 정체성 횡단 유형에 속한다고 말한다. 작중 주인공은 한국에서 생계 유지를 위해 매춘을

업으로 삼는 일명 '박카스 할머니'이다. 어느 날 주인공은 단골고객이 자신을 죽여달라 부탁받고 살인자로 변화한다. 그로 인해 주인공은 '죽여주는 여자'라는 살인자로 정체성을 전환 한다. 동시에 주인공은 한 개인으로서 자기의 인생과 정체성을 고민한다. 주인공은 '박카스 할머니', '죽여주는 여자', 개인으로서의 정체성을 왕래하는 셈이다. 주인공은 자신과 타인, 사회적 관점에서 다양한 정체성을 왕래한다. 그에 따라 이 연구에서는 〈죽여주는 여자〉에서 주인공이 동시다발적으로 발생한 정체성 간의 왕래와 규정으로 결정된다는 점에서 정체성 횡단의 유형이라고 주장한다.[27] 더불어 〈죽여주는 여자〉는 한국이라는 사회에서 행해지는 매춘, 살인, 한 개인의 정체성을 부분적으로 제시한다고 할 수 있다. 주인공은 생업을 위해 매춘을 직업으로 삼고, 그 와중에 살인까지 한다. 또한 주인공은 한국사회에서 개인임에도 불구하고 일종의 소외된 타자로서 자신과 타인의 행복을 위해 살인을 저지른다는 점에서 윤리적 문제까지 생각하도록 한다. 〈죽여주는 여자〉는 주인공의 정체성 횡단을 통해 한국이라 사회에서 윤리적, 법제적, 개인행복 추구 등의 문화적 특성을 드러낸다.

넷째, 정체성 초월은 특정한 대상을 규정하던 일체의 정체성과 그 변화가 연속적으로 이루어져 나타나는 캐릭터 유형에 해당한다. 초월(超越)은 특정한 사회적 혹은 집단적 맥락에서 완전히 벗어나 대상이 새롭게 탈바꿈한다는 의미가 있다. 초월의 개념에 따라 정체성 초월은 현재의 일체 모든 것에서 벗어나 완전히 다른 대상 혹은 개인으로 변화로 나타나는 경우를 말한다. 정체성이 초월되었다는 의미는 대상을 규정하던 맥락과 일체의 모든 것에서 벗어나 완전히 새롭게 변화하였다는 의미로 해석될 수 있다. 정체성 초월은 모든 외적 정체성 요소가 기존의 관계와 맥락에 무관하게 변화하여 나타나는 캐릭터 유형이라고 할 수 있다.[28] 또한 정체성이 초월하였다는 의미는 특정 사회의 문화적 관념의 대변화 혹은 변동의 필요성을 제시한다. 정체성은 문화적 관념으로 이루어진 개념이자 인간의 모습이다. 정체성이 탈맥락으로 인해 변화가 발생하였다면 이는 그 근간이 되는 문화적 관념의 변동이 원인이 된다고 할 수 있다. 정체성 초월은 문화적 관념이 변화하거나 그 전체가 변동이 필요한 경우에 해당하는 정체성 전환 유형에 해당한다.

〈나의 붉은 고래(大鱼海棠)〉(2016)는 중국문화와 주인공의 정체성 초월을 중심으로 한 스토리텔링이라고 할 수 있다. 〈나의 붉은 고래〉에서 주인공은 세계의 질서를 관장하는 해저세계의 일원이다. 주인공은 인간을 동경하여 현재 자신의 상태에서 벗어나 그와 같은 모습으로 변화하고 싶어 한다. 이는 주인공이 실천하려는 자기로서 정체성 전환으로 나타난다. 주인공은 인간세계 탐방을 위해 돌고래로 변화하기도 하고 해저세계 금기의 위반으로 반역자가 되기도 한다. 종래에 주인공은 해저세계에서 벗어나 인간으로 거듭나면서 자기로서 정체성을 실현한다. 한편으로 주인공의 정체성과 그 전환은 중국문화적 특성을 제시하기도 한다. 중국의 집단주의적 가치관은 해저세계와 그곳의 사회 구성원으로 인해 드러난다. 주인공은 인간이 되고 싶지만 해저세계의 가치관과 사회 구성원으로 인해 현재에 머무르거나 반역자로 취급될 뿐이다. 주인공의 자기실현은 단지 개인의 차원에서 이루어지는 정체성일 뿐이지만 집단이 우선시되는 중국의 문화적 특성과 부딪치게 되는 것이다. 이처럼 〈나의 붉은 고래〉는 주인공의 정체성 초월과 중국문화를 중심으로 한 스토리텔링의 구성이 드러난다고 할 수 있다.[29]

트랜스아이덴티티는 인간의 스토리텔링 향유와 한중 문화교류의 매개체로서 애니메이션의 가능성을 밝히는 데 유용한 분석방법이라고 판단된다. 곰 캐릭터와 그 변화를 중심으로 한 애니메이션은 한중 양국의 문화적 공감대 제시와 서로가 되어보기를 나타낼 수 있다. 그와 같은 애니메이션은 캐릭터의 변화를 통해 서로 다른 우리가 개개인이 되어보도록 할 수 있다. 애니메이션과 유사하게 트랜스아이덴티티는 캐릭터의 정체성 전환을 통해 굳어진 관념이 재편되도록 하는 데 일조한다. 트랜스아이덴티티는 곰 캐릭터와 대상의 변화를 중심으로 한 애니메이션을 분석하는 데 적합한 분석방법인 셈이다. 트랜스아이덴티티는 그러한 애니메이션의 문화교류의 매개체로서 특성을 밝히는데 부분적으로 유효한 분석방법이라고 할 수 있다.

Ⅲ. 〈부니베어: 브램블의 신비한 모험〉의 네바와 브램블의 정체성 전치

1. 네바의 정체성 전치: 초월적 존재에서 이성친구로서의 변화

〈부니베어: 브램블의 신비한 모험〉은 네바와 브램블이라는 두 곰 캐릭터의 정체성 전환을 중심으로 스토리텔링이 이루어진다. 작중 네바는 암곰이자 설산과 숲의 수호 정령으로서 초월적인 존재로 나타난다. 네바는 숲의 상태를 자신의 의지대로 만들 수 있는 능력으로 인해 그 일대의 주민과 인간집단에게 수호 정령으로 간주된다. 무엇보다 네바는 감정이 격해지면 숲과 설산을 화산지대로 변화하도록 만들기 때문에 항상 잠든 상태에서 감정이 평온하게 유지되도록 한다. 브램블은 숲의 주민이자 일반적으로 찾아볼 수 있는 숫곰이다. 브램블은 숲에서 주민과 함께 월동준비를 하거나 나무꾼과 다투기도 하는 등 평범한 소시민의 모습으로 나타난다. 어느 날 브램블은 설산에 잠들어 있던 네바를 발견하고 첫눈에 반하게 된다. 네바는 브램블로 인해 잠에서 깨어나게 되고 그와의 새로운 관계형성으로 인해 이성친구로 변화한다. 그러던 중 네바는 자신을 포획하려는 인간집단과 맞닥뜨리게 된다. 생명의 위협을 느낀 네바는 격분하여 재앙의 정령으로 변화하여 숲을 화산지대로 만든다. 그러한 상황을 해결할 수 있는 대상은 네바를 깨운 브램블 밖에 없음을 알게된다. 브램블은 대의를 위해 네바를 봉인하고 숲의 평화를 되찾는다. 브램블은 숲의 평화 수호에 이바지한 공로를 인정받아 영웅이 되고 〈부니베어: 브램블의 신비한 모험〉은 마무리 된다.

두 캐릭터의 정체성과 그 전환 양상은 사회적 관계의 형성으로 인한 역할 변화를 중심으로 이루어지는 경우에 해당한다. 네바의 정체성은 브램블과 인간 집단을 만나 새로운 역할로 간주되기 전까지 변화하지 않는다. 브램블의 정체성 또한 마찬가지이다. 브램블은 네바와 인간 집단과의 관계형성으로 인해 그 역할이 변화한다. 즉 두 캐릭터의 정체성 전환은 새로운 관계 형성을 통해 역할 변화가 이루어지는 경우인 셈이다.

이처럼 〈부니베어: 브램블의 신비한 모험〉은 두 캐릭터의 정체성 전환을 중심으로 이루어진다는 점에서 트랜스아이덴티티의 스토리텔링에 해당한다고 할 수 있다. 그중 네바는 초월적 존재에서 브램블과의 조우로 인해 사회적 역할이 변화하면서 정체성 전환을 하는 캐릭터 유형에 해당한다. 네바의 정체성 전환은 초월적 존재에서 이성친구, 재앙신으로 변화한다는 점에서 일종의 사회적 역할의 변화를 통해 이루어지는 정체성 전치의 유형인 셈이다. 네바의 정체성 전치는 다음 〈표 1〉과 같이 제시할 수 있다.

〈표 1〉 네바의 정체성 구성과 전환 양상

구분	원(原) 정체성	첫 번째 정체성 전환	두 번째 정체성 전환
네바의 정체성	숲의 수호 정령	이성친구	재앙의 정령
정체성의 외적 요소	사회적 역할	사회적 역할	사회적 역할
특성	자연계의 초월적 존재로서 곰	모태와 같이 편안함을 주는 여성	억압받는 개인

〈표 1〉과 같이 네바의 원 정체성은 암곰이자 숲의 수호 정령이다. 무엇보다 네바는 숲의 수호 정령으로서 그곳의 평화와 안정이 유지되도록 하는 역할을 수행한다. 네바는 암곰이자 숲의 수호 정령이라는 초월적 존재이지만 심리적으로 불안정하기 때문에 안정된 상태로 숲의 평화와 안정을 유지하기 위해 산속 깊은 곳에 잠든 채로 있게 된다. 숲의 주민은 그러한 네바의 상태를 알기 때문에 숲의 평화와 안정을 위해 굳이 그를 깨우거나 자극하지 않는다. 세월이 흘러, 네바는 어느 덧 숲의 주민의 기억 속에서 잊혀지고 단지 초월적인 존재로 기억될 뿐이다.

네바의 원 정체성은 숲이라는 일종의 사회에서의 역할을 중심으로 한 숲의 수호정령으로 나타난다. 네바는 숲의 평화와 안정이 유지되도록 하는 정령으로서 사회적 역할이 두드러진다. 네바의 원 정체성은 숲이라는 하나의 사회가 안정되도록 관리하며 동시에 사회적 관계 속에 형성된 역할 중심으로 규정된 경우라고 할 수 있다. 네바는 숲의 수호 정령이라는 초월적 존재로서의 특성과 사회적 역할을 통해 인간이 공감하기 용이한 정체성으로 나타나는 셈이다.

네바의 원 정체성은 한반도 북방지역의 스토리텔링에서 찾아 볼 수 있는 초월적 존재로서의 곰을 제시한다고 할 수 있다. 한반도 북방지역의 스토리텔링에서 곰은 자연계의 질서를 관장하는 초월적 존재이자 시조로 나타난다. 일례로 곰은 한반도 북방지역 일대의 만주족, 퉁구스족, 오로치족 등에게 있어 인간의 영혼을 인도하는 초월적인 존재로 간주되기도 한다. 지역 인간들은 곰의 초월적인 역할로 인해 저승과 이승이 조화롭고 평화롭게 유지된다고 간주하는 것이다.[30] 유사하게 숲의 수호 정령으로서 네바의 원 정체성은 한반도 북방지역과 접경지의 스토리텔링에서 찾아 볼 수 있는 초월적 존재로서 곰의 모습을 연상케 할 수 있다. 네바의 능력으로 인해 작중 숲과 설산은 평화를 유지한채로 지속된다. 또한 네바를 둘러싼 숲과 주민들은 초월적 존재로서 대상을 존중하고 인지하고 있다. 숲의 수호 정령으로서 네바의 원 정체성은 과거 두 지역의 스토리텔링에서 찾아보기 쉬운 초월적 존재로서 곰의 모습임과 동시에 문화적 공감대를 형성할 수 있는 매개체인 셈이다.

네바의 첫 번째 정체성 전환은 브램블과의 조우를 통해 사회적 역할이 변화하면서 이성친구로 나타난다. 설산에 잠들어 있던 네바는 우연히 자신을 찾게 된 브램블로 인해 깨어나게 된다. 네바는 갑작스운운 상황과 낯선 브램블을 경계하지만 이내 새로운 관계에 적응하기 시작한다. 얼마지나지 않아 네바는 자신이 암곰이며 브램블이 숫곰임을 인지하게 된다. 네바는 새로운 대인관계의 변화를 통해 자신의 성별을 깨닫게 되고 브램블의 친절함에 반하여 이성친구로 변화하게 된다. 네바는 이성친구로서 숫곰인 브램블을 따뜻하게 맞이하기도 하고 편안한 정신적 상태에 머물도록 하기도 한다. 네바는 초월적 존재로서 정령이었지만 브램블을 만나 새로운 관계를 맺게되어 이성친구로서의 역할 변화가 이루어진다.

네바의 첫 번째 정체성 전환은 사회적 관계 변화를 통해 이성친구라는 역할로 나타난 경우에 해당한다. 한 개인의 보편적 정체성의 결정 방식 중 하나는 사회 구성원 간의 관계 변화를 통해 이루어지기도 한다. 그러한 사회 구성원 간의 관계는 한 개인의 정체성을 인식하도록 함과 동시에 특정 집단이 대상에 대해 가진 보편적 관념까지 드러낸다. 네바는 암곰이라는 여성의 정체성을 드러내고 동시에 브램블이라는 남성이 대상에게 지니고 있는 여성이라는 정체성의 관념을 제시한다. 네바는 이성친구로서 브램블을 심리적으로 안정시키는 역할로 나타난다. 그로 인해 네바는 숫곰이라는 브램블의 상대적인 이성친구인 암곰과 여성이 지닌 이미지를 제시하는 셈이다. 네바의 첫 번째 정체성 전환은 남성의 입장에서 여성이 지닌 이성친구라는 하나의 역할을 나타낸다고 할 수 있다.

또한 네바의 첫 번째 정체성 전환은 한반도 북방지역의 스토리텔링에서 나타나는 암곰의 모태와 같은 모습을 상기할 수 있다. 한반도 북방지역의 신화, 전설, 민담 등과 같은 스토리텔링에서 암곰은 모태와 같은 어머니로 나타나기도 한다. 그러한 모태와 같은 암곰은 한반도 북방지역에서 사회적으로 여성에 대한 특정한 성질을 공유한다. 모태와 같은 암곰은 어머니의 포용력과 포근함을 제시할뿐만 아니라 한반도 북방 지역에서의 여성이 지닌 공통적인 역할의 인식과 문화적 공감대를 형성하는 대상으로 자리하는 셈이다. 네바 또한 마찬가지로 암곰으로서 숫곰인 브램블을 편안하게 하는 모태와 같은 존재로 나타난다. 네바는 암곰으로서 이성인 브램블을 심리적으로 안정되게 만들어준다. 네바는 암곰 즉 여성이자 이성으로서 브램블을 편안하게 해주는 모태이자 초월적 존재의 형상을 지니고 있다고 할 수 있다.

네바의 두 번째 정체성 전환은 인간 집단의 폭력으로 인해 재앙의 정령으로 나타난다. 네바는 숲을 관장하는 초월적인 능력으로 인해 인간 집단에게 위협을 받는다. 네바는 인간 집단으로부터 도망치려고 하지만 성공하지 못한다. 네바는 개인의 자유로운 의지가 있음에도 불구하고 인간 집단에게 핍박받는 존재로 변화한 것이다. 그 때 네바는 인간집단에게 받은 공포와 불안감으로 인해 폭주하고 만다. 네바는 순식간에 흉폭해져 거대한 재앙의 정령이 되어 숲의 평화와 안정을 위협하는 존재로 변화한다. 이내 재앙의 정령이 된 네바는 브램블에게 봉인 당해 다시 깊은 잠에 빠져든다. 이후 네바는 다시 깨어나지 못하고 브램블은 그 공로를 인정받아 영웅으로 추대된다.

네바의 두 번째 정체성 전환은 인간 집단과의 관계 형성으로 인해 억압받는 개인으로 변화한 경우라고 할 수 있다. 네바는 브램블과의 관계 형성을 통해 이성친구의 정체성으로 나타났다. 네바의 이성친구로서의 정체성은 여성이자 한 개인이 타인과의 관계를 통해 형성된 모습이라고 할 수 있다. 네바는 한 개인으로서 독립적인 존재이지만 인간 집단으로 인해 억압받음에 따라 재앙의 정령으로 변화한 셈이다. 즉 네바는 한 개인으로서 의지와 정체성이 있지만 인간 집단으로 인해 모습이 한정적으로 규정되는 정체성 전환을 하는 것이다.

네바의 두 번째 정체성 전환은 현대의 인간이 공감할 수 있는 개인의 자기실현과 좌절을 드러내는 경우에 해당한다. 현대의 사회적, 도시적 시공간의 구성원은 자신의 자기실현을 인생의 주요 목표로 삼기도 한다. 그러한 자기실현의 인생 목표는 장소와 사회의 영향으로 좌절되기도 한다. 유사하게 네바 또한 한 개인이자 이성친구로서의 자기실현을 실천하려 한다. 그럼에도 불구하고 네바는 현실의 '우리'와 같이 인간집단이라는 외부적 영향으로 인해 재앙의 정령으로 변화한다. 네바는 한 개인으로서 자기실현을 하려했지만 좌절한 것이다. 네바의 두 번째 정체성 전환은 좌절된 한 개인의 자기실현을 제시하고 우리가 공감하는 일종의 사례에 해당한다.

네바의 정체성 전환은 다수에 걸쳐 사회적 역할을 중심으로 한 정체성 전치의 유형이라고 할 수 있다. 네바가 경험한 일련의 정체성 전환은 동일한 사회적 맥락과 장소에서 이루어진다. 네바의 정체성 전환은 단지 사회 구성원과의 관계 변화를 통해 이루어질 뿐이다. 그와 같은 상황에서 네바의 정체성 전환은 동시성립 불가능한 정체성 간의 변화 혹은 연관성이 높은 인물변화에 해당하지 않는다. 네바의 정체성 전환은 동일한 사회 맥락과 그 내부의 역할변화가 연속적으로 이루어진 정체성 전치의 유형에 해당하는 셈이다.

네바의 정체성 전치는 초월적 존재로서 곰의 모습, 여성으로서의 사회적 공통적인 특성, 한 개인의 자기실현 좌절로 인해 형성된 한중 문화 공감대로 인식될 수 있다. 네바의 초월적 존재로서 곰과 모태와 같은 여성의 모습은 한반도 북방지역의 스토리텔링에서 찾아볼 수 있는 문화 공감대에 해당한다. 그와 같은 문화적 요소는 동일한 대상을 통해 서로 다른 사회와 지역의 구성원이 공감대를 형성하는 데 활용될 수 있다. 또한 네바의 자기실현 좌절은 다양한 개인의 모습을 드러낸다. 네바가 드러낸 한 개인의 모습과 자기실현의 좌절은 다양한 우리의 모습을 제시하고 공감하도록 한다는 점에서 문화적 특수성에서 벗어나 상호이해의 매개로 작용할 수 있다. 따라서 네바의 정체성 전치는 한중 문화 교류의 매개체로서 중국 애니메이션의 스토리텔링을 구성하는 핵심요소가 된다고 할 수 있다.

2. 브램블의 정체성 전치: 숲의 주민에서 영웅으로의 변화

브램블 또한 네바의 정체성 전환 양상과 유사하게 사회적 관계를 통해 변화한다. 다만 브램블은 네바와 달리 인간 사회에서 찾아볼 수 있는 정체성 규정과 전환을 중심으로 캐릭터의 변화가 이루어진다. 브램블의 정체성 전환은 숲의 주민에서 이성친구, 숲의 영웅이라는 연속적인 역할 변화를 통해 이루어진다. 브램블의 정체성 전환 양상은 현대 사회의 구성원이자 인간으로서의 요소 변화를 중심으로 나타난다고 할 수 있다. 브램블의 정체성 전환 양상은 다음 〈표 2〉와 같이 제시할 수 있다.

〈표 2〉 브램블의 정체성 구성과 전환 양상

구분	원(原) 정체성	첫 번째 정체성 전환	두 번째 정체성 전환
브램블의 정체성	숲의 주민	이성친구	숲의 영웅
정체성의 외적 요소	사회적 역할	사회적 역할	사회적 역할
특성	중국 농민으로서의 모습	여성에게 의지하는 남성	대의를 위해 희생한 개인

〈표 2〉와 같이 브램블의 원 정체성은 숫곰이자 숲의 주민이다. 네바는 숲의 주민으로서 구성원과 월동준비를 한다. 브램블은 다른 숲 주민과 함께 겨울장작을 준비하기도 하고 나무 수레의 활용으로 식량 운반에 동참하기도 한다. 브램블은 숲이라는 공동체에서 월동준비를 하는 평범한 숲의 주민으로 나타난다.

브램블의 원 정체성은 숲 공동체에서 주민이라는 사회적 역할로 나타난다. 브램블은 숲 공동체에서 자신이 맡은 업무를 진행한다. 이는 브램블이 숲이라는 공동체에서 다른 구성원과 동일하게 월동준비를 하는 과정에서 드러나는 것이다. 브램블이 수행하는 월동준비는 다른 구성원과의 협업과 업무분배로 이루어진다. 또한 나무수레를 이용한 식량 나르기는 브램블이 다른 구성원에게 부여받은 사회적 역할에 해당한다. 브램블의 원 정체성은 숲이라는 하나의 공동체 즉, 사회와 그곳의 구성원 관계 속에 형성된 역할 중심으로 규정된 경우라고 할 수 있다.

브램블의 원 정체성은 한반도 북방지역인 중국에서 찾아볼 수 있는 농민의 모습을 제시하기도 한다. 한반도 북방 접경지중 하나인 중국의 농촌은 겨울을 나기 위해 다양한 월동준비를 한다. 그중 브램블이 월동준비에 사용하는 나무수레는 바퀴가 없는 눈썰매로서 나무를 덧붙여 만든 종류에 해당한다. 그와 같은 나무수레는 한반도 북방지역 인근의 중국, 그중에서도 눈이 많이 내리는 농촌에서 자주 사용하던 운반수단이다.[31] 브램블의 월동준비와 겨울장작 준비, 특정 지역에서만 볼 수 있는 나무수레는 한반도 접경지역 중하나인 중국의 문화적 특성을 제시한다고 할 수 있다. 브램블은 중국의 농촌인으로서 정체성과 행동이 애니메이션에서 나타나게 하고 인접지역의 다른 사회 구성원이 문화적 차이를 이해하는 데 도움이 되는 것이다.

브램블의 첫 번째 정체성 전환은 네바와의 조우를 통해 사회적 역할의 변화로 이성친구로 나타난다. 브램블은 설산에 잠들어 있던 네바를 발견하고 깨우게 된다. 브램블은 네바를 보고 첫눈에 반하게 된다.[32] 이윽고 브램블은 숫곰으로서 암곰인 네바를 사랑하게 되고 더욱 깊게 빠져들게 된다. 브램블은 네바와 즐거운 시간을 보내게 되고 서로의 이성친구로서 변화한다. 브램블은 네바와의 조우를 통해 이성친구로서 첫 번째 정체성 전환을 하는 셈이다.

브램블의 첫 번째 정체성 전환은 사회적 관계 변화를 통해 이성친구라는 역할로 나타난다. 한 개인의 정체성 결정은 사회적인 관계의 변화를 통해 이루어지기도 한다. 사회적인 관계는 한 개인의 정체성과 그곳의 집단이 지닌 보편적인 역할까지 드러낸다. 유사하게 브램블의 첫 번째 정체성 전환은 숫곰이라는 남성의 정체성과 이성친구로서의 정체성 관념을 제시하는 셈이다. 브램블은 남성으로서 네바에게 열렬히 구애한다. 브램블은 사랑에 빠진 남성으로서 여성을 사랑할 때 그 모습을 제시하는 경우라고 할 수 있다. 브램블의 첫 번째 정체성 전환은 남성으로서 여성의 이성친구라는 하나의 역할을 보편적인 관점에서 제시한 경우에 해당한다.

더불어 브램블의 첫 번째 정체성 전환은 여성의 모태와 같은 편안함에 사로잡힌 남성의 모습을 제시한다. 남성의 입장에서 여성은 일종의 편안한 모태와 같은 대상이기도 하다. 그러한 여성을 만난 남성은 자신을 편안한 상태로 만들어주는 모태와 같은 대상에 이끌리기도 한다. 그로 인해 남성은 여성을 통해 자신의 안정을 찾기도 한다.[33] 유사하게 남성으로서 브램블 또한 네바를 통해 편안한 상태로 접어든다. 브램블은 네바라는 여성을 통해 일상의 편안함과 자신의 꿈을 이상적으로 만드는 것이다.

브램블의 두 번째 정체성 전환은 사회적 안정을 위해 개인의 욕망을 억누르고 희생하는 영웅으로 나타난다. 브램블은 네바의 폭주로 인해 생존의 위협을 느낀다. 브램블은 생명의 위협속에서도 불구하고 네바를 이성친구로서 간주하고 보호하려 한다. 하지만 브램블은 숲과 자신의 생존이 위협받음에 따라 네바를 다시 잠들게 하도록 결정한다. 브램블은 숲 주민의 도움과 자신의 노력을 통해 네바가 다시 깊은 잠에 빠지도록 하는데 성공한다. 그와 같은 공로를 인정받아 브램블은 숲의 영웅으로 추앙받는다.

브램블의 두 번째 정체성 전환은 인간 집단과의 관계 형성으로 인해 억압받는 개인으로 변화한 경우라고 할 수 있다. 블램은 네바와의 관계 형성을 통해 이성친구로서 나타났다. 브램블의 정체성은 남성이자 한 개인이 타인과의 관계를 통해 형성된 이성친구인 것이다. 브램블의 두 번째 정체성 전환은 한 개인이지만 숲의 주민과 그와 관련된 사회 구성원으로 인해 대의를 위해 희생하는 영웅으로 변화한 셈이다. 브램블의 두 번째 정체성 전환은 한 개인의 의지와 무관하게 사회적 구성원들의 관계 변화로 희생하는 역할을 함에 따라 이루어지는 경우라고 할 수 있다.

브램블의 두 번째 정체성 전환은 사회적 분위기와 구성원들로 인해 강요받은 희생으로 만들어진 개인의 모습으로 변화가 나타난 경우로 생각된다. 현대의 사회적 분위기와 구성원들은 한 개인의 자기실현을 억압하고 변화하도록 강요하기도 한다. 그로 인해 한 개인은 자기실현이 인생 최대의 목표임에도 불구하고 외부적 영향으로 인해 좌절되거나 변화하기도 한다.[34] 마찬가지로 브램블의 두 번째 정체성 전환은 숲과 그곳 구성원들의 요구로 인해 영웅으로 변화한 경우이다. 브램블은 이성친구로서 한 개인의 자기실현을 실천하려 하지만 실패한다. 오히려 브램블은 자기실현을 할 수 있는 대상인 네바를 다시 잠들게 하면서 개인의 목표를 달성하지 못한다. 즉 브램블의 영웅으로서의 정체성 전환은 사회적 요인으로 인해 자기실현이 좌절된 한 개인의 형상이라고 할 수 있다.

브램블의 정체성 전환은 일련의 사회적 역할을 중심으로 변화가 이루어진 정체성 전치의 유형에 해당한다. 브램블의 연속된 정체성 전환은 같은 사회적 맥락과 장소에서 이루어진다. 또한 브램블의 정체성 전환은 사회적인 관계 변화를 통해 이루어진다. 브램블의 정체성 전환은 대립관계 혹은 양립하는 정체성 간의 변화와 연관성이 거의 없다. 브램블의 정체성 전환은 같은 사회적 맥락과 역할변화의 연속으로 나타난 정체성 전치의 유형에 해당한다.

브램블의 정체성 전치는 한중간의 문화적 특수성과 공감대를 제시한다고 할 수 있다. 브램블의 원 정체성은 다른 지역의 국민과 사회 구성원이 중국인의 일상적인 문화를 이해하는 데 도움이 된다. 브램블의 원 정체성은 이문화를 이해하는 데 도움이 되는 것이다. 또한 브램블의 첫 번째 정체성 전환은 인간 남성으로서 보편적인 공감대를 제시하는 역할에 해당한다. 브램블의 남성으로서 편안한 모태를 찾는 행위는 인간이 지닌 보편적 특성중에 하나이기 때문이다. 더불어 브램블의 두 번째 정체성 전환은 현대 사회에서 찾아볼 수 있는 개인의 자기실현 정체성과 실패를 통해 우리에게 공감대를 제시한다고 할 수 있다. 브램블이 제시한 개인의 자기실현 정체성과 실패는 현대의 우리가 무수히 겪는 요소로 다양한 자기의 경험을 공감하도록 하기 때문이다. 따라서 브램블의 정체성 전치는 한중 양국의 문화적 공감대 형성과 이해를 돕는 스토리텔링의 핵심적인 요소라고 할 수 있다.

IV. 〈부니베어: 브램블의 신비한 모험〉을 통한 한중 문화교류의 가능성

1. 한중 문화 공감대 형성의 매개체로서의 곰 캐릭터

〈부니베어: 브램블의 신비한 모험〉은 곰 캐릭터와 대상의 정체성 전환을 통해 한중 문화 공감대 형성의 매개체로서 역할을 할 수 있을 것으로 판단된다. 초월적 존재로서 곰 캐릭터는 한반도 북방지역에서 찾아 볼 수 있다. 예컨대 한반도 북방 접경지의 오로치족, 퉁구스족의 신화에서는 곰이 수호정령으로서 인간계와 영혼계를 유지하는 초월적인 존재로 나타난다. 오로치족, 퉁구스족의 신화에서 곰은 인간의 영혼을 인도하여 저승으로 보내고 새로운 생명은 인간계로 다시 데려오는 정령과 같은 존재로 나타난다. 그러한 초월적 존재로서의 곰은 때로는 인간으로 현현하여 특정한 민족의 시조로 자리잡기도 한다. 오로치족, 퉁구스족의 신화에서도 곰은 인간으로 현현하여 시조로 자리잡는다. 오로치족, 퉁구스족의 신화에 나타난 초월적 존재로서의 곰은 한반도 북방 접경지와 인근 시베리아 등지에서 찾아 볼 수 있다.

또한 한국에서는 웅녀를 신의 뜻에 따라 변화한 초월적인 존재로 간주하기도 한다. 웅녀는 신의 선택에 따라 변화한 초월적인 존재를 상징하기도 한다. 이는 웅녀가 인간이 할 수 없는 초월적인 능력을 통해 여성으로 변화하면서 나타난다. 또한 웅녀는 환인이라는 초월적인 존재의 선택으로 결혼을 하고 단군왕검까지 낳는다. 웅녀는 곰에서 인간으로, 단군왕검의 어머니이자 한반도 민족의 시조로 변화하는 것이다. 이는 한반도 북방과 접경지역의 스토리텔링에서 나타나는 곰 캐릭터와 대상의 변화를 중심으로 한 문화 공감대의 요소로 작용이 가능하다.[35] 초월적 존재로서의 곰 캐릭터와 대상의 변화는 유사한 스토리텔링을 통해 문화적 공감대를 형성하는 데 일조하는 것이다.

〈부니베어: 브램블의 신비한 모험〉에서 네바는 정령이자 초월적 존재로서 나타난다. 네바의 원 정체성은 숲과 선살의 정령으로서 그곳을 관장하는 초월적 존재에 해당한다. 네바의 초월적 존재로서의 모습은 한반도 북방지역과 접경지에서 찾아볼 수 있는 정령의 모습과 유사하다. 네바는 숲이라는 일종의 사회 공동체의 질서를 관장하는 존재이자 초월적 존재로서 나타나는 것이다. 그러한 네바의 정체성은 한반도 북방지역과 접경지의 스토리텔링에 나타난 곰 캐릭터와 대상의 변화를 상기한다는 점에서 한중 문화 공감대의 요소로 간주할 수 있다.

또한 한반도 북방지역과 접경지의 스토리텔링에서 곰 캐릭터는 편안한 모태를 상징하기도 한다. 예컨대 한반도 북방의 접경지에서 즈거아루족의 신화에서 암곰은 민족의 시조이자 편안한 모태로 나타난다. 즈거아루족의 신화에서 곰 캐릭터는 길 잃고 상처받은 인간을 돌보고 혼인한다. 이후 곰은 그 인간과의 사이에서 자식을 낳고 민족의 시조로 추앙받는다. 즈거아루족의 입장과 신화적 차원에서 본다면 그러한 곰은 일종의 어머니이자 편안한 모태에 해당하는 셈이다.

한반도 일대에서 어머니 혹은 모태로서 곰은 종종 찾아 볼 수 있다. 그 중에서도 단군신화에서 웅녀는 단군왕검을 낳은 어머니로 간주된다. 앞서 살펴본 바와 같이 웅녀는 한민족의 뿌리이자 시조에 해당한다. 그러한 웅녀는 신화적 차원에서 한국의 어머니이자 시조인셈이다. 웅녀는 한민족이 시작되고 지속될 수 있도록 하였다는 점에서 편안한 모태이자 어머니로 간주되는 셈이다.

네바는 암곰으로서 브램블을 안정시킨다는 점에서 편안한 모태로 나타난다고 할 수 있다. 네바는 초월적 존재로서 정령이지만 브램블과의 조우로 인해 이성친구로서 변화한다. 이성친구로서 네바는 브램블이라는 숫곰을 편안하게 만든다. 네바는 마치 모태와 같은 어머니로서 브램블을 안정시키는 셈이다. 그러한 네바의 초월적 존재에서 이성친구라는 일종의 신격의 하강은 한반도 북방지역과 접경지에서 찾아볼 수 있는 스토리텔링적 요소라고 할 수 있다. 네바는 초월적 존재이지만 브램블이라는 대상을 통해 정체성이 변화하고 이성친구라는 여성으로 변화하기 때문이다. 특히 네바의 편안한 모태로서의 역할과 모습은 한중이 정서적 공감대를 가질 수 있은 스토리텔링적 요소에 해당한다. 네바가 브램블을 편안하게 만듦으로서 한중 양국이 공감할 수 도 있는 편안 모태를 스토리텔링적 요소로 제시하기 때문이다.

네바의 정체성과 변화상은 한반도 북방지역에서 찾아 볼 수 있는 곰 캐릭터 중심의 스토리텔링으로서 문화 공감대를 형성할 수 있을듯하다. 네바가 제시하는 초월적 존재로서의 모습과 모태로서 암곰의 형상은 한반도 북방을 중심으로 한 문화적 공통점에 해당한다. 그러한 네바의 정체성과 그 변화를 통해 애니메이션으로 제작되어 한중 양국이 문화적 특수성을 옅게하여 서로가 되어 보게 할 수 있을 듯하다. 네바의 정체성과 그 변화는 한중 양국이 문화적으로 공감대를 형성하도록 하고 이를 스토리텔링으로 제시한다는 점에서 애니메이션의 핵심요소에 해당한다. 따라서 네바의 정체성 전환을 중심으로 한 〈부니베어: 브램블의 신비한 모험〉은 한중 문화교류의 매개체로 활용이 가능할 것으로 판단된다.

2. 자기실현을 통한 개인의 정체성 재현과 공감대 형성

〈부니베어: 브램블의 신비한 모험〉은 브램블의 자기실현을 통한 개인의 정체성 재현과 공감대를 형성한다는 점에서 한중 양국의 문화교류의 매개체로서 활용이 가능하다고 생각된다. 현대 사회에서 인간은 개인주의가 가속화 되면서 개인의 자기로서 모습을 증명하고 실현하려는 욕망이 두드러지고 있다. 개인은 사회적 관계와 역할로 규정된 보편적 인간의 모습임에도 불구하고 자신을 제대로 증명하려 한다. 그로 인해 한 개인은 현대 사회에서 개별적인 자신의 모습을 증명하고 실천하려는 구성원으로 자리 잡으려 한다.

중국 사회 또한 별반다르지 않다고 할 수 있다. 21세기를 전후로 한 중국의 경제성장으로 인해 그곳의 인간 또한 한 개인으로서의 자기생존과 성장을 주요 목표로 삼는다. 특히 다양한 개인 중에서도 1980년대와 1990년대 후반에 태어난 중국인은 대표적으로 개인주의적 성향이 강한 중국인이라고 할 수 있다. 중국의 1980년대와 1990년 후반에 태어난 외동 중국인은 자신 중심의 자기실현을 인생의 주요 목표로 삼는다. 그러한 중국인은 한 개인으로서의 자기실현을 위해 대도시에서 치열하게 생존경쟁에 참여한다. 두 세대에 속한 중국인은 이전에 출생한 세대와 달리 자기실현을 달성하려는 욕망이 강한 개인인 셈이다. 그로 인해 두 세대에 속하는 중국인은 개인으로서 자기실현을 달성하려는 목표가 인생의 중심에 있다고 할 수 있다.[36]

　유사하게 동시대 한국의 청·장년층 세대 또한 한 개인으로서 자기실현을 주요 인생의 목표로 삼기도 한다. 동시대 한국의 청·장년층 세대는 낮은 취업률과 높은 실업률, 가파른 물가 상승세 등으로 인해 개인화가 점차 더 심화되고 있는 사회 구성원에 속한다. 그와 같은 청·장년층 세대는 점차 혼밥 세대, N포세대, 흙수저 등과 같은 개인의 안위와 이상이 우선시 되는 인간으로 변화하고 있다. 청·장년층 세대의 모습은 현실의 각박함과 불안으로 인해 자신의 행복만을 위한 자기실현에만 집중하는 것이다.[37] 동시대 한국 청·장년층 세대는 중국의 상황과 유사하게 사회의 이념과 관념보다 한 개인으로서의 자기실현을 중요시하는 사회적 구성원인 셈이다.

　동시대 한국과 중국의 청·장년층 세대는 개인의 자기실현이라는 관점에서 문화적 공감대를 만들 수 있을 것으로 생각된다. 한국과 중국의 청·장년층 세대 또한 한 개인의 자기실현과 실천을 위해 살아간다. 한국과 중국의 청·장년층 세대는 국적, 관념, 법제, 국제관계 등의 다양한 측면에서 차이가 있지만, 현대를 살아가는 한 개인이다. 한 개인의 자기실현은 자신의 정체성을 증명하고 실천하려 함으로써 이루어진다. 한국과 중국의 청·장년층 세대는 공감하기 용이한 일종의 자기실현의 소재와 스토리텔링을 통해 문화교류를 할 수 있을 것으로 생각된다.

〈부니베어: 브램블의 신비한 모험〉에서 네바는 자기실현을 하지 못하고 억압받는 한 개인으로서 모습이 나타난다고 할 수 있다. 네바는 브램블의 이성친구로서 자신의 꿈과 희망을 찾으려 한다. 그럼에도 불구하고 네바는 숲의 주민과 인간집단으로 인해 개인의 자유를 억압받는다. 네바는 자신의 정체성을 실천하고 달성하기 위한 자유가 있지만 일종의 사회와 구성원이라는 현실적 문제로 인해 억압받는 개인이 되는 것이다. 그러한 네바의 정체성 전환과 현실 좌절은 동시대 한중 양국의 청·장년층 세대의 개인과 유사한 셈이다. 네바와 한중 양국의 청·장년층 세대는 현실의 한계와 문제로 인해 자기실현이 좌절된다. 그러한 네바의 모습은 현실의 한중 양국의 청·장년층 세대가 지닌 근원적인 욕망을 제시하고 공감하도록 하는 핵심적인 요소가 된다고 할 수 있다.

더하여 〈부니베어: 브램블의 신비한 모험〉에서 브램블의 자기실현 또한 유사한 맥락에서 이해할 수 있다. 브램블 또한 네바와 마찬가지로 이성친구로서 자신의 사랑과 욕망을 달성하려 한다. 하지만 브램블 또한 일종의 사회적 대의를 위해 자기실현의 꿈을 희생한다. 이는 브램블이 네바를 다시 잠들게 하고 영웅이됨으로서 자기실현이 다른 방식으로 이루어지는 양상으로 나타나기 때문이다. 그로 인해 브램블은 대의적 차원에서 영웅이 되지만 근본적으로 자기실현을 하지 못했다는 점에서 네바와 유사한 정체성 전환 양상이라고 할 수 있다. 〈부니베어: 브램블의 신비한 모험〉는 네바와 브램블의 자기실현을을 통해 동시대 청·장년층 세대가 공감할 수 있다는 점에서 문화적 공감대를 형성할 수 있는 애니메이션이라고 판단된다.

〈부니베어: 브램블의 신비한 모험〉은 두 곰 캐릭터의 정체성 전치를 통해 한국과 중국의 청·장년층 세대가 개인의 자기실현을 공감하도록 하는 내용으로 이루어진다고 할 수 있다. 두 곰 캐릭터는 사회적 역할과 구성원의 관계에서 벗어나 자신이 지향하는 개인으로 변화를 실천하려 한다. 그 과정에서 두 곰 캐릭터는 사회적으로 규정된 역할에서 벗어나짐 못하고 다른 방식으로 변화하거나 좌절하고 만다. 이러한 두 곰 캐릭터의 정체성 전치는 사회적 영향으로 인해 자기실현을 하지 못한다는 점에서 현대 한국과 중국의 개인으로서 자기실현이 다른 방식으로 재현되는 경우라고 할 수 있다. 〈부니베어: 브램블의 신비한 모험〉에 나타난 두 곰 캐릭터의 정체성 전치는 현대 청·장년층 세대의 모습과 변화를 부분적으로 제시한다는 점에서 한국과 중국의 사회 구성원이 공통적으로 인식하는 정체성 공감대의 역할을 한다고 할 수 있다.

V. 나가는 말

〈부니베어: 브램블의 신비한 모험〉는 두 곰 캐릭터의 정체성 전치를 통해 한중 양국이 공감 가능한 초월적 존재로서의 대상과 지역적 공통점을 통해 서로를 문화적으로 이해하는 매개체로서의 역할을 할 수 있을 것으로 생각된다. 네바를 통해 드러나는 한반도 북방지역과 접경지의 곰 캐릭터와 대상의 변화를 중심으로 한 스토리텔링적 특성은 인간의 보편적 공감대를 이해하는 데 도움이 된다. 특히 네바라는 곰의 초월적 존재로서의 특성을 통한 각기 다른 사회 구성원 간의 유대감 형성은 인간 보편적 차원의 공감과 문화적 이해를 만드는 데 일조할 수 있다. 또한 브램블을 통해 나타나는 중국인과 그곳의 문화적 특색은 우리와 다른 정감구조를 제시하고 이문화 이해에 기준으로 활용될 수 있다. 이를 네바와 브램블의 자기실현의 스토리텔링으로 녹여냈다는 점에서 〈부니베어: 브램블의 신비한 모험〉는 한중 양국에게 있어 문화교류의 매개체로서 정감구조를 공감하는데 용이한 대상으로 역할 한다.

〈부니베어: 브램블의 신비한 모험〉는 한국과 중국이 맞대고 있는 한반도 북방지역과 접경지와 같은 사회에서 문화교류의 매개체로서 활용될 수도 있다. 하지만 〈부니베어: 브램블의 신비한 모험〉에 나타난 곰 캐릭터 중심의 스토리텔링은 초월적 존재로서의 특성, 한반도 북방지역과 접경지의 특색, 자기실현의 경험을 통해 다른 장소와 사회에서도 서로의 문화를 이해하는 데 활용이 가능하다. 곰 캐릭터와 대상을 이용한 보편적 문화 공감대 형성은 다른 사회에서 찾을 수 있다. 더하여 지역적 특색이 두드러지는 요소는 다른 장소와 사회를 이해하는 데 도움이 될 가능성이 있다.

〈부니베어: 브램블의 신비한 모험〉가 한반도 북방 지역과 접경지를 중심으로 한 한중 양국의 문화적 공감대를 제시할 수 있다면 이는 유사한 장소와 사회에서도 효과를 기대해 볼 수 있다. 한중 양국과 밀접한 관계에 있는 러시아, 일본, 몽골, 북한, 동남아시아 국가는 역사적으로도 의미가 있는 사회이자 장소에 속한다. 그와 같은 국가 간의 스토리텔링적 요소와 구성의 유사성이 애니메이션을 통해 문화적 차이를 해소할 수 있다면 같은 맥락에서 일부 지역의 사회 구원에게도 유사한 효과가 나타날 것으로 판단된다. 따라서 〈부니베어: 브램블의 신비한 모험〉은 한중 양국과 더불어 인급 접경지역과 그와 유사한 스토리텔링적 특성을 지닌 사회에서 애니메이션이 문화교류의 차원에서 활용이 가능함을 제시하는 매개체라고 할 수 있다.

중국 공공외교:
코로나19 이후 보건외교를 중심으로

Ⅰ. 들어가는 말

공공외교(public diplomacy)는 이미 21세기 외교에서 중요한 화두가 되었다. 상대국 정부뿐만 아니라 국민을 대상으로 소프트파워 자산을 활용해 자국의 매력을 높이고 신뢰를 구축하는 공공외교의 중요성이 커진 것이다.[1] 또한 2000년대 들어 사스(SARS), 조류독감, 신종플루, 에볼라, COVID-19(코로나바이러스) 등의 국경을 넘나드는 감염병의 확산으로 보건문제가 국가 안보와 동일시되었고, 이로 인해 국가 간의 조정과 협력이 더욱 중요해졌다. 보건문제는 정치, 경제, 안보 면에서 국익에 영향을 미치는 변수가 되었으며, 국가 간 협력 및 집합행동과 주권사이의 전형적인 긴장을 야기하는 주체가 되었다.[2] 즉, 보건외교와 보건협력은 '공공외교'의 또 하나의 축으로 한 국가가 어떤 정책을 펼치고 개발하느냐에 따라서 국제사회에서 국가 이미지를 변화시키고 위상을 가늠하는 척도가 되었다.

　중국은 국제사회에서의 중국위협론을 불식시키고 자국에 대한 우호적인 인식을 확대하기 위한 방안으로 공공외교를 활발히 추진해 왔다. 특히 코로나19에 대한 중국책임론이 확산되면서 이에 대한 대응과 중국 방역의 성공 스토리를 전파하기 위한 목적으로 적극적인 공공외교를 전개하고 있다. 코로나19 이후 중국의 공공외교는 '방역외교(抗疫外交)', '긴급외교(应急外交)', '디지털외교(数字外交)', '트위터외교(推特外交)'등으로 불리어지고 있다.[3] 소위 중국의 '방역외교'는 감동적인 방역 사례에 대한 스토리텔링, 적극적인 방역 국제협력을 통한 책임 있는 대국이라는 이미지 메이킹, 자국중심적인 국가 이익 관점이 아닌 인류운명공동체 이념의 강조 등 3가지 축으로 전개되고 있다.[4] 또한 중국은 코로나19가 시진핑 리더십에 대한 불신 등 국내여론의 악화로 이어지는 것을 우려하여 적극적인 방역외교를 통해 국내에 중국 특색의 강대국 공공외교 모범 사례를 전파함으로써 여론을 환기시켜 왔다.

　본고에서는 코로나19 시국에서 진행되는 중국의 보건외교를 분석하기 위해 우선 중국의 공공외교를 그 역사와 발전과정을 살펴보고자 한다. 중국의 외교정책과 함께 어떻게 발전되어 왔는지를 특징별로 구분하여 그 발전의 흐름과 목표를 정리하고자 한다. 본고에서는 중국 공공외교의 목표 중 하나인 긍정적인 대외 이미지 구축 활동이 특히 코로나19 이후 중국의 보건외교에서 가장 두드러진다고 판단하여 다방면에서의 활동현황을 다양한 자료들을 통해 분석할 것이다. 이 같은 과정을 통해 중국이 활발하게 진행하고 있는 공공외교와 보건외교의 문제점 및 한계점을 도출하고자 한다.

II. 중국 공공외교 : 역사와 목표

공공외교 역시 외교의 한 축인 만큼 중국 공공외교의 역사와 발전 과정은 중국 외교정책의 목표와 특징 속에서 살펴보아야 한다. 2장에서는 중국 외교정책의 전개와 함께 공공외교가 어떻게 추진되어 왔는지를 설명한다.

1. 중국 공공외교의 역사 : 선전외교에서 공공외교로

전통적으로 중국인들은 서구의 공공외교 개념과 관련하여 외부선전(对外宣传)과 민간외교(民间外交)의 개념을 들어 중국의 업적에 대한 국제적 인식을 높이고 대외적으로 중국의 새로운 이미지를 구축하는 것으로 이해했다.[5]

중화인민공화국 수립 초기에는 주로 대외 언론정책을 통해 중국에 대한 긍정적 이미지를 확산시키고 사회주의 국가의 정당성을 강화하는 데 그 역량을 집중했다. 마오쩌둥은 1949년 10월 1일 "우리 정부는 중화인민공화국 인민을 대표하는 유일한 합법적인 정부이다. 우리 정부는 평등, 상호 이익 및 상호 영토 주권 존중 등의 원칙을 준수하는 모든 외국 정부와 외교 관계를 수립하기를 희망한다."라고 발표했다.[6] 이를 반영하듯 많은 국가들과 공식적인 관계를 수립하고 국제적인 인정을 얻는 데 주력했다. 이를 위해 1949년 10월 1일 중앙인민정부신문총서를 정식으로 설립하고 산하에 신화통신사, 라디오사업관리국, 국제신문국 등을 두었고, 이어 1950년 1월 '인민중국(人民中国)'의 영문판이 창간되었고 러시아판과 일본어판이 연이어 창간됐다.[7]

개혁개방 이후 중국의 공공외교는 개혁국가 또는 개방국가로서의 중국의 이미지를 만들고 확산하는 데 주력했다. 중국 위협론으로 인해 개혁개방 후 최대의 위기에 봉착한 상태에서 고속성장을 통해 하드파워는 급성장했지만, 소프트파워의 성장은 부족했기 때문이다. 이 시기의 공공외교는 제도화 측면에서도 발전되었는데 1980년 9월에 중앙대외선전소조(中央对外宣传小组)를 설립했고, 1986년부터 매년 1회 전국대외홍보산업회의를 개최하였으며, 같은 해에 대외문화교류협회를 설립하여 중앙대외선전소조(中央对外宣传小组)의 대외민간기구로 활동하였다. 한편 1990년대 중국은 덩샤오핑의 남순강화를 통해 사회주의 시장경제 수립을 위한 활로를 개척함과 동시에 새로운 형태의 공공외교를 모색하게 되었다. 일례로 1997년 중국공산당 선전부 영문 명칭을 'Department of Propaganda'에서 'Department of Publicity'로 변경했다.[8] 그리고 2002년 중국공산당 16대 당 대회에서 민간외교를 폭넓게 전개하여 대외문화교류를 확대하고 인민간의 우의를 증진시켜 국가관계를 발전시키겠다고 강조했다.[9]

2003년 이후 '走出去'정책을 시행함에 따라 중국 기업과 중국인들의 해외진출이 급증하게 되자 중국정부는 이들을 보호함은 물론 이들을 외교역량으로 활용하기 위해 공공외교에 관심을 갖기 시작했다. 이 시기에 중국은 국제사회에 중국이 평화롭게 부상할 것이라는 '평화발전론'과 중국의 부상은 세계에 도움이 된다는 '중국기회론'을 확산시키고자 각고의 노력을 기울였다. 그리고 '조화세계(和谐世界)론'을 확산하기 위한 공공외교를 시작했다. 2003년에 중국 외교부에 공공외교를 전담하는 공중외교처(公众外交处)를 신설했고, 막대한 예산을 투입해 자국의 대중들은 물론 전 세계의 시민들을 대상으로, 중국에 대한 긍정적인 이미지를 각인시키기 위한 다양한 외교적 노력, 즉 공공외교에 집중하게 되었다.[10]

2009년 7월 후진타오(胡锦涛)는 제11차 주중 외국 사절 회의에서 중국의 외교 사무에 있어 공공외교가 가진 중요성을 지적했다. 그리고 공공외교가 중국 전체외교의 중요한 부분으로서 국가 이미지와 국가 경쟁력을 향상시키기 위한 새로운 수단임을 강조했다. 공공외교가 중국외교의 새로운 패러다

임으로 등장함에 따라 중국은 공공외교조직의 구조, 기능에 대한 강화 작업을 시작하며 대외적인 실천도 강력하게 추진하는 자세를 보였다.[11]

그리고 2010년 전국대외선전공작회의(全国对外宣传工作会议)를 통해 중국공공외교의 전략적 목표(중국이 원하는 대외 이미지 형성, 중국 관련 왜곡보도에 대한 반론, 중국을 둘러싼 국제환경개선, 상대국의 정책결정에 영향력 발휘)를 발표하며 향후 공공외교의 발전 가능성을 시사했다.[12]

2. 중국 공공외교의 현재 : 정부 주도의 공공외교

2013년 3월 출범한 시진핑(习近平) 정부는 중화민족의 위대한 부흥의 슬로건을 내건 '중국몽(中国梦)'을 현실화하는 일환으로 중국의 국제적 위상 제고와 영향력 확대를 위한 공공외교에 주력해왔다.[13] 그리고 공공외교의 목표를 기존의 자국 문화 홍보에서 새로운 세계 질서 및 문화 구축으로 전환하였다. 자국의 문화인 중국 특색의 사회주의 체제 등 서구의 가치와 대비되는 중국적인 콘텐츠들을 공공외교의 핵심 자원으로 설정함으로써 '운명공동체' 등 중국식 세계질서 구축의 가능성을 타진하며 이를 위한 수단으로 공공외교를 활용하고자 시도했다.[14]

이에 따라 공공외교 기구와 방식이 보다 다양해졌고 정부 주도의 공공외교와 사회 내 다양한 행위자들이 함께 하는 비정부 공공외교도 형성되었다. 기존 중국의 공공외교는 외교부, 문화부, 교육부, 국방부, 국무원신문판(国务院新闻办), 국무원교무판공실(国务院侨务办公室) 등의 정부 기구가 전반적인 주제 및 계획 설정, 전략적 의사소통과 같은 역할을 담당한 것과 비교해 시진핑 시기에는 공공외교와 관련한 새로운 조직과 기구 설립이 진행됐다. 일례로 2012년 12월 설립된 중국공공외교협회(中国公共外交协会)는 공공외교의 이

넘연구 및 실천 방향 모색, 각국 외교전문가나 청소년·민간단체 등과 토론회 등을 통한 교류, 해외공공외교협회나 대학·연구기관과의 교류 및 협력, 공공외교 인재양성 활동을 지원하고 있다. 2013년 설립된 양저우(揚州) 공공외교협회는 양저우와 관계가 있는 역사적 인물을 발굴해서 해당 국가와의 공공외교 활동을 전개하고 있다. 그리고 시진핑을 포함한 중앙지도자들은 외국 방문 시 현지 언론과의 기자 회견, 공자 아카데미 방문, 기업 및 사회단체 방문, 지역사회와의 의사소통 및 커뮤니케이션을 통해 활발한 공공외교를 펼쳐 오고 있다. 그리고 방문 기간 동안 다양한 인문교류 활동에 적극적으로 참여하여 아프리카 인재계획, 중한인문교류공동위원회 메커니즘 등의 인문교류 활동의 제도화를 확립했다.[15]

중국 외교부는 'WeChat public account'와 'Weibo and Bluehall Forum'과 같은 새로운 브랜드인 'Diplomatic Smart Link'를 지속적으로 발전시켜 새로운 공공외교 추진방식을 만들었고, 동시에 해외 공관에서는 각종문화교류와 정책 발표 행사를 개최하여 중국에 대한 외국인들의 이해를 증진시키고자 했다.[16] 뿐만 아니라 공공외교 추진기구와 전개 방안을 혁신하여 왔고, 보다 체계적인 추진을 위해 중국 외교부 부처 내 공공외교 자문위원회와 공공외교사무처를 신설하였다. 중국 외교부와 재외공관에서는 공공외교 활동을 위한 체계적인 시스템을 제공하는 한편, 공공외교의 새로운 채널과 트렌드를 발굴하고 웨이신, 남청포럼(藍厅论坛)과 같은 새로운 플랫폼을 공공외교에 적극 활용하고 있다. 또한 중국 재외 공관을 통하여 해외 대중의 중국에 대한 이해를 증진시키기 위해 각종 문화교류를 확대 추진하고 있다.

중국 교육부와 문화부 등은 전 세계에 설립된 공자학원을 통하여 문화교류와 중국 문화에 대한 이해와 매력을 높일 수 있도록 공자학원을 공공외교의 중요한 거점 플랫폼으로 발전시켜가고 있다. 중국공산당 18차 당 대회 이

후 전 세계 공자학원 설립 수와 영향력은 확대되고 있으며, 2020년 기준 541 곳에 달한다.[17]

또한 국무원은 교민 네트워크를 활용하여 적극적인 공공외교를 전개하고 있다. 최근 중국 국무원 교민사무국은 각종 중화교포 단체의 연락망과 네트워크를 구축하여 교포 사회를 공공외교에 적극 활용하고 있다. 현지 주류 매체에 글을 기고하여 중국을 알리고 현지 대중들에게 보다 친근하게 다가가고자 하는 행보는 시진핑 집권 이후 정상 공공외교의 새로운 방식이라고 할 수 있다. 일례로 2014년 시진핑은 네덜란드 비즈니스 저널에 처음 글을 기고한 이후 해외 순방 시 해당 국가의 언론을 통해 글을 기고했다. 기고 내용은 양국관계를 공고히 하고 동시에 방문국의 역사와 전통문화를 인용하여 중국과의 협력을 설명하고 우호적인 양국관계 발전의 필요성을 언급하고 때로는 해당 국가의 대중들에게 중국문화를 소개하고 그 의미를 전달하고 있다. 그는 해당 국가의 각종 문화교류 활동에 참가하여 해당 국가 국민 및 청년들과 직접 교류하는 등 적극적인 공공외교 행보를 이어가고 있다.[18]

그리고 중국은 국가 이미지 구축에 있어 미디어의 중요성을 인식하며 1990년대부터 관련 정책을 마련해 공공외교에 활용해왔다. 미디어 외교라고도 불리는 외교의 형태는 정부가 주도하고 미디어 수단을 이용하여 외국 대중에게 특정한 정보를 전달하고 여론의 형성에 영향을 미침으로써 외국 대중의 신뢰와 지지를 획득하고 심지어 외국 정부의 외교정책과 행동에 간접적으로 영향을 미치는 외교 활동인 것이다.[19] 미디어 분야에서 공공 외교를 효과적으로 활용한다면, 우호적 여론을 기반으로 국제 사회에서 보다 강력한 소프트파워를 구축할 수 있다는 구상이다. 중국의 미디어를 활용한 공공외교는 2016년 2월 19일 시진핑이 직접 주요 언론사를 시찰하며 미디어의 중요성을 강조면서 미디어 외교의 양성에 힘을 실었다. 현재 중국은 7개의 CCTV 채널을 외국 시청자들을 대상으로 방송하며 신화사(新華社)를 세계 140여 개 지사로 확산하고 7개 외국어로 운영하는 등 해외 홍보에 막대한 비용과 노력을 투입하고 있다.[20]

최근의 경향을 보면 인터넷을 이용한 공공외교가 활발하게 나타나고 있는데, 등장초기에는 단순한 정보전시의 장에 머물렀던 인터넷의 역할은 현재 사회관계 네트워크의 형성과 소비자 내용생산을 기초로 하는 상호작용의 플랫폼으로 확대되고 있다. 사용자 수의 급속한 확대에 따라 인터넷은 각국 정부가 대중들의 이해와 공감을 유인하는 경쟁의 장이 되었다. 중국의 인터넷 공공외교는 대내적, 대외적인 두 가지 측면에서 시행되고 있는데, 중국 정부는 대내적으로 인터넷 상에서 외교정책을 설명하고 국민여론을 파악하며 대외적으로는 중국의 현실을 천명하고 중국에 대한 긍정적인 인식을 확보하고자 한다. 또한 중국의 인터넷 공공외교는 현실적인 외교 사안들과 결합되어 활용되는 경우가 많다. 중국지도자의 외국 방문, 아시아 보아오 포럼, 란팅 포럼 등 외교적 사안들에 대한 영향력을 확대하고 중국지도자의 대외적인 이미지를 향상시키기 위해서 관련 기관들은 인터넷을 통해 외교사안의 진행과정에 대한 관련정보를 신속하게 제공함으로써 더 많은 대중의 관심과 지지를 유인하고자 한다.[21]

하지만 시진핑 시기 중국의 공공외교는 하드파워와 소프트파워 간의 수준 차이, 권위주의적 당-국가 체계와 문화, 특유의 체제 선전(propaganda)에서 홍보를 분리하지 못하는 문제 등의 구조적인 한계가 여전히 문제점으로 지적받고 있다. 비록 현재 중국의 공공외교 정책에서 비정부 공공외교가 주목받고 있지만, 정부의 지도 아래 이루어지는 활동이기 때문이다.

그럼에도 불구하고 비정부 공공외교 영역에서의 싱크탱크 설립과 이를 활용한 교류강화 또한 현재 중국 공공외교의 특징이라 할 수 있다. 2014년

10월 '중앙전면심화개혁영도소조 제6차 회의'에서 중국의 소프트파워를 제고하기 위해 중국 특색의 새로운 싱크탱크를 설립해야 한다는 시진핑의 발언 이후, 주요 대학들에서 공공외교 관련 싱크탱크 기관이 설립됐다. 이들 싱크탱크들은 국가 관계에서 상호이해를 증대시키고 정책적인 방안을 제공하는 것은 물론, 세계 여론의 흐름을 형성하고 확산하며 특히 고위층 간의 대화를 위한 플랫폼을 구축함으로써 각국의 오피니언 리더들에게 영향을 주고 있다.[22]

3. 중국 공공외교의 목표 : 국가 이미지 구축

근본적으로 외교는 국가이익을 추구하는 활동이며, 공공외교 또한 국익 추구라는 목표를 가진다. 중국이 공공외교를 추구하는 여러 목표들에는 공통적으로 중국의 이미지 제고를 위함이 전제되어 있다. 중국의 발전을 위한 우호적인 환경 조성에 중국의 외교 정책이 맞춰져 있음을 감안할 때 중국 공공외교의 목표는 국제 사회에서의 '중국위협론'을 불식시키고 긍정적인 대외 이미지를 구축하려는 것으로 정리할 수 있다. 이와 같은 중국 외교 목표와 정책 방침은 2011년 중국 국무원 신문판공실이 발표한『중국의 평화발전백서』에서도 잘 나타나 있다. 평화발전을 대외정책 기조로 설정하고 세계평화를 유지하고 공동발전을 도모함으로써 '조화로운 세계(和谐世界)'를 추구할 것이라는 점을 분명히 밝히고 있다. 그리고 중국은 국가주권, 국가안보, 영토주권, 국가통일, 정치제도 및 경제·사회의 지속가능한 발전을 핵심 국가이익으로 설정하고, 이 핵심 이익을 침해하지 않는 한 세계 모든 국가와 우호협력관계를 유지해 나간다는 것이다.[23]

21세기에 들어서면서 중국의 대외정책에서 나타나고 있는 가장 중요한 특징 중의 하나는 신장된 국력에 걸맞은 국제적 책임과 의무를 수행해야 한다는 것이다. 중국은 내정불간섭 원칙을 신축적으로 운용하는 자세를 보이면서 유엔 평화유지활동에 적극적으로 기여하고 있으며, 아프가니스탄 전후 복구활동에도 참여하고, 이란과 북한 핵문제 해결 과정에도 주도적인 역할을 수행하고 있다. 2008년 미국발 금융위기 이후에는 세계경제 문제를 해결하기 위해 발 벗고 나서고 있으며, 국제통화기금과 세계은행 등 국제경제기구에서 지분을 확대하고 외환위기에 처한 국가들과 통화스와프협정을 체결하여 세계경제질서 안정이 유지되도록 일정 부분 기여하고 있다. 국력에 걸맞은 책임을 다하는 강대국으로서의 이미지를 국제사회에 부각시킴으로써 부상하는 중국에 대한 국제사회의 위협인식을 완화하려 하고 있는 것이다. 이에 따라 중국은 국제무대에서 중국 부상에 대한 우려를 해소하고 자국의 이미지를 개선시키기 위한 노력이 필요하게 되었으며, 이를 위해 소프트파워를 강화하고 공공외교를 적극적으로 전개하기 시작했다.[24]

그리고 중국은 세계적으로 안정되고 신뢰할 수 있으며 책임감 있는 경제적 동반자이자 경계할 필요 없이 성장하고 있는 경제대국으로 비쳐지기를 희망한다. 또한 중국지도자들은 중국이 신뢰할 수 있고 책임감 있는 국제사회의 구성원으로써 세계평화를 위해 능동적으로 기여할 의사와 능력이 있는 나라로 비쳐지기를 희망한다. 따라서 북핵문제에서 중국의 6자회담제의, 국제적 다자간협력의 증가 등의 노력을 하고 있으나 타이완 문제나 티베트 문제 등에는 정책에 반하는 입장을 취하기도 하였다.[25]

종합하자면 현재 중국의 공공외교는 정부가 공공외교의 모든 수단을 유일하게 통제하며 정치적 선전의 전통을 바탕으로 공공외교를 펼치고 있고, 자국의 국가이익 추구와 대외적으로 호의적인 국가 이미지 제고가 근본적인 목표가 되고 있음을 보여주고 있다. 이와 같은 맥락에서 코로나19 시국에서의 중국 공공외교 또한 전 세계적으로 중국의 대외 이미지 개선을 목적으로 하고 있음을 보여준다.

III. 중국 보건외교 현황: 코로나19 이후

1. 중국 보건외교의 배경

보건외교는 전 세계 공공보건문제 해결을 위한 외교활동을 포함하고, 출발점은 국제보건문제의 개선과 국민의 생명과 안전을 보장하기 위한 것으로, 국제도덕에 기초한 외교활동이라 할 수 있다. 보건외교를 행하는 과정에서 원조를 받는 국가와의 관계를 개선하고 타국민의 의식 개선을 통해 긍정적인 인상을 심는데 도움이 되어, 국가의 이미지를 제고하고 보호함으로써 국가의 소프트파워 향상을 도모할 수 있다.

중국은 1963년 4월 6일, 저우언라이(周恩來) 총리의 지시에 의해 '제1지원 의료부대'를 알제리로 파견, 보건외교를 시작했다. 베이징과 상하이에서 중의사(中醫)를 포함한 '우수 의사' 24명을 선발하여 파견했으며, 이후 약 2만 6000명의 의료진이 아시아, 아프리카, 유럽, 오세아니아 71개국에 파견되어, 2020년 기준 2억 8000만 명의 환자를 진료해왔다.

2003년 '사스(SARS)'의 확산 이후, 중국은 보건 문제가 자국의 안보, 개발, 국가 이미지 측면에서 중요한 위치를 점한다는 것을 인식하게 되었고 사스 상황에 대한 베이징 당국과 WHO 조사단의 발표 간의 차이로 인해 정보 공개의 불투명성 논란이 발생했다. 국제사회가 이를 중국의 '사스 은폐'로 규정하면서, 중국의 국제적 위상이 추락 하는 경험을 겪었고, 중국의 보건체제가 비상상황에 대한 대응 경험 및 문제해결 능력 부족이라는 면모를 드러냈으며 세계보건기구 및 서방 국가들은 중국 정부의 해결조치에 의문을 제기했다. 이에 중국은 세계보건기구가 제기한 대응 능력에 대한 신뢰 회복과 주변국의 의혹을 불식시키기 위해 위기 해결 능력을 갖춰야 함을 인식하게 되었고 보건외교를 중시하기 시작했다. 중국의 보건외교는 유럽과 미주 국가들에 비해 백여 년 늦게 시작되었지만, 전 세계의 보건문제에 적극적으로 참여하고, 국가 이미지 개선과 서방의 위기관리 능력을 배우기 위해 보건 외교를 전개하였다. 2003년 5월 7일 국무원 제7차 상무회의 〈돌발 보건사건 응급조례〉를 통과시키고 보건의료제도의 틀을 만들었다.[26]

2014년, 중국은 보건원조 가운데 규모가 가장 큰 대아프리카 에볼라 원조를 수행했고 의료진 파견, 보건선(船) 운영, 보건 인프라 건설(병원, 말라리아 퇴치센터), 보건 지식 및 기술 공유, 전문가 교육, 약품과 의료 물자 제공, 국제기구 지원(UN 에이즈 퇴치 프로그램 등) 등 글로벌 보건 협력에 참여했다.[27]

2. 중국 보건외교의 현황

첫째, 중국은 코로나 19 이후 EU 국가들과의 관계 개선을 위해 유럽지역으로 코로나 19 관련 방역 물품을 제공하였다. 중국은 중국-유럽 대륙열차를 안정적으로 운행하면서 방역물품을 운송하고 있다. 중국 철로의 위챗(WeChat)보도에 따르면, 2020년 1분기에 중국-유럽 대륙 열차의 운행편수는 1941편을 기록했고, 17.4만 TEU의 컨테이너가 발송되었으며, 이는 각각 동기대비 15%, 18% 증가한 수치였다. 이외에도 유럽행 대륙열차를 통해 44.8만개, 1440톤 규모의 방역물품을 이탈리아, 독일, 스페인 등의 국가에 발송하였다.[28]

중국은 2015년부터 보건 실크로드 계획을 전면에 내세워 유럽을 비롯한 여러 국가들과 위생 분야에서 협력을 벌여왔다. 중국 보건 실크로드 계획의 내용은 〈국가 위생건강위원회의 "일대일로" 위생 교류 협력에 관한 3년 시행 계획(2015-2017)(国家卫生计生委关于推进"一带一路"卫生交流合作三年实施方案(2015-2017)〉을 토대로 하고 있다. 계획의 구체적인 내용은 다음과 같다. 중국과 동부 및 중부 유럽국가 의료기관 간의 직접 교류를 강화하고, 공립 의료 서비스 시스템의 효능을 제고하기 위해 "중국 –동부 및 중부 유럽 국가 의원 및 공공 위생 기구 협력 네트워크"를 구성한다. 이는 의료 자원 계획 및 배분, 의료 서비스 관리, 공립 및 사립 의원 협력, 의료 관광, 의학연구 및 교육, 공공위생 등 영역의 인재교류 및 실무협력을 위한 것이다.[29]

특히, 중국은 세르비아 지역에서 활발하게 보건외교를 진행하고 있다. 코로나 19 확산 초기, 세르비아 정부는 확산세를 줄이기 위해 국제사회 여러 구성원에게 긴급 방역물품 지원을 요청했다. 하지만, 당시 세르비아 정부의 급박한 상황과는 달리 EU와 다른 국가들은 이러한 상황을 외면하였다. EU 가입을 준비중인 후보국 세르비아에게 EU는 역내 확산으로 인한 방역 물품 부족을 핑계로, 또 친 세르비아 정책을 표방해왔던 러시아는 적절한 수급 망을 확보하지 못했다는 이유로 세르비아의 긴급한 요청을 거절하였다. 반면 중국은 세르비아의 다급한 목소리에 가장 신속한 반응을 보였다. 코로나 19 위기로 힘들어하던 세르비아의 긴급 요청에 대해 중국은 어느 국가보다도 발 빠르게 화답했고, 곧이어 3월 21일 마스크 및 대량의 의료용품과 의료진들을 베오그라드에 파견했다. 절박한 상황에 빠져있던 세르비아 부취치 대통령은 중국의 신속한 결정에 감사하며 공항에 직접 나와 중국 의료진들을 환대했다.[30]

그는 친밀감의 표시로 공항에 도착한 중국 의료진과 팔꿈치 인사를 나누었고, 중국의 오성홍기에 입을 맞추며 시진핑 주석을 '형제이자 친구'라 부르는 등 극도의 고마운 마음을 감추지 않았다. 이후 세르비아에서 코로나 19 확산세를 줄이기 위한 방역 체계 구축에 중국의 도움과 지원은 큰 부분을 차지하게 된다. 세르비아 정부는 중국 의료진과 전문가팀 건의를 적극적으로 받아들였고 국방부를 중심으로 강력한 방역 대책을 수립하였다. 그리고 얼마 뒤 3월 30일 이후로 세르비아 수도 베오그라도를 가로지르는 큰 도로 곳곳에는 '코로나 19' 대응 의료물품과 의료진 등을 지원한 시진핑 중국 주석에게 고마움을 표시하는 대평 전광판들이 내걸렸다. 전광판 내용에는 붉은 오성홍기 바탕위에 시진핑 사진과 함께 중국어와 세르비아어로 '시 형제 감사합니다'라는 문구가 새겨져있었다. 의료장비와 방역물품 그리고 의료진 파견 등 중국 '코로나 외교'에 대한 세르비아 정부의 극진한 감사의 표시였다. 이에 대해 중국의 시진핑 주석은 양국간 관계가 그 어느 때보다도 더 깊어졌음을 상기시키며 '코로나 19로 인해 더 깊어진 양국간의 우정을 형제애로 승화 발전시켜 나가길 희망한다'는 서신으로 답하였다.[31] 이를 통해 볼 때 중국은 보건 외교 전략을 통해 일부 유럽 지역에서 중국에 대한 이미지 개선 목표를 일정부분 이루었다고 볼 수 있다.

둘째, 중국은 주변국가들과 백신 개발 및 백신 외교 경쟁을 벌이고 있다. 2021년 3월 1일 기준 다수의 국가에서 사용승인을 받은 12개의 코로나 19 백신중 6개가 인도(2개)와 중국(4개)에서 개발되면서 백신 생산 능력에 관심이 집중되고 있다.[32] 중국은 시노팜 백신 2종과 시노백(Sinovac), 칸시노(Cansino)가 중국 국가약품감독관리국의 조건부 사용승인을 받으면서 해외 다수 국가에 대한 무상 원조 및 수출을 진행하고 있다. 사용승인을 받은 백신 외에도 중국에서는 10개의 백신에 대한 추가적인 임상시험이 진행되고 있어서 앞으로도 중국은 백신개발에서 선두 주자의 입지를 공고히 할 것으로 보인다.

중국은 국가 프로젝트 차원에서 14개의 코로나 19 백신을 개발하고 있으며, 시노팜 북경과 우한 연구소, 시노백(Sinovac), 칸시노(Cansino)에서 각각 개발한 4개의 백신이 조건부 사용승인을 받았다. 시노팜과 시노백의 코로나 19 예방률은 3상 시험이 진행된 국가별로 차이를 보이나, 중국의 국가약품관리국에 제출한 보고서에 따르면 시노팜은 79.34%,[33] 시노백[34]은 50.65%, 칸시노는 65.3%의 예방률을 보였다고 보고되었다. 시노백의 경우 세계보건기구(WHO)가 권고한 최저승인 기준인 50%를 겨우 넘겼기 때문에 중국 백신의 효과가 제한적이라는 의견이 제기되고 있지만, 중국은 자국 내 백신 접종과 해외 백신 원조를 통하여 지속적으로 중국산 백신의 안정성을 강조하고 있다.[35]

〈표 1〉 중국 코로나19 백신 개발 현황

백신 개발사	타입	개발단계
시노팜(Sinopharmm, 国药集团) 베이징(北京) 생물제품연구소	Inactivated	3상/조건부 사용승인 (2020. 12. 31)
시노팜(Sinopharmm, 国药集团) 우한(武汉) 생물제품연구소	Inactivated	3상/조건부 사용승인 (2021. 2. 25)
시노백(Sinovac, 科兴中维)	Inactivated	3상/조건부 사용승인 (2021. 2. 5)
칸시노(Cansino, 康希诺生物)/ 군사과학원 군사의학연구소	Viral vector (Non-replicating)	3상/조건부 사용승인 (2021. 2. 25)
Zhifei Longcom Bio(智飞龙科马生物)/ 중국과학원 미생물연구소	Protein subunit	3상
중국의학과학원 의학생물학연구소	Inactivated	3상
스촨(四川)대학 화서의원/ 강소성(江苏省) 질병예방컨트롤센터	Protein subunit	2상
Fosun Phama(复星医药)/ BioNTech(독일)	mRNA	2상

백신 개발사	타입	개발단계
Biokangtai(康泰生物)/ Minhai Bio(民海生物)/ 강소성(江苏省) 질병예방컨트롤센터	Inactivated	2상
Clover Bio(三叶草生物)/ GSK/ Dynavax	Protein subunit	1상
Walvax(沃森生物)/Abogen(埃博生物) 군사과학원 군사의학연구원	mRNA	1상
Fosun Phama(复星医药)/ BioNTech(독일)	mRNA	1상
Wantai Bio(万泰生物)/ 샤먼대학/ 홍콩대학	Viral vector (Replicating)	1상
Advaccine(艾棣维欣)/ Inovio제약(미국)	DNA	1상

출처: ThePaper(2020. 12. 6), https://baijiahao.baidu.com/s?id=1685281075910098256&wfr=spider&for=pc; 시노팜 공시자료(2020. 12. 3), http://www.sinopharm.com/s/1223-4126-38840.html; 시노백 공시자료(2021. 2. 6), http://www.sinovac.com.cn/?optionid=468&auto_id=1872(검색일: 2021. 12. 8).

이외, 중국은 남아시아 지역 및 아프리카 지역에 무료 백신을 지원하고 있다. 백신이 부족한 국가들에게 코로나 19 백신을 제공함으로써 이 지역에서 중국의 국제적 이미지를 제고하고 상대 국가들에게 친근한 이미지를 심어주길 희망한다고 할 수 있다. 특히 인도와 중국은 개발도상국에 백신을 무상으로 또는 저렴한 가격에 공급하는 '백신외교' 경쟁을 벌이고 있다. 인도는 이웃 국가 우선 정책하에 남아시아 국가를 시작으로 세계 여러 나라에 백신 680만 도스를 무상으로 공급하였고 1650만 도스를 상업적으로 공급하였다. 중국은 백신 개발 단계부터 개발도상국과의 협력을 통하여 중국의 대외적 영향력을 확대하고 있으며 향후 53개국에 대한 백신 원조와 22개국에 대한 백신 수출을 통해 백신 외교의 범위를 지속적으로 확대할 계획이다.

인도와 중국의 백신은 독감 백신과 같이 영상 2-8도의 환경에서도 유통이 가능해 상대적으로 초저온 유통 구조가 취약하거나 선진국과의 백신 경쟁에 밀려 백신 획득이 어려운 개발도상국들에 장점으로 부각되고 있다. 중국은 일대일로 프로젝트 등을 통해 인도양에서 영향력을 확대함에 따라 인도와 중국의 갈등이 깊어진 상황에서 이번 백신 공급 경쟁을 통해 양국은 남아시아 지역에 대한 영향력을 강화하려는 것으로 해석할 수 있다.[36] 이외에도, 남아시아 지역에서 중국의 국제적 이미지 개선 효과도 기대할 수가 있다.

사실상, 중국은 백신 개발 단계에서부터 개발도상국과의 협력을 통해 백신 공급을 전제로 3상 임상시험을 진행하였다. 시노팜, 시노백, 칸시노 (Cansino)는 아랍에미리트, 브라질, 인도네시아, 멕시코 등의 개발도상국과 협력하여 6만 명 이상의 지원자를 대상으로 3상 시험을 진행하였다. 시노팜은 아랍에미리트에서 3만 1000명, 바레인에서 7,700명의 지원자를 대상으로 3상 시험을 진행하였다. 시노백은 브라질, 인도네시아, 터키 등지에서 약 2만 5000명의 지원자를 대상으로 3상시험을 진행하였다. 칸시노는 멕시코에서 약 1만 5000명의 지원자를 대상으로 3상 시험을 진행하고 있으며 3500만 도스의 백신을 공급하기로 하였다. 그동안 중국의 백신 개발 성공이 가시화되면서 시진핑 주석은 2020년 5월 제73회 WHO 연례회의 개막식에서 코로나 백신을 '글로벌 공공재'로 만들겠다고 밝히고 적극적으로 백신외교를 펼쳐왔다.[37]

지난 6월 시진핑 주석은 아프리카 정상들과 진행한 화상 정상회담에서 아프리카 국가들에 백신 우선공급을 언급하였으며, 8월 리커창 총리는 캄보디아, 미얀마, 태국, 베트남 등의 동남아 국가들에 코로나 백신 우선 접근권을 보장하겠다고 강조하였다. 아프리카 지역과 남아시아 지역의 경우, 의료 환경이 상당히 열악한 것으로 알려져 있다. 남아시아 지역의 경우, 코로나 19로 인한 사망자 수가 사상 최대를 기록했고, 지난해 남아시아 경제는 40년

만에 최악을 기록했다. 코로나 위기는 남아시아 지역의 공공의료 공백을 여실 없이 드러냈다. 통계에 따르면, 남아시아 지역은 가장 기본적인 의료시스템도 제대로 갖추어져 있지 않다. 파키스탄의 경우, 1000명당 의료인 0.1명, 간호사 0.6명, 의사 1명이 배당되는 것으로 나타났다. 방글라데시의 경우도 의료 시스템에 GDP의 2.3%를 쓰고 있다.[38]

아프리카 지역의 경우는 중국이 2015년 이후 지속적으로 보건외교를 진행해 온 지역이기도 하다. 중국 하이난 항공과 퉁런(同仁)병원은 아프리카 짐바브웨·모잠비크 등의 가난한 백내장 환자에게 시력을 되찾아주는 '광명행(光明行)'사업을 15년째 시행하며 1800명에게 무료 수술을 해주었다. 중국 잠비아 우의병원(友谊医院)은 백내장을 앓고 있는 빈곤가정 환자 100여 명에게 시력 회복 수술을 해주었다. 이외에도 중국의 의료진들은 아프리카 수단에서 '광명회 자선 구호 활동'을 진행했다. 스리랑카 중사회문화협력협회 초청에 응해 중국 황하문화유산 기금회는 10일 콜롬보 랑카병원에서 이틀간의 스리랑카 광명행동 공익의료활동을 진행했는데 100여 명의 현지 백내장 환자들이 무료로 수술치료를 받았다.[39] 이처럼, 중국은 그동안 아프리카지역에서 이 같은 보건 외교를 활발히 진행해왔다. 이외에도 중국은 2021년 2월 1일 파키스탄을 시작으로 브루나이, 네팔, 필리핀, 미얀마, 라오스 등 13개 개발도상국에 대한 백신 원조를 진행하고 있으며 향후 38개 개발도상국에 대한 추가적 백신 원조를 계획하고 있다.[40]

다음 표는 유니세프가 집계한 동남아 국가와 중국의 백신 공급계약 내용이다. 캄보디아는 대체로 중국 백신에 의존하고 있으며 인구가 가장 많은 인도네시아는 중국 백신 공급 계약건이 가장 많다. 싱가포르는 백신접종의 안정성과 유효성이 가장 높은 화이자, 모더나 백신 접종을 선호하여 상대적으로 중국 백신 사용이 가장 적은 국가이다.

<표 2> 동남아 국가의 중국 백신 공급 계약내용

	시노팜 (베이징 중국의학집단/ 사백신)	시노백 (국영회사 시노백/ 사백신)	칸시노 (칸시노바이오로직스, 중국군사과학원 개발/ 바이러스백터백신, 1회 접종)
캄보디아	1,000,000도스	7,500,000도스	NA
라오스	코백스 경유공급 (수량미확인)	코백스 경유공급 (수량미확인)	NA
미얀마	코백스 경유공급 (수량미확인)	NA	NA
필리핀	NA	코백스 경유공급 (1,000,000도스)	NA
말레이시아	NA	14,000,000도스	3,500,000도스
인도네시아	7,5000,000도스	125,500,000도스	NA
태국	9,000,000도스	12,900,000도스	NA
베트남	5,000,000도스	NA	NA
싱가포르	NA	200,000도스	NA
브루나이	코백스 경유공급 (52,000도스)	NA	NA

출처: Unicef(COVID-19 vaccine Market Dashboard(검색일, 2021. 12. 4)단위 1회 접종분(1dose)

이처럼 중국은 코로나 19 이후 공공외교의 일환으로 유럽 국가들에게 마스크, 방호복 및 각종 의료물품을 지원하였고, 남아시아 국가들에게는 무료로 백신을 공급하고 있다. 실제로 원조를 받은 국가들의 대 중국 이미지는 많은 부분 개선된 것으로 나타나고 있으며, 이를 통해 볼 때 중국의 보건외교는 일정 부분 긍정적인 효과를 가져왔다고 할 수 있다. 하지만, 애초에 코로나 19 바이러스가 중국 우한에서 창궐해서 전 세계로 퍼져나갔다는 비판이 국제사회에서 끊임없이 제기되고 있는 상황에서 중국이 보건 외교를 통해 얻을 수 있는 성과를 꼼꼼히 되짚어 봐야 할 것이다.

3. 중국 보건 외교의 한계점

중국이 이처럼 활발하게 공공외교의 일환으로 보건 외교를 진행하고 있지만, 여러 가지 문제점 및 한계점들을 극복해야 할 것이다.

첫째, 미국의 견제를 들 수 있다. 미국 내 코로나 19 문제가 악화되면서 전 트럼프 정부는 방역과 함께 이 문제의 책임을 중국에 돌렸다. 미국은 중국이 초기에 코로나 19 정보를 은폐하고 축소했다고 지적했다. 미국의 중국을 목표로 한 외교전은 당분간 지속될 것으로 보인다. 이외에도 미국과 중국은 동남아 지역에서 백신 원조(ODA) 경쟁을 벌이고 있다. 2021년 8월 5일 집계일 기준, 중국 백신을 가장 많이 사용한 국가는 캄보디아와 라오스이며, 미국 백신이 가장 많이 제공된 나라는 베트남, 필리핀, 인도네시아이다. 동남아 대륙부 국가들은 자체적으로 백신을 확보하기 어려운 환경에 있어, 중국의 지원이든, 미국의 지원이든 먼저 손을 내미는 국가와 협력하는 길이 코로나 펜데믹을 극복하는 유일한 방법이다. 전반적으로 중국과 미국은 동남아 국가 백신 원조에 적극적이며 경쟁적인 모습을 보이고 있다. 향후 미국이 중국의 보건외교에 대한 견제가 어떤 식으로 진행되느냐를 주목할 필요가 있다. 이외, 미국은 중국의 보건 외교전략에 대해 다음과 같은 반응을 보여왔다. 미국 행정부 고위 관리는 "중국 공산당은 글로벌 펜데믹에 대한 책임을 미국에 전가하기 위해 선전전을 필사적으로 벌이고 있다"며 "중국 공산당은 그들 행동에 책임을 져야 하며 그렇지 않을 경우 다음번에 중국에서 바이러스가 발발하면 중국인과 세계가 안전하지 못할 것"이라고 말했다.

그는 보건외교에 대해서도 "중국은 전염병 대유행과 싸우는 전 세계 국가를 지원할 특별한 의무가 있으며, 미국은 중국이 이 상황을 악용하지 말고 원조를 제공할 것을 촉구한다"고 강조했다. 그러면서 "미국과 유럽은 수

십 년 구축된 정치·경제·안보적 유대에 기반을 둔 깨뜨릴 수 없는 관계"라며 "공중보건 분야 글로벌 리더로서, 미국은 유럽과 다른 파트너들과 대유행의 해법을 찾는 데 계속 협력해나갈 것"라고도 했다.[41] 이처럼, 미국은 중국이 공공외교의 일환으로 보건 외교를 활발하게 진행하는 것에 대해 비판의 목소리를 높이고 있으며, 국제사회의 의무이지 특별한 것이 아니라고 맞서고 있는 상황이다. 이런 상황에서 중국은 보다 현명하게 보건 외교의 진행방향을 결정하고 추진해야 할 것이다.

둘째, 코로나 19가 중국에서 발원한 바이러스이고 이로 인해 경제 피해를 입었다는 대 중국 소송 공세가 이어지고 있다. 미국의 미주리주, 호주, 영국의 한 학회 등은 중국 보건 당국, 중국과학원 등을 망라해 국제 '소송전'을 공세하였고, 또한 미국의 일각에서는 미국이 중국의 관료와 코로나 19 펜데믹 상황에서 이익을 취한 산업에 경제제재를 가해야 한다는 주장까지 나왔다.[42] 중국에 대한 판결 여부가 금액, 제재 가능성과는 별개로 중국의 대외 이미지에 타격에 불가피하다는 점에서 영향을 미칠 것으로 보인다. 중국이 애초에 대외 이미지 제고와 매력 공세의 측면에서 보건 외교를 시작한 측면에서 본다면 이같은 결과는 상당히 부정적인 영향을 줄 수 있다.

셋째, 중국산 마스크와 방호복 등 의료제품에 품질 문제가 불거지면서 오히려 국가 이미지가 훼손되고 있다고 볼 수 있다. 중국은 올해 초 중국산 마스크 386만개, 방호복 3750만개, 산소호흡기 1만6천개, 코로나 19 진단키트 284만개를 수출한 것으로 알려졌다. 하지만, 네덜란드, 필리핀, 크로아티아, 터키, 스페인은 모두 중국산 의료 제품에 의구심을 제기하였다. 독일 정부는 중국산 수입 마스크 가운데 60만개를 불량이라는 이유로 전부 회수조치 한다고 밝혔다. 네덜란드 당국은 중국산 마스크 추가 수입 물량에 대해서도 품질시험을 거친 뒤 배포한다는 계획이다. 이들 정부 관계자들은 마스크가 제대로 맞지 않았고 필터가 설계된 대로 작동하지 않았다고 전했다. 하지만, 중국 정부는 이에 대해 "진단 키트를 잘못 사용한 것"이라며 "장비가 제대로 작동하지 않는 사례를 가지고 정치화 하지 말라"고 지적했다. 여기서 정치화란 표현을 쓴 건 슬로바키아 정권이 지난달 선거에서 교체 된 후 마토비치 현 총리가 전임 정부가 구입한 진단키트를 문제 삼고 있다고 본 것이다.[43]

중국산 진단 키트에서 오류가 발생한 건 이번이 처음이 아니다. 스페인은 지난해 중국에서 들여온 진단키트의 정확성이 30%에 불과해 반품하겠다고 밝혔다. 스페인 임상미생물학회는 긴급 생명을 내 해당 회사의 진단키트를 쓰지 말라고 권유했다. 체코도 중국산 진단키트 30만개를 샀으나 이중 3분의 1은 결함이 있는 것으로 나타났다. 터키도 수천개의 터키를 수입했으나 정확도가 35% 미만이어서 중국의 다른 업체에서 수입하기로 했다. 국제전략문제연구소(ICS)의 팀 헉슬리 아시아 담당 상무는 "중국이 우한 코로나 사태를 계기로 서구 국가들에 대한 외교 공세를 강화하고 있지만 일부 국가에 조잡한 키트를 제공하는 전술상 오류로 순 외교적 이득이 제한적인 수준에 머물 수 있다"고 말했다.[44] 중국이 보건 외교를 통해 애초에 시도했던 국가 이미지 제고와 매력 공세에 성공할 수 있으려면 불량 의료 지원품에 대한 품질 제고 등 문제에 있어 보다 철저한 태도를 보여야 할 것이다.

위에서 언급한 문제 및 한계점을 극복하지 않는 한 중국이 보건 외교를 통해 얻을 수 있는 외교적 성과는 상당부분 제한 될 것으로 전망할 수 있겠다.

VI. 나가는 말

코로나 19 이후 중국은 기존의 보건외교를 더욱 강화하며 국가 이미지 개선에 박차를 가하고 있다고 볼 수 있다. 국제사회에 마스크 및 보건 물품 제공, 백신 무료 공급 등을 통해 주변 국가와 유럽 지역국가들과의 관계를 개선하려고 시도하고 있다고 볼 수 있다.

하지만 코로나 19 바이러스의 발원지가 중국 우한이라는 의혹이 완전히 사라지지 않았고 미국과의 경색 국면이 지속되는 한, 중국의 보건 외교에도 여러 한계점들이 존재한다고 할 수 있다. 특히 트럼프 전 미국 대통령 임기 시기 경색된 미중관계가 향후 어떤식으로 진행되는 지를 주목해야할 필요가 있다. 논문에서 확인했듯이 중국은 소프트 파워를 확보하고 국가 이미지를 제고하기 위한 노력을 지속할 것이다. 그 과정에서 미국의 견제가 어떠한 식으로 작동하는지 지켜봐야 할 것이다.

중국은 2021년 중국공산당 창당 100주년을 맞아 다양한 공공외교 전략을 구상하고 있다. 중국정부의 구상처럼 '인류운명공동체'를 위해 인류발전 과정에서 발생하는 중대한 글로벌 이슈들을 해결하는데 국제사회가 합심하는 계기를 마련한다면 중국의 변화와 공공외교 또한 바람직한 방향으로 전개될 것이다.

제1장 노태우 정부 이후 역대 정부의 북방정책:
통일정책에서 국가전략으로 _____ 정기웅

1   https://www.bukbang.go.kr/bukbang/vision_policy/history/ (검색일: 2020년 12월 15일).

2   노태우 대통령은 1988년 2월 25일 취임사에서 "우리와 교류가 없던 저 대륙국가에도 국제협력의 통로를 넓게 하여 북방외교를 활발히 전개할 것"을 선언하였다(노태우 1988).

3   북방정책 또는 북방외교란 용어는 언제부터 사용되기 시작하였는가? 북방정책이라는 용어를 처음에 누가 어디서 사용하였는가에 대해서는 확실한 기록이 없지만, 1973년 한국이 6·23선언으로 대공산권 문호개방정책을 채택한 이후라고 보는 견해가 지배적이다. 학계에서는 6·23선언이 한국의 북쪽에 있는 중국과 소련을 지칭한다고 생각하고 서독의 동방정책(ostpolitik)을 연상해서 북방정책(nordpolitik)이라고 명명한 것으로 파악하고 있다. 문헌을 검토해보면, 1974년 각종 간행물에 한국의 중소관계 문제와 관련하여 학자들이 사용하기 시작하였다는 것을 알 수 있다. 예로서 이철(1974)과 이기택(1974) 등을 제시할 수 있다(이석호 1988, 119에서 재인용).

4   1983년 6월 29일 이범석 외무장관은 국방대학원에서 '선진조국의 창조를 위한 외교과제'란 제목으로 행한 강연에서 '북방정책'을 한국외교의 중요과제로 제시하였다. 사실 이범석 장관은 강연에서 명확하게 '북방정책'이라는 표현을 사용하지는 않았지만, 그가 강의 청취자에게 배포한 연설문에 '북방정책'이라는 단어가 포함되어 있었기에 '북방정책'이라는 용어가 정부에 의해 공식적으로 사용된 첫 번째 행사로 간주하고 있다(노진환 1993, 64-70). 이범석 장관은 이 연설에서 "앞으로 우리 외교가 풀어나가야 할 최고 과제는 소련 및 중공과의 관계를 정상화하는 북방정책의 실현에 있다."고 말하였으며, 서울신문과의 인터뷰에서 "북방정책이란 표현은 그동안 써왔던 대(對)공산권 정책이란 말과 거의 같으나 공산권이란 용어가 국제사회의 변화에 따라 부적절한 측면도 있고 불필요한 자극적 요소가 있어 이를 피하기 위해 쓴 것이다."라고 밝힌 바 있다(『서울신문』 1983년 6월 30일).

5   https://www.bukbang.go.kr/bukbang/vision_policy/nation/ (검색일: 2020년 12월 15일).

6   네이버 국어사전에서는 '국가전략'을 "국가 목표의 달성, 특히 국가의 안전 보장을 위하여 전시와 평시에 국가의 모든 저력을 종합적으로 발전시키고 그것들을 효과적으로 운용하기 위한 방책"으로 설명하고 있다. https://ko.dict.naver.com/#/entry/koko/7d0b2af5dd5f442c8837c01576bfeb84 (검색일: 2020년 12월 15일). 그러나 일반적으로는 '국가 목표 달성을 위한 다

양한 전략들'을 통칭하여 국가전략이라고 부른다. 이런 맥락을 따른다면 통일정책이나 외교·안보정책도 국가전략의 일부분이라고 볼 수 있을 것이다. 본 연구에서 사용하는 '국가전략'의 의미는 통일/외교·안보정책을 포함하는 동시에 북방이라는 지리적 목표를 명확히 하는 지전략(geostrategy)이자 경제전략을 뜻하며, 북방정책이 확대·발전되었다는 점을 강조하기 위해 통일/외교·안보정책과 구분하여 사용하고 있음을 밝힌다.

7   https://www.korea.kr/special/policyCurationView.do?newsId=148865644 (검색일: 2020년 12월 15일).

8   물론 이와 반대로 "북방정책은 실패했다"는 견해 또한 찾을 수 있다. 하용출(2003, 2)은 "북방정책은 그 중요성에도 불구하고 동 정책의 불행한 말로와 그 이후 정권들의 의도적인 정책 단절 표방으로 정책 결정과 집행 당시의 높은 관심이 지나자 거의 이름조차 언급되지 않았다"라고 주장한다. 이러한 주장에서 미루어 짐작할 수 있듯이 북방정책은 한동안 우리의 관심에서 멀어져 있었던 것이 사실이다. "이런 상황은 국내정치와 외교정책의 평가가 혼동된 결과이며 동시에 민주화 이후 자주 일어나는 정권 교체에서 기인한 것이다(하용출 2003, 2)"라는 주장은 상황의 일면을 잘 설명하고 있다. 그러나 김대중 정부의 '철의 실크로드' 구상은 북방정책을 국가전략의 차원에서 부활시켰으며, 이와 같은 국가전략 지향적 성향은 김대중 정부 이후 정부들에서 공통적으로 발견할 수 있다.

9   중견국 개념은 흔히 네 가지로 분류되어진다. 위계, 기능, 규범, 행태에 따른 분류이다. 위계적 분류는 국제체제 내에서 한 국가가 갖는 국력의 위치에 따른 분류를 말한다. 인구수, 영토의 크기, 경제력, 군사력 등을 고려하여 중견국과 약소국을 구별하는 것이다. 기능적 분류는 지정학적 분류에 가깝다. 특정 국가가 강대국 사이에 위치해 있거나 지정학적 요충지에 있느냐의 여부에 따라 분류하는 것이다. 규범적 분류는 한 국가가 국제법과 국제규범을 지키고 국제질서를 유지하는데 동참하는지의 여부에 따라 중견국과 약소국을 분류한다. 행태적 분류는 국제분쟁에 있어 타협적이고 다자주의적 해결을 추구하고 선량한 국제시민의 역할을 담당하느냐의 여부에 따라 중견국과 약소국을 분류하는 것이다(Cooper, Higgott and Nossal 1993). 이러한 네 가지 분류 중 한 가지만 충족시켜도 그 국가는 중견국으로 분류될 수 있으며, 따라서 한국을 중견국으로 분류하는 것에 무리가 없을 것이다.

10 〈그림 4〉의 위쪽은 북한의 입장, 아래쪽은 남한의 입장을 나타내며, 밑에서 세 번째 칸은 지방자치제가 시작된 시기와 선거 시기를, 네 번째 칸은 선거구제의 변경 및 방식과 시기를 의미한다. 예로서 '880426'은 '1988년 4월 26일'을 의미한다.

11 승자연합은 권력(정권)을 쟁취하거나 유지하는 데 꼭 필요한 핵심세력을 일컫는다. 승자연합에 관한 설명은 Mesquita(2014), 81~86을 참조할 것.

12 시간적 개념을 도입함으로써 가장 명시적으로 통일에 대한 국민의 기대치를 보여주었던 통일예측시계(12시가 되면 통일이 달성되는 것으로 보았다)의 경우 2009년에는 4시 19분이었던 (델파이패널, 합의형) 통일시각이 2016년에는 오히려 3시 31분으로 후퇴하였다(홍우택

외 2016, 33)

13 https://chinesewiki.uos.ac.kr/wiki/index.php/%ED%8C%8C%EC%9D%BC:One.jpeg (검색: 2020년 12월 15일).

14 http://www.nsp.go.kr/national/national02Page.do (검색: 2020년 12월 15일).

제2장 북방 문화 접점 식별을 위한 이론적 토대와 확장성 검토 _____ 김진형

1 김진형, 『북방: 번영의 경제, 평화 외교의 축』(경기: 한국학술정보(주), 2021a).

2 *Ibid.,*

3 *Ibid.,*

4 Pender, J. L., Weber, B. A., Johnson, T. G., & Fannin, J. M. (Eds.), *Rural wealth creation* (Routledge, 2014); Flora, C. B., Flora, J. L., & Gasteyer, S. P, *Rural communities: Legacy and change* (Routledge, 2018).

5 Uz and Irem., "The index of cultural tightness and looseness among 68 countries", *Journal of Cross-Cultural Psychology*, Vol. 46, No. 3 (2015), pp.319-335.

6 Chua, R. Y., Huang, K. G., & Jin, M., "Mapping cultural tightness and its links to innovation, urbanization, and happiness across 31 provinces in China", *Proceedings of the National Academy of Sciences*, Vol. 116, No. 14 (2019), pp.6720-6725; Gelfand and Michele, *Rule makers, rule breakers: Tight and loose cultures and the secret signals that direct our lives* (Scribner, 2019); Pelto, Pertii J., "The differences between "tight" and "loose" societies", *Trans-action*, Vol. 5, No. 5 (1968), pp.37-40.

7 김진형 (2021a).

8 김진형, "중국의 권력-자본경제에 대한 문화적 접근: 개념적 논리에 대한 이론적 토대", 『제2차 HK(+)연합학술대회 자료집II』(서울: 한국외국어대학교 국제지역연구센터, 2021b). pp.241-251.

9 *Ibid.,*

10 *Ibid.,*

11 Hong, Z., *The price of China's economic development: Power, capital, and the poverty of rights* (University Press of Kentucky, 2015).

12 Guan, X., H. Wei, S. Lu, Q. Dai, and H. Su., "Assessment on the Urbanization Strategy in China: Achievements, Challenges and Reflections." *Habitat International*, Vol. 71 (2018), pp.97-109.

13 Pender et al, (2014).

14 참조: Nordhaus, W. D., "How should we measure sustainable income?", *Cowles Foundation*

for Research in Economics, No. 1101 (1995); Nordhaus, W. D., "New directions in national economic accounting", *American Economic Review*, Vol. 90 (2000), pp.259-263.

15   Arrow, K.J., Dasgupta, P., Goulder, L.H., Mumford, K.J., & Oleson, K., "Sustainability and the measurement of wealth", *Environment and Development Economics*, Vol. 17 (2012), pp.317 - 353.

16   Pearce, D.W., G.D. Atkinson, and W.R., Dubourg. "The economics of sustainable development", *Annual Review of Energy and the Environment*, Vol. 19 (1994), pp.457-474.

17   한국민족문화대백과사전, "이속", http://encykorea.aks.ac.kr/Contents/Item/E0044801 (검색일 2022. 01. 21.); 한국민속문화대백과사전 (2015); 우리역사넷, "서리직", http://contents.history.go.kr/mobile/nh/view.do?levelId=nh_013_0020_0020_0010_0030#ftid_0231) (검색일 2022. 01. 22.).

18   한국민족문화대백과사전, (2022); 우리역사넷, (2022); 윤경진, "고려향리(高麗鄕吏)의 신분 변화(身分變化)에 관한 연구(硏究)", 『國史館論叢』, 제13호 (1997년).

19   Lee, C. K., *The Specter of Global China* (University of Chicago Press), 2020.

20   김진형 (2021b).

제3장 동북아시아 교류와 충돌, 혼종문화의 접점 사할린 _____ 이은경

1   쿠릴열도는 캄차카반도 남단에서 홋카이도 북동부까지 1,200km에 걸쳐 뻗어있는 56개의 섬 이다. 아이누인과 윌타인(ульта) 등의 원주민이 거주하던 곳으로, 18세기 러시아인이 이투루 프 섬에 들어와 쿠릴스크라는 마을을 건설했으며, 18세기 말부터는 일본이 이곳을 지배하였 다. 제2차 세계대전 직후 소연방이 점령하였다.

2   일본은 이투루프 섬, 쿠나시르 섬, 시코탄 섬, 하보마이 군도 등 쿠릴열도 남부의 대표적인 4 개의 섬을 두고 러시아와 분쟁을 벌이고 있다. 일본은 제2차 세계대전 이후 소연방의 영토 가 된 이 섬들이 홋카이도에 부속된 일본 고유의 영토라고 주장하며 러시아에 돌려줄 것을 지 속적으로 요구하고 있다. 일본은 쿠릴열도 분쟁을 북방영토 문제로 일컫고 있는데, 1950년대 만 하더라도 시코탄 섬과 하보마이 군도에 대해서만 영유권을 주장했으나 1960년대 이후에 는 쿠나시르 섬과 이투루프 섬에 대해서도 영유권을 주장하고 있다. 일본은 이 섬들을 쿠릴 열도라는 말 대신 북방 4도, 북방영토(北方領土)라고 부르며 영유권을 주장한다. 러시아 측 은 샌프란시스코 강화조약에서 일본이 쿠릴열도 전체에 대한 모든 권리를 포기한 것을 근거 로 이투루프 섬과 쿠나시르 섬이 쿠릴열도에 포함된다는 주장이다. 또한 얄타 회담에서 연합 국의 사전 승낙에 의해 소련의 참전(參戰)과 전후(戰後) 사할린 및 쿠릴열도의 할양이 이뤄졌 다는 것에 근거를 둔다. 그럼에도 불구하고 일본이 쿠릴열도의 남부를 잃었다는 사실에 대해 서 인정하려 들지 않는 것은, 샌프란시스코 평화 조약에 따라 사할린과 쿠릴열도의 주요 군도

에 대한 권리는 포기했지만 소련에 양도된 것으로 인정하지 않기 때문이다. 샌프란시스코 조약에 소련이 서명을 하지 않았기 때문에 일본은 소련 정권이 끝날 때까지 법적으로 계속 전쟁 상태였으며, 이러한 영토 문제로 인해 소련을 계승한 러시아 연방과 일본 간에도 평화 조약이 체결되지 않고 있다. М. С. Высоков (ред.), *История Сахалина и Курильских остров с древнейших времён до начала XXI столетия* (Южно-Сахалинск: Сахалинское книжное издательство, 2008), c. 473-476.

3   본 논문에서는 러시아에서 사용하는 명칭인 아무르강으로 언급할 것임을 밝혀둔다.

4   만주어로 '사할랸 울라'는 아무르강을, '앙가'는 협곡 또는 하구를, '하타(가타)'는 바위를 뜻한다. 유럽인은 17세기 중국에서 만든 지도에서 사할린의 명칭을 처음 본 것으로 알려졌다. 1709년 중국과 프랑스 연합팀이 전국지도 제작프로그램의 일환으로 아무르강 하구를 방문하였고 그곳 지역민에게서 인근 연안에 섬이 있다는 것을 전해 듣는다. 수사회는 순록을 방목하기에 좋은 섬이 있다는 것을 듣게 되고, 본토 사람들이 이 섬을 다양한 이름으로 부르고 있는 것을 확인한다. 그중에서 가장 일반적인 것이 'saghalien anga hada(검은 강 하구에 있는 섬)'이었고, 북경에서 들어보았던 'Kuye(庫頁)'라는 명칭에 대해서는 그곳 사람들이 전혀 알지 못하고 있었다고 기록한다. 프랑스인들은 자신들의 지도에도 사할린섬을 'saghalien anga hada'라고 표시하였다. https://ru.wikipedia.org/wiki/참조.

5   니브흐인 출신의 작가이자 사회평론가이면서 니브흐어와 러시아어로 작품 활동을 했던 블라디미르 미하일로비치 상기(Владимир Михайлович Санги, 1935~   )의 『이흐-미프의 전설 (Легенды Ых-мифа)』(1967)은 이흐-미프에 살았던 니브흐인의 조상에 대한 이야기를 담고 있다. 이 책은 니브흐인의 본거지가 사할린섬이었음을 상세히 밝혀준다. 상기는 니브흐문학의 창시자로 알려져 있다.

6   Э. М. Яншина, *Каталог гор и морей* (М: Наука, 1977), c. 102.

7   *Там же*, c. 191.

8   윤성학, 『모피로드』 (서울: K북스, 2021), pp.164-165.

9   А. А. Василевский, Н. В. Потапова, *Очерки истории Курильских островов* (Южно-Сахалинск: Сахалинская областная типография, 2017), c. 122.

10   Высоков, *Указ. соч.*, c. 246.

11   윤성학, *op. cit.*, p.165.

12   윌타인은 니브흐인과 마찬가지로 퉁구스인에 해당한다. 윌타인은 스스로를 윌타라고 부르지만, 아이누인은 이들을 오로크라고 일컫는다.

13   라페르즈 탐험대는 1787년 5월 27일 서양인 중 최초로 울릉도를 발견하였다. 라페르즈 탐험대는 울릉도를 실측하였고, 탐험대원 중 이 섬을 가장 먼저 발견한 천문학자 다줄레(Dagelet)의 이름이 붙여진 이래 1950년대까지 150년간 서양 지도에서는 이 이름이 사용되었다. 울릉도 탐사 경위는 1797년 『라페루즈의 세계 탐험기』라는 제목으로 출판된 바 있다.

소비에트 시대 활동했던 작곡가이자 시인이며 영화배우인 유리 비즈보르(Юрий Визбор)
는 '르포르타주 곡'이라는 장르의 창시자였다. 그는 무려 300곡에 이르는 르포르타주 곡을 만
들었는데, 〈라페루즈의 해협(Пролив Лаперуза)〉이라는 노래의 가사에서 '저 멀리 라페루
즈 해협의 험한 해안에서 내가 돌멩이를 던진 곳(где я кидаю камушки с крутого бережка
далекого пролива Лаперуза)'이라는 내용을 찾아볼 수 있다.

14 마쓰다 덴주로와 마미야 린조는 1808년 조사에서 좌우로 갈라져 전진하다가 만나면서 이곳
이 반도가 아니란 것을 추측할 수 있었다. 마미야 린조는 이를 확인하기 위해 1809년 다시 혼
자 사할린 탐사 길에 올랐는데, 당시에는 사할린이 아무르강 하구의 남쪽에서 대륙과 연결되
어 있다고 잘못 알고 있었지만, 두 번째 탐험을 통해 그는 북위 53°15 지점에 도달해 사할린
이 섬이라는 것을 확인한다. 나아가 건너편 대륙으로 넘어가 아무르강 하류 데렌까지 이르러
그곳의 청나라 관리들과 만나 아무르강 하구와 사할린의 관계를 명확히 하게 되었다.

15 시베리아 민족들에게 총보다 치명적인 것은 러시아인이 갖고 온 천연두였다. 시베리아 원주
민은 천연두에 면역이 없었다. 1630년 한티인, 만시인, 네네츠인 인구의 절반이 역병을 세상
을 떠났고, 1650년대에는 예니세이강을 건넌 천연두로 에벤크인과 야쿠트인의 80%, 유카기
르인 절반이 목숨을 잃었다. 18세기 초반에 캄차카에 당도한 천연두는 이텔멘인과 코랴크를
쓰러뜨렸고, 천연두와 함께 매독 또한 원주민 사회를 초토화시켰다. 윤성학, *op. cit.*, p.55.

16 보즈네센스키가 쓴 서사시(1970)의 제목이자 알렉세이 리브니코프의 음악과 안드레이 보즈
네센스키의 리브레토로 이루어진 록 오페라 〈주노와 아보시(Юнона и Авось)〉는 실제 사건
을 바탕으로, 1806년 러시아 정치인 니콜라이 레자노프(Ни-колай Резанов)의 캘리포니아
여행을 다룬 작품이다. 작품의 제목인 〈주노〉와 〈아보시〉는 니콜라이 레자노프 원정대가 타
고 항해한 범선 두 척의 명칭이다.

17 코르사코프는 1869년에서 1908년에 이르는 동안에는 코르사코프 항으로 불렸으며, 1908년
에서 1946년 사이에는 오도마리(大泊)로 불렸다. 도시 건설은 러시아인에 의해 이뤄졌지만,
정작 이 도시는 일본이 지배했을 때 가장 풍요로운 시기를 누렸다. 코르사코프는 유즈노사할
린스크와 더불어 사할린에서 러시아인이 거주했던 최초의 두 도시 중 한 곳이며, 러시아뿐 아
니라 일본에게 있어서도 섬을 소유하고자 했던 초창기 역사와 밀접하게 연관된 도시이다.

18 윤성학, *op. cit.*, p.165.

19 1855년 일본 시모다(下田)에서 맺은 러·일 화친조약으로, 두 나라의 경계 지점을 설정하고
사할린섬을 공동 관리 구역으로 지정하였다. 당시 두 나라는 명확한 경계 없이 일본은 남부
에, 러시아는 북부에 양국이 거주할 수 있다고 공표하였다.

20 1875년 러시아와 일본 사이의 국경을 변경·확정하기 위해 체결된 조약으로 일본에서는 가라
후토·지시마(千島) 교환조약(사할린-쿠릴열도 교환조약)이라고 부른다. 일본의 무관이자 정
치가였던 구로다 기요타카(黑田淸隆)는 사할린보다 홋카이도 개척에 전력을 다해야한다고
주장했고, 일본 정부는 이를 받아들여 사할린섬 전체를 러시아령으로 인정하는 대신, 우루프

섬을 포함한 쿠릴열도 북쪽의 18개 섬을 넘겨받았다. 이와 더불어 러시아는 사할린섬에 있던 일본인의 재산을 배상하고 일본의 어업권을 승인하기로 했다.

21 1897년 11월 러시아와 밀약을 맺은 독일이 중국의 칭다오 주변을 점령하고 나선다. 그 결과로 러시아는 1898년 3월, 청나라에게서 만주 중에서도 요충지인 뤼순과 다롄을 조차 받아 이곳을 아르투르 항으로 칭하며 해군 기지 및 요새를 건설한다. 이 아르투르 항이 바로 여순항으로 러일전쟁을 촉발시킨 일본의 공격은 러시아 군사시설에 대한 직접적인 공격을 의미했다.

22 1938-1945년 사이 일제 치하에서 강제징용으로 이 지역에 이주한 한인은 약 15만 명에 달했다. 일본은 부족한 노동력을 보충하기 위해 한인들을 사할린으로 데려갔으며, 1945년 전쟁이 끝났을 당시 사할린에 남아있던 한인의 수만 해도 6만 명가량에 이를 정도였다. 1956년 일본과 소련이 국교를 회복하면서 사할린에 있던 일본인이 모두 귀환하였으나, 일본 정부는 귀환대상에서 한인을 제외시켰다. 현재 사할린 주의 주도인 유즈노사할린스크와 그 일대에는 일제강점기 말에 징용된 한인과 그 후손 4만 3,000여 명이 분포해있으며 이들 중 귀환을 바라는 이는 7,000여 명에 이른다.

23 최길성, 『사할린 유형과 기민의 땅』 (서울: 민속원, 2003), p.83.

24 B. Елизаров, *Подлинная история Курильских островов и Сахалина XVII-XX вв.* (М.: Алгоритм, 2008), c. 663-665.

25 일본이 동원한 한인 가운데 다수가 노동자였다. 일본 정부의 책임 정도에 따라 노무자의 동원 경로를 국민징용, 할당모집, 관알선으로 구분하여 모두 공권력으로 집행했다. 정혜경, 『아시아태평양 전쟁에 동원된 조선의 아이들: 태평양에서 남사할린까지 침략전쟁에 희생된 작은 사람들』 (고양: 섬앤섬, 2019, pp.118-119.

26 알렉산드롭스크는 사할린에서 제정 러시아의 영향을 가장 먼저 받은 곳이었다. 1881년부터 형성되기 시작한 도시로 유형자들의 손으로 건설된 군사초소가 후에 사할린 유형지의 중심이 되었으며, 체호프도 이 초소를 방문한 적이 있다. 국립민속박물관 편, 『러시아 사할린 · 연해주 한인동포의 생활문화』 (서울: 국립민속박물관, 2001), p.41.

27 А. М. Соколов, *Айны: от истоков до современности* (СПб.: МАЭ РАН., 2014), c. 455.

28 *Там же*, c. 225.

29 *Там же*, c. 705.

30 *Там же*, 2014, c. 651.

31 *Там же*, 2014, c. 418-430.

32 А. Б. Спеваковский, *Духи, оборотни, демоны и божества айнов* (М.: Наука. 1988), c. 53.

33 Соколов, *Указ. соч.*, c. 701.

34 *Там же*, 2014, c. 651.

35 *Там же*, 2014, c. 336.

36 1949년 사할린에는 약 100명의 아이누가 살고 있었다. 유일하게 남아있던 아이누인 남자가

1961년 사망했고, 마지막 남은 순혈의 아이누인 세 명도 1980년대에 사망했다. 지금은 러시아인과 일본인 또는 니브흐인과 섞인 혼혈만 남아있지만 그들 중 일부는 자신을 아이누인이라고 생각한다.

37 В. В. Щепкина (ред.), *Айны в истории российско-японсикх отношений XVIII-XIX вв* (СПб.: Лема, 2020), c. 95.

38 Соколов, *Указ. соч.*, с 713-714.

39 В. В. Подмаскин, Р. В. Гвоздев, "Историко-культурные в взаимоотношения айнов, тунгусо-маньчжуров, нивхов: проблемы этногенеза и этнической истории". *Труды института истории, археологии и этнографии ДВО РАН*. Т. 31. Владивосток, 2020, c. 71.

40 А. Б. Островский, *Мифология и верование нивхов* (СПб.: Центр "Петербургское Востоковедение", 1997), c. 28.

41 В. И. Бойко (ред.), *Нивхи Сахалина: Современное социально- экономическое развитие* (Новосибирск: Наука. Сиб. отд-ние., 1997), c. 21.

42 심지어 소련 정부는 1945년 이후 사할린 지역의 니브흐인, 오로크인, 아이누인 및 일본인 정착민들을 일본으로 강제 이주시켰다. 1991년 소련이 붕괴하면서 국가 지원에 의존하던 원주민들은 더욱더 경제적인 어려움을 겪게 되었다. 사할린 지역에서 외국기업이 추진하는 대규모 해양 석유 추출 프로젝트로 인해 원주민의 삶은 거대한 위협에 직면하고 있다. 2005년 1월에 선출된 지도자는 쉘과 엑손의 석유자원 개발 산업에 반대하는 비폭력 항의운동을 진행하였다. 이런 운동은 모스크바, 뉴욕 그리고 베를린에서 대규모 연대 운동으로 발전하였다.

43 국립민속박물관 편, *op. cit.*, p.31.

44 권석영, 『온돌의 근대사』 (서울: 일조각, 2010), p.25.

45 국립민속박물관 편, *op. cit.*, p.354.

46 *Ibid.*, p.53.

47 А. П. Чехов, *Собрание сочинений*. Т. 10. (М.: Художественная литература, 1956), c. 186.

48 류시욱, 『오호츠크해의 바람』, 방일권 역 (경기: 선인, 2013), p.42.

49 Иконникова, *Указ. соч.*, c. 102.

50 Е. А. Иконникова, *Сахалин и Курильские острова: язык, литература, культура* (Южно-Сахалинск: СахГУ. 2014), c. 45-55.

51 국립민속박물관 편, op. cit., p.41.

52 Н. В. Потапова, *Вероисповедная политика Российской империи и религиозная жизнь дальнего востока во второй половине XIX-начале XX вв.* (Южно-Сахалинск: Сахалинское книжное издательство, 2009), c. 203.

53 에드워드 W. 사이드, 『문화와 제국주의』, 김성곤, 정정호 역 (서울: 도서출판 창, 2021), p.554.

54   사할린의 인구분포에 관해서는 https://ru-wiki.ru/wiki를 참조.

55   석순희, 『조선인과 아이누 민족의 역사적 유대: 제국의 선주민·식민지 지배의 중층성』, 이상 복 옮김 (서울: 어문학사, 2019), p.162.

56   *Ibid.*, p.190.

57   А. А. Василевский, *Каменный век острова Сахалин* (Южно-Сахалинск: Сахалинское книжное издательство, 2008), с. 222.

제4장 북방 경제문화의 통로:
유라시아 경제회랑을 통한 협력과 한국의 대응 _____ 송병준

1   UNU-CRIS, "Towards Greater Connectivity: The South Caucasus as a Railway Hub between the EU and China", Policy Brief, (2019), p.2.

2   Benyamin Poghosyan, "China's OBOR Initiative: Opportunities for the South Caucasus", *IndraStra Global*, Vol. 4, No. 7, (2018), pp.2-4.

3   Smolnik, Franziska et. al. "China's Belt and road Initiative and the South Caucasus". *Caucasus Analytical digest*, No. 111 (2019), p.4.

4   Diana Yayloyan and Inan Ambeent, "New Economic Corridors in the South Caucasus and the Chinese One Belt One Road", *The Economic Policy Research Foundation of Turkey*, (2018), pp.29-30.

5   Frederick Starr, S., "US Perspectives on China's Belt and Road Initiative in Central Asia and the South Caucasus," *International Studies*, Vol. 56, Iss. 2-3 (2019), p.83.

6   *Ibid.*, p.84.

7   Diana Yayloyan and Inan Ambeent, *op. cit.*, p.13.

8   Vakhtang Charaia and Vladimer Papava, "Belt and Road Initiative: Implications for Georgia and China-Georgia Economic Relations", *China International Studies*, (November / December 2017), p.123.

9   South Caucasus and Central Asia MTI team, "South Caucasus and Central Asia: Belt and Road Initiative Azerbaijan Country Case Study", *World Bank*, (2020), p.6.

10   Arne Schuhbert and Hannes Thees, *Of Routes and Corridors: Challenges and Opportunities for Silk Road Destinations in the Southern Caucasus*, (2020), p.1.

11   Diana Yayloyan and Inan Ambeent, *op. cit.*, p.4.

12   South Caucasus and Central Asia MTI team, *op. cit.*, p.6.

13   Vakhtang Charaia, Archil Chochia and Mariam Lashkhi, "The Caucasus 3 Plus the Baltic 3 and Economic Cooperation with China", *Baltic journal of European studies*, Vol. 8 No. 2

(2018), p.51.

14 UNU-CRIS, *op. cit.*, p.4.

15 Franziska Smolnik et. al., *op. cit.*, p.17.

16 *Ibid.*, p.6.

17 Vladimer Papava, "One Belt One Road Initiative and Georgia", *Georgian Foundation for Strategic and International Studies, Expert Opinion*, No. 93 (2017), p.5.

18 Roie Yellinek, "Opinion – The Impact of China's Belt and Road Initiative on Central Asia and the South Caucasus", *E-International Relations*, (2020), p.2.

19 Vakhtang Charaia & Vladimer Papava, *op. cit.*, p.126.

20 Eldar Ismailov and Vladimer Parava, "Caucasian Tandem and the Belt and Road Initiative", *Central Asia and the Caucasus*, Vol. 19, Iss. 2 (2018), p.14.

21 Karen Smith Stegen and Julia Kusznir (2015), "Outcomes and strategies in the 'New Great Game': China and the Caspian states emerge as winners," Journal of Eurasian Studies, Vol. 6, Iss. 2, p.94.

22 Eldar Ismailov and Vladimer Parava, *op. cit.*, pp.14-15.

23 James Wesley Scott and Ilkka Liikanen (2010), "Civil Society and the 'Neighbourhood'? Europeanization through Cross-Border Cooperation?," Journal of European Integration, Vol. 32, No. 5, pp.424-425 참조.

24 Aigerim T. Akhmetova (2021), "Armenia–Azerbaijan Wars: Looking for Nagorno–Karabakh Conflict Resolution," Air University Advanced Research Program, p.3 참조.

25 UNU-CRIS, *op. cit.*, p.1.

26 *Ibid.*, pp.1-2.

27 Franziska Smolnik et. al., *op. cit.*, pp.4-5.

28 Diana Yayloyan and Inan Ambeent, *op. cit.*, pp.32-33.

29 UNU-CRIS, *op. cit.*, pp.1-2.

30 Richard Pomfret (2018), "The Eurasian Land Bridge The Role of Service Providers in Linking the Regional Value Chains in East Asia and the European Union", ERIA Discussion Paper Series, p.5.

31 Richard Pomfret (2018), "The Eurasian Land Bridge The Role of Service Providers in Linking the Regional Value Chains in East Asia and the European Union", ERIA Discussion Paper Series, pp.4-5.

32 Diana Yayloyan and Inan Ambeent, *op. cit.*, p.32.

33 *Ibid.*, pp.33-34.

34 Vakhtang Charaia & Vladimer Papava, *op. cit.*, p.125.

35 Diana Yayloyan and Inan Ambeent, *op. cit.*, p.33.

36 *Ibid.*, pp.34-35.

37 Eldar Ismailov and Vladimer Parava, *op. cit.*, p.10.

38 *Ibid.*, p.10.

39 TRACECA (2021), TRACECA History.

40 Frederick Starr, S., Frederick, *op. cit.*, p.83.

41 TRACECA, op, cit.,

42 Richard Pomfret, "The Eurasian Land Bridge The Role of Service Providers in Linking the Regional Value Chains in East Asia and the European Union", *ERIA Discussion Paper Series*, (2018), p.3.

43 South Caucasus and Central Asia MTI team, *op. cit.*, p.10.

44 Diana Yayloyan and Inan Ambeent, *op. cit.*, p.35.

45 *Ibid.*, pp.35-36.

46 The Astana Times, "Kuryk Seaport Plans to Increase Shipment Capacity", 2021.

47 Katherine Schmidt, *"Azerbaijan's Port on China's Road, Reconnecting Asia"*, 2019.

48 Thomas Kennedy, "Competitiveness Annalysis of the Caucasus Transit Corridor Improving Transit Potential for Central Asia-Europe Trffic", *UsAid Economic Prosperity Initiative (EPI)*, (2012), pp.1-2.

49 Diana Yayloyan and Inan Ambeent, *op. cit.*, p.36.

50 Tristan Kenderdine and Péter Bucsky, "Middle Corridor-policy Development and Trade Potential of the Trans-Caspian International Transport Route", *Asian Development Bank Institute*, ADBI Working Paper Series, No. 1268, (2021), pp.1-4.

51 Benyamin Poghosyan, *op. cit.*, p.3.

52 *Ibid.*, p.3.

53 Anar Valiyev (2018), "U.S. Disengagement from the South Caucasus The Throne is Never Vacant", *PONARS Eurasia Policy Memo*, No. 545 (2018), p.3.

54 *Ibid.*, p.3.

55 *op. cit.*, p.40.

56 Leszek Tymoteusz Zemke, Armenia, "Road Project, North-South Corridor, section in the northern part of the corridor Yerevan to Bavra," *World Bank Eastern Partnership Transport Panel.* (2017).

57 Eldar Ismailov and Vladimer Parava, *op. cit.*, p.9.

58 *Franziska Smolnik et. al. op. cit.*, p.5.

59 Guliyev Mushfig and Huseynova Khatira, "Transformative impacts of globalization on the

economy of South Caucasus and Central Asia", *SHS web of conferences*, Vol. 92, p.8 (2021), p.9.

60 Franziska Smolnik et. al., *op. cit.*, p.6.

61 UNU-CRIS, *op. cit.*, p.4.

62 Franziska Smolnik et. al., *op. cit.*, p.3.

63 Karen Smith Stegen and Julia Kusznir, *op. cit.*, p.94.

64 Diana Yayloyan and Inan Ambeent, *op. cit.*, pp.65-67.

65 Seymur Mammadov, "Another route from China to Europe in the South Caucasus," *China Daily*, (2021).

66 Eldar Ismailov and Vladimer Parava, *op. cit.*, p.10.

67 South Caucasus and Central Asia MTI team, *op. cit.*, pp.13-14.

68 Diana Yayloyan and Inan Ambeent, *op. cit.*, p.65.

69 Roie Yellinek, *op. cit.*, p.1.

70 Benyamin Poghosyan, *op. cit.*, p.2.

71 Franziska Smolnik et. al., *op. cit.*, pp.10-11.

72 Diana Yayloyan and Inan Ambeent, *op. cit.*, pp.62-63.

73 Benyamin Poghosyan, *op. cit.*, p.3.

74 Franziska Smolnik et. al., *op. cit.*, p.4.

75 *Ibid.*, p.10.

76 Benyamin Poghosyan, *op. cit.*, p.3.

77 Diana Yayloyan and Inan Ambeent, *op. cit.*, p.7.

78 *Ibid.*, p.12.

79 Franziska Smolnik et. al., *op. cit.*, p.3.

80 Diana Yayloyan and Inan Ambeent, *op. cit.*, p.4.

81 Franziska Smolnik et. al., *op. cit.*, p.11.

82 José Ignacio Castro Torres, "Nagorno Karabakh: A Gordian Knot in the Middle of Caucasus", *IEEE, Analysis Paper*, 34/2020, 2 (2020), p.12.

83 북방경제협력위원회, 『신북방정책의 전략과 중점과제(안)』 (서울: 북방경제협력위원회 제2차 회의, 2018), pp.1-2.

84 *Ibid.*, p.14.

85 Diana Yayloyan and Inan Ambeent, *op. cit.*, pp.37-38.

1   김연철, "노태우 정부의 북방정책과 남북기본합의서", 『역사비평』, 통권 97호 (2011년 11월), p.81.

2   정용길, "서독의 동방정책과 한국의 북방정책", 『국제정치논총』, 제 29권 제 2호 (1990년 3월), p.64.

3   일요주간, [특별기획] 역대 정부의 북방정책 기조... 그 흐름은 어떻게 진행되어 왔나?" 2018년 10월 6일.

4   장덕준, "'북방정책' 재고(再考): '유라시아 이니셔티브'의 재검토 및 새로운 대륙지향 정책을 위한 원형 모색", 『슬라브학보』, 제 32권 제 1호 (2017년 3월), p.288.

5   나용우 외, 『신남방정책·신북방정책 추진전략과 정책과제』 (통일연구원, 2020), p.130.

6   윤지환, "한반도-북방 관계성 이해를 위한 공간인식 정립의 소고", 『국제지역연구』, 제 25권 제 3호 (2021a년 7월), p.82.

7   이송이, "마르그리트 뒤라스의 『부영사 Le Vice-Consul』에 나타난 탈경계와 혼종성 - 탈식민주의적 비평관점을 통하여", 『프랑스문화예술연구』, 제 25집 (2008년 5월), pp.133-134.

8   정용화, "한국인의 근대적 자아 형성과 오리엔탈리즘", 『정치사상연구』, 제 10권 제 1호 (2004년 5월), p.33.

9   윤인진·송병호, "한국인의 국민정체성과 다문화수용성", 『한국사회학회 사회하개회 논문집』, (2009년 6월), p.579.

10 강인욱, "중국 서남부 고원지역 차마고도 일대와 북방초원지역 유목문화의 교류", 『중앙아시아연구』, 제 18권 제 2호 (2013년 11월), p.88.

11 Tim Cresswell, *Geographic Thoughts: a Critical Introduction* (Hoboken, NJ: John Wiley & Sons, 2012), p.104.

12 *Ibid*, p.112.

13 김대열, "동아시아세계의 형성과 전개에 미친 정보문화교류의 역사적 계기", 『고조선단군학』, 제 29호 (2013년 12월), pp.50-51.

14 *Ibid*, pp.51-52.

15 김희영, "19세기 말 서양인의 눈에 비친 조선사회의 현실과 동학 농민 봉기: 이사벨라 버드 비숍의 『조선과 그 이웃나라』를 중심으로", 『동학연구』, 제 23집 (2007년 9월), pp.5-6.

16 *Ibid*, p.6.

17 Jared Diamond, *Guns, Germs and Steel: A History of Everybody for the Last 13,000 Years* (London: Vintage, 2005), p.538.

18 윤인진·송영호, "한국인의 국민정체성과 다문화수용성", 『한국사회학회 사회학대회 논문집』, (2009년 6월), p.579.

19 최강민, "단일민족의 신화와 혼혈인", 『어문론집』, 제 35집 (2006년 9월), p.295.

20 김한송·오재연·김경란, "유아교사의 다문화 경험과 고정관념이 다문화 교수효능감과 다문화 교육태도에 미치는 영향", 『어린이미디어연구』, 제 14권 제 2호 (2015년 7월).

박미혜, "초등학생의 다문화 인식과 다문화 경험, 학부모의 고정관념이 초등학생의 다문화 효능감에 미치는 영향", 『한국산학기술학회 논문지』, 제 15권 제 5호 (2014년 5월).

정연구·송현주·윤태일·심훈, "뉴스 미디어의 결혼이주여성 보도가 수용자의 부정적 고정관념과 다문화지향성에 미치는 영향", 『한국언론학보』, 제 55권 제 2호 (2011년 4월).

21 안영은, "이소룡(李小龍) 신화는 끝나지 않았다", 『중국현대문학』, 제 78권 (2016년).

22 이성환, "한국인의 북방영토 인식: 간도 및 간도문제를 중심으로", 『동북아 문화연구』, 제 31집 (2012년 6월), p.247.

23 David Harvey, *The Condition of Postmodernity* (Cambridge, MA: Blackwell, 1990), p.246.

24 Tim Cresswell, *Geographic Thoughts: a Critical Introduction* (Hoboken, NJ: John Wiley & Sons, 2012), p.107.

25 윤지환, "한반도-북방 관계성 이해를 위한 공간인식 정립의 소고", 『국제지역연구』, 제 25권 제 3호 (2021a년 7월), pp.91-92.

26 윤지환, "한반도-북방 관계성 이해를 위한 공간인식 정립의 소고", 『국제지역연구』, 제 25권 제 3호 (2021a년 7월), p.75.

27 Henri Lefebvre, *The critique of everyday life: The one-volume edition* (New York: Verso Books, 2014).

28 허태용, "동아시아 중화질서의 변동과 조선왕조의 정치사상적 대응", 『역사학보』, 제 221집 (2014년 3월), pp.33-34.

29 카리모바 · 이지은, "중앙아시아와 중국의 역사적 관계", 『서석사회과학논총』, 제 1권 제 2호 (2008년 12월), pp.429-430.

30 김혜승, "한국 민족주의의 현상과 전망: 운동권 민족주의의 실체파악과 21세기 전망", 『한국동양정치사상사연구』, 제 5권 제 1호 (2006년 3월), p.143.

강진웅, "대한민국 민족 서사시: 종족적 민족주의의 전개와 그 다양한 얼굴", 『한국사회학』, 제 47권 제 1호 (2013년 2월), p.196.

31 김혜숙·김도영·신희천·이주연, "다문화시대 한국인의 심리적 적응: 집단정체성, 문화적응 이데올로기와 접촉이 이주민에 대한 편견에 미치는 영향", 『한국심리학회지: 사회 및 성격』, 제 25권 제 2호 (2011년 5월).

32 정용화, "한국인의 근대적 자아 형성과 오리엔탈리즘", 『정치사상연구』, 제 10권 제 1호 (2004년 5월).

33 Edward Said, *Orientalism* (London: Penguin Books, 2003).

34 *Ibid*.

35 *Ibid*.

36 Geeta Chowdhry, "Edward Said and contrapuntal reading: Implications for critical interentions in international relations", *Millennium*, Vol. 36, No. 1 (December 2007). Mildred Mortimer, "Edward Said and Assia Djebar: a contrapuntal reading", *Research in African Literatures*, Vol. 36, No. 3 (Autumn 2005).

37 Edward Said, *Culture and Imperialism* (New York: Vintage, 2012).

38 윤지환, "익선동 한옥거리의 변증법적 공간 해석과 젠트리피케이션의 시사점 모색", 『한국경제지리학회지』, 제24권 제3호 (2021b년 9월), p.219.

39 Joel Dimsdale, *Anatomy of Malice*. (New Haven, CT: Yale University Press, 2016).

40 Hannah Arendt, *Eichmann in Jerusalem: A Report on the Banality of Evil*. (New York: Viking Press, 1963).

41 Edward Said, *Culture and Imperialism*. (New York: Vintage, 2012).

42 이명종, "근대 한국인의 만주인식 연구", 한양대학교 대학원 박사학위논문 (2014년), p.34.

43 북방경제협력위원회, "신북방대상국가", https://infocreative.co.kr/portfolio-item/북방경제협력위원회-신북방대상국가-맵인포그래픽/ (검색일: 2021년 12월 30일)

44 이해정·이용화, "신북방정책 추진의 기회와 위협 요인", 『VIP Report』, 제701권 (2017년 9월), p.1.

45 우준모, "'신북방정책' 비전의 국제관계이론적 맥락과 러시아 신동방정책과의 접점", 『국제지역연구』, 제21권 제5호 (2017년 12월), p.106.

46 북방경제협력위원회, "신북방정책이란", https://bukbang.go.kr/bukbang/ (검색일: 2022년 1월 4일)

47 나용우 외, 『신남방정책·신북방정책 추진전략과 정책과제』, (통일연구원, 2020), p.116.

48 강준영·정기웅·박홍서, "한반도와 북방, 공간 구조에 관한 소고: 문화·국가·자본의 상호작용을 중심으로", 『문화와 세계』, 제1권 제1호 (2020년 11월), p.203.

49 장현근, "한국에서 대중국관념의 변화: 중화주의, 소중화주의, 탈중화주의", 『아태연구』, 제18권 제2호 (2011년 8월), p.108.

50 Edward Said, *Culture and Imperialism*. (New York: Vintage, 2012).

제6장 홍콩정체성의 대중국 이탈에 관한 연구: 질 들뢰즈의 영토화 개념에 따른 중국식 애국주의 분열 기제 운용을 중심으로 _____ 박근찬, 강준영

1 본 논문에서 자주 언급될 '홍콩인 및 홍콩정체성의 대중국 이탈'은 홍콩인 및 홍콩정체성 '전체'의 이탈이 아닌 '일부'에서 보이는 현상임을 미리 밝힌다.

2 全国人民代表大会, "中华人民共和国香港特别行政区维护国家安全法", http://www.npc.gov.

cn/npc/c30834/202007/3ae94fae8aec4468868b32f8cf8e02ad.shtml (검색일: 2021년 12월 15일)

3 周文其, "香港《2021年完善选举制度(综合修订)条例》正式生效", 新华社, 2021年 5月 31日, https://baijiahao.baidu.com/s?id=1701256629268389257&wfr=spider&for=pc (검색일: 2021년 12월 15일)

4 이언 뷰캐넌 저, 이규원·최승현 역, 『안티-오이디푸스 읽기』(서울: 그린비, 2020), p.217.

5 질 들뢰즈·펠릭스 과타리 저, 김재인 역, 『안티 오이디푸스: 자본주의와 분열증』(서울: 민음사, 2014), pp.247-255; 강준영·정기웅·박홍서, "한반도와 북방, 공간 구조에 관한 소고: 문화·국가·자본의 상호작용을 중심으로", 『Culture and the World Review』, Vol. 1, No. 1 (2020 November), pp.192-193.

6 미셸 푸코 저, 김상운 역, 『사회를 보호해야 한다』(서울: 난장, 2015), pp.43-44; 강준영·정기웅·박홍서, op. cit., pp.194-195.

7 이언 뷰캐넌 저, 이규원 · 최승현 역, op. cit., pp.173-176.

8 질 들뢰즈 · 펠릭스 가타리 저, 김재인 역, 『천개의 고원』(서울: 새물결 ,2001), p.689; 강준영·정기웅·박홍서, op. cit., pp.196-197.

9 Michael Garnett, "Taking the Self out of Self-Rule", Ethical Theory and Moral Practice, Vol. 16, No.1 (February 2013), pp.21.

10 오창우, "공중의 심리적 기저 인정받기의 개념적 논의 악셀 호네트의 인정투쟁을 바탕으로", 『한국사회과학연구』, 제36권 1호, (2017), p.113.

11 표준국어대사전, "애국주의", https://stdict.korean.go.kr/search/searchResult.do (검색일: 2021년 12월 19일)

12 박홍서, 『미중카르텔』(서울: 후마니타스, 2020), pp.173-175; 이동률, "90년대 중국 애국주의 운동의 정치적 함의", 『중국학연구』, 제21집 (2001), p.335.

13 冷溶, "人民日報 : 什么是中国梦, 怎样理解中国梦", 人民网, 2013年 4月 26日 http://opinion.people.com.cn/n/2013/0426/c1003-21285328.html (검색일: 2022년 2월 3일)

14 Ibid., pp.335-337.

15 Suisheng Zhao, "A State-Led Nationalism", Communist and Post-Communist Studies, Vol. 31, No .3 (September 1998), pp.291.

16 萧功秦, 中国的大转型 (北京: 新星出版社, 2008), pp.420-421; 이에 대해 조영남은 의도했건 의도하지 않았건 중국 민족주의를 외부위협에 대한 대응으로 파악하는 것은 중국의 행위에 면죄부를 주는 주장이라 할 수 있다고 지적하였다. 조영남, 『후진타오 시대의 중국정치』, (파주: 나남, 2006), p.314.

17 정융넨 저, 승병철 역, 『21세기는 중국의 시대인가: 민족주의, 정체성, 그리고 국제관계』, (과천: 문화발전소, 2005), pp.155-190.

18 김인희,『중국 애국주의와 고대사 만들기』, (서울: 동북아역사재단, 2021), p.6.

19 박홍서, *op. cit.*, p.175.

20 习近平, "党的伟大精神永远是党和国家的宝贵精神财富", 实践(党的教育版), (2021), pp.4-11.

21 Suisheng Zhao, "Nationalism's Double Edge", The Wilson Quarterly, Vol. 29, No. 4 (Autumn, 2005), p.76.

22 Chan Chi Kit, "China as "Other": Resistance to and ambivalence toward national identity in Hong Kong", China Perspectives, Vol. 97, No.1 (2014), p.25; Chan Chi Kit, Anthony Fung Ying Him, "Disarticulation between Civic Values and Nationalism", China Perspectives, Vol. 114, No. 3 (2018), pp.41-42.

23 黃修荣, 中国共产党80年知识问答 (北京: 中共中央党校出版社, 2001), p.189.

24 解永强, ""一国两制"构想与海外统一战线工作: 兼论中国共产党海外统一战线工作的产生与发展", 陕西社会主义学院学报, No. 4 (October 2013), p.14.

25 신원우, "홍콩에서의 일국양제 제도화 과정과 불안요인에 관한 연구",『아시아연구』, 24(1) (2021), pp.21-23.

26 구라다 도루·장위민 저, 이용빈 역,『홍콩의 정치와 민주주의』(파주: 한울, 2019), pp.66-68.

27 류영하,『방법으로서의 중국-홍콩 체제』(서울: 소명출판, 2020), p.22.

28 오일환, "21세기 중국의 국가이익과 홍콩특별행정구",『중국연구』, 제40권 (2007), p.58; 任桂淳, "19세기 후반기 국제 항구도시, 홍콩의 서양인사회",『中國史硏究』, 제44집 (2006), pp.246-247; 구라다 도루·장위민 저, 이용빈 역, *op. cit.*, pp.67-68.

29 구라다 도루·장위민 저, 이용빈 역, *op. cit.*, p.138, pp.169-171.

30 노영돈·최영춘, "홍콩기본법에 관한 연구: 홍콩기본법상 고도자치권을 중심으로",『법학논총』, 31권 4호 (2014), pp.91-92; 신원우, *op. cit.*, p.23.

31 金珍鎬, "중국의 일국양제와 홍콩의 민주화: 중화 애국심과 홍콩 본토화",『현대중국연구』, 제22권 1호 (2020), p.55.

32 이에 대한 실제적인 사례로서 1980년대 초부터 1997년 주권 반환까지 홍콩인들의 해외 이민 추세를 들 수 있다. 1984년부터 1994년까지 10년 간 60만 명이 홍콩을 떠났다. 이에 대한 근거 자료는 다음을 참조할 것. 유영하,『홍콩: 천 가지 표정의 도시』(파주: 살림, 2008), p.33.

33 윤영도, "홍콩 레논 벽과 포스트잇, 그리고 정동정치-홍콩 우산혁명과 송환법 반대 시위를 중심으로",『중국문화연구』, 제46집 (2019), pp.108-109.

34 全国人民代表大会, "中华人民共和国香港特别行政区维护国家安全法", http://www.npc.gov.cn/npc/c30834/202007/3ae94fae8aec4468868b32f8cf8e02ad.shtml (검색일: 2021년 12월 15일)

35 周文其, "香港《2021年完善选举制度(综合修订)条例》正式生效", 新华社, 2021年 5月 31日, https://baijiahao.baidu.com/s?id=1701256629268389257&wfr=spider&for=pc (검색일:

2021년 12월 15일.)

36 김진용, "우산혁명은 왜 지속되지 못했는가?: 홍콩 시위의 발발과 파급력, 그리고 한계", 『동아연구』제35권 2호(통권 71집)(2016), p.190.

37 윤영도, op. cit., pp.115-119; 장정아, "이 폐허를 응시하라: 홍콩 우산혁명과 그 이후의 갈등이 드러낸 것", 『황해문화』, (2016), pp.58-60.

38 윤태희, "시진핑 시기 중국 당국의 홍콩 정책 연구: 범죄자 송환법안 반대 시위 대응 사례를 중심으로", 『중국과 중국학』, 제42호 (2021), pp.96-97; 이해수, "기억의 초국가적 이동과 다방향적 접합: 홍콩 시민들의 투쟁이 부른 민주화 운동의 기억들", 『한국언론정보학보』, 통권 102호 (2020), p.202.

39 여현정, "홍콩 〈국가안전법〉 시행에 따른 홍콩의 정치·사회 동향 연구", 『국제학논총』, 제33집 (2021), pp.79-80.

40 "홍콩 시위: 국가보안법에 반대하는 시위대를 향해 홍콩 경찰이 최루탄을 사용했다", BBC NEWS 코리아, 2020년 5월 25일, https://www.bbc.com/korean/international-52790087, (검색일: 2022년 2월 3일.)

41 모종혁, "홍콩인 엑소더스에도 미소짓는 시진핑", 시사저널, 2021년 4월 27일, https://www.sisajournal.com/news/articleView.html?idxno=215823, (검색일: 2022년 2월 3일); 김표향, "'홍콩 엑소더스' 시작됐다…2주 만에 5000명 영국行 신청", 한국일보, 2021년 2월 18일, https://www.hankookilbo.com/News/Read/A2021021814450005293, (검색일: 2022년 2월 3일); "홍콩 국가보안법 1주년...홍콩인들의 삶은 어떻게 바뀌었나", BBC NEWS 코리아, 2021년 7월 1일, https://www.bbc.com/korean/international-57675714, (검색일: 2022년 2월 3일.)

42 Joshua Wong and Archie Hall, "Three Years After The Umbrellas: An Interview With Student Activist Joshua Wong", Harvard International Review, Vol. 38, No. 2 (Spring 2017), p.51.

43 김진용, op. cit., pp.214-215.

44 唐凱麟·李培超, "民族生存与发展的深层透视: 中华民族爱国主义的历史观照和现代价值审思", 北京大学学报(哲学社会科学版), 第38卷 第3期 (2001), p.11.

제7장 중국 신장(新疆)지역의 문화적 갈등 _____ 정보은

1 조정남, 『중국의 민족문제』, (서울: 교양사, 1988), p.28.

2 南方都市报, 2008/12/28. 재인용

3 오홍엽, 『중국신장』, (서울: 친디루스, 2009), p.64

4 齐清顺, "清代新疆行政体制变革的重大胜利", 『西域研究』, (1994年 第2期), pp.10-11

5 기원전 5세기 초에서 말까지 위구르족은 북위(北魏)통치에 저항하는 대규모적인 투쟁을 3차

레나 전개 하였으며, 524년의 '6진 대반란(六鎭大起義)'은 북위 멸망에 치명타를 안겼다.

6 사막의 북쪽이라는 뜻으로 고비 사막 이북인 현재의 외몽골 지역이다.

7 段连勤,『丁零 高车与铁勒』, (广西师范大学出版社, 2006), pp.237-238.

8 Krisian Petersen, "Usurping the mation: Gyber-leadership in the Uighur nationalist movement", *Journal of Muslilm Minority Affairs*, Bol.26, No. 1(April 2006), pp.64-65, 재인용.

9 고창왕국은 동쪽은 하미(哈密), 이오(伊吳), 동남쪽은 주천(酒泉, 현재 감숙성), 서쪽은 토번(吐蕃, Ancient Tibet)과 인접했으며, 북쪽은 지무싸얼(吉木萨尔), 치타이(奇台)현에 이르는 현재 신장을 포함한 광대한 지역을 차지하고 있었다.

10 오홍엽, *op. cit.*, p.72

11 段连勤, *op. cit.*, pp.257-258

12 中华人民共和国国务院新闻办公室, "新疆的历史与发展"(http://www.gov.cn/zwgk/2005-05/27/content_1463.htm)

13 오홍엽, *op. cit.*, p.76

14 丁明仁,『伊斯兰文化在中国』, (宗教文化出版社, 2003), pp.68-72

15 오홍엽, *op. cit.*, p.23

16 파이낸셜 뉴스, (https://www.fnnews.com/news/202107201214176341), (검색일: 2021.06.21.)

17 潘志平, "论土耳其与泛突厥主义",『史学集刊』, (2004年 第4期), p.61

18 "泛伊斯兰主义" http://myy.cass.cn/file/2006010517637.html (검색일: 2020.03.20.)

19 蒲瑶, "泛突厥主义与中国西部安全",『理论导刊』, (2002年 5月), p.53

20 贾秀慧, "19世纪20世纪初新疆的政治整合"『新疆地方志』, (2006年第2期), p.186.

21 Michael Clarke, "The Problematic Progress of 'Integration' in the Chinese State's Approach to Xinjiang, 1759-2005", *Asian Ethmicity*, vol.8.no.3(October 2007), pp.264-265

22 馬麗雅 外,『中國民族語文政策與法律述評』, (民族出版社, 2007), p.82

23 조정남,『현대정치와 민족문제』, (서울: 교양 사회, 2002), p.125

24 '반혁명폭동'에 대한 중국 정부의 해석은 다음과 같다. 이 폭동은 주요하게 신장 동부지역의 산구와 방목지에서 발생한 것으로 이 지역 목민들은 총과 탄약을 가지고 있었기 때문에 이들로 종교군대를 만들 수 있었다. 이들은 "한족을 몰아내고 중국인민해방군을 몰아 내자"는 구호를 외치면서 이 지역에 '카자흐스탄'을 건설하려고 하였다. 그러나 전반적으로 이 폭동의 성격을 평가하면 신장의 평화적인 신장편입을 저해하려는 목적이었다.

25 高亞雄, "新講民族問題現況與發展探究", 中央民族大學 中國民族理論與民族政策研究員 博士學位論文, (2004).

26 孙先伟, 翟金鹏, "东突恐怖主义活动发展特点及防范打击对策", *Journal of Chinese Peoples Public Security University*, (2008年 第4其), p.21

27 陈蓝, "1990-2007: 中国反击'东突'十七年" http://www.infzm.com/content/498 (검색일:

2020.05.10.)

28 莫邦富, "과격 · 확대되는 신강 독립운동", 『민족연구』, (2002년, 제9호), pp.78-79

29 莫邦富, *op. cit.,* pp.78-79

30 中国国家民委主任李德洙, "高度重視切实做好民主工作", 『学习时报』, (2007).

31 이양호, "종족, 민족 그리고 민족주의", 『민족문제연구』 (2001년, 제9집), p.206

32 오홍엽, *op. cit.,* p.117

33 刘仲康, "党的宗教政策在新疆的实践及基本经验", 『新疆社会经济』, (1997年第6期), p.71

34 Garder Bovingdon, *Autonomy in Xinjiang Han Nationalist Imperatives and Uygbur Discontent* (Washington: East-West Center, 2004), p.33

35 "关于正确认试和处理新形势下新疆宗教问题的调查报告"(http://www.xjass.com/mzwh/content/2008-11/01/content_38110.htm.) 재인용

36 龙群, "论新疆宗教特点", 『兵团教育学院学报』 第10卷 第2期 (2000年第2期), p.8.

37 우홍예, "신장 위구르족과 한족 간의 민족갈등", 『민족연구』, 제38집. (2009).

38 여기서 다원 일체란 중국이 다민족 사회라는 현실성을 고려한 내용의 다원(多元)을 의미하고, 일체는 다민족 사회임에도 불구하고 일체화를 지향해야 한다는 것으로, 이는 단기적으로는 한족과 소수민족의 공존이 필요하지만, 장기적으로는 한족이 중심이 되는 융합을 지향한다는 것이다.

39 민족지구 분리 불가원칙은 한족의 소수민족으로부터의 분리 불가, 소수민족의 한족으로부터의 분리 불가, 그리고 소수민족 상호 간의 분리 불가라는 3가지 분리 불가(三個離不開)를 의미한다

40 이동률, "중국 신장의 분리주의 운동: 현황과 영향력", 『국제정치논총』, 제43권 제3호, (2003).

41 이동률, "90년대 중국 애국주의 운동의 정치적 함의", 『중국학연구』, 제21집, (2001).

42 陣家勤 編, 『沿邊開放: 跨世紀戰略』, (北京: 經濟科學出版社, 1995).

43 첫째, 국가는 모든 형태의 테러리즘을 반대하고, 강경한 법에 의거하여 테러리즘 활동조직을 단속하며, 테러리즘 활동을 빈틈없이 방비하고 엄격히 처벌한다. 둘째, 테러리즘 활동이란 사회 공황(恐慌)을 조장하고, 공공 안전을 위해(危害)하거나, 국제기구와 국가기관을 위협할 목적으로 폭력·파괴·협박 등을 수단으로 하여 인명 살상·중대한 재산손실·공공시설파손·사회 질서 혼란 등을 초래하거나 의도한 심각한 사회 손상 행위 및 선동, 출자 원조 또는 기타 방식으로 상술한 내용을 실행하는 것을 의미한다. 셋째, 국가의 반(反)테러리즘 업무지도 기구와 전국반(反)테러리즘 업무에 대한 통일된 지도와 지휘를 하여야 하고, 국가 안전기관·인민법원·인민검찰원·사법행정기관·공안기관 및 기타 관련 국가기관은 각 부서 직무를 관장하면서 상호 긴밀히 협조하고, 법률에 근거한 반(反)테러리즘 업무를 수행한다. 넷째, 국가 반(反)테러리즘 업무지도기구는 동 결정 제2조 규정에 의거하여 테러리즘 활동조직 및 테러범

(terrorist)명단을 조정하고, 국무원 공안부문은 테러리즘 활동조직 및 테러범 명단을 공포한다. 다섯째, 국무원 공안부문이 테러리즘 활동조직 및 테러범 명단을 공포할 경우에는 테러리즘 활동조직과 테러범의 자금 또는 기타 자산과 관련된 동결을 동시에 결정해야 한다. 금융기관과 특정 비(非)금융기관은 국무원 공안부문이 공포한 테러리즘 활동조직 및 테러범의 자금 또는 기타 자산과 관련해서 즉시 동결함과 동시에 규정에 의거하여 국무원 공안부문, 국가안전부문, 그리고 국무원 반(反)자금세탁 행정주관부문에 보고해야 한다. 여섯째, 중화인민공화국은 국제조약을 체결하거나 참여하는 경우에 평등 호혜 원칙에 의거하여 반(反)테러리즘 국제협력을 확대한다. 일곱째, 국무원은 테러리즘 활동조직 및 테러범 명단을 구체적으로 작성한다. 국무원 반(反)자금세탁 행정 주관부문, 국무원 공안부문, 그리고 국가 안전부문은 회동을 통하여 테러리즘 활동 연관 자산 동결을 제정·결정한다. http://www.npc.cn/

44 1996년 4월 중국 상하이에서 중국과 접경한 러시아·카자흐스탄·키르기스스탄·타지키스탄 등 5개국 정상이 최초 회의를 개최하였고, 제1차 정상회담에서 신뢰 구축을 통한 안정 확보를 목적으로 국경지역의 군사적 신뢰 강화에 관한 조약(Treaty on DeepeningMilitary Trust in Border Regions)을 체결하였다. 1997년 4월 러시아 모스크바에서 개최된 회담에서 군사적 신뢰를 통한 국경지역에서의 실질적인 군사력 감축을 내용으로 하는 국경 지역의 군사력 감축에 관한 조약(Treaty on Reduction of Military Forces in BorderRegions)이 체결되었다. 1998년 7월 카자흐스탄 알미타 회담에서 군사협력강화, 테러리즘과 마약·무기밀매방지, 경제협력에 대한 합의가 성립되었고, 1998년 8월 키르기스스탄 비쉬케크 회담에서 1996년, 1997년, 1998년 합의된 내용의 이행과 5개국 간의 22개항 선언이 채택되었으며, 이 선언문에는 테러리즘·무기와 마약밀수·불법이주·종교적 극단주의에 대한 공동대응이 포함되었다. 2000년 7월 타지키스탄 두산베에서 상하이 5개국 정상들은 두산베 선언을 통하여 국제·지역 문제를 논의하였다. 2001년 6월 상하이 5개국 정상회의를 한 차원 높은 협력기구로 출범하기로 합의하였고, 그 결과 독립 이후에 독자노선을 추구하던 우즈베키스탄이 6번째 정회원국이 되면서 상하이협력기구(Shanghai Cooperation Organization)가 공식출범하였다. 회원국들은 테러리즘·분리주의·극단주의의 척결을 위한 상하이협약에 정식·서명함으로써 중앙아시아 지역에서 이슬람 테러조직의 활동에 대처하기 위한 각국 안보기관의 협력 및 대테러센터 설립을 위한 법적 기초를 마련하였다. 김덕주, 상하이 협력기구의 현황과 발전전망, 외교안보연구원, 2002. 박병인, "상하이 협력기구(SCO) 성립의 기원: 상하이 5국에서 상하이 협력기구로", 국제정치논총, 제33집, pp.511-513, 2005. 김성진, "러시아 외교정책의 성격: 상하이 협력기구에 대한 정책을 중심으로", 중소연구, 제32권, 제2호, pp.162-163, 2008

45 http://www.fmprc.gov.cn/

46 이대성 · 김태진, "중국의 테러리즘 분석과 그 전망: 신장 위구르족을 중심으로", 『한국콘텐츠학회논문지』, Vol. 14 No. 9, (2014).

47 제임스 A. 밀워드 지음, 김찬영.이광태 옮김, 『신장의 역사- 유라시아의 교차로』, (서울: 사계

절, 2013)

48 Lufti, A. 『Uyghur separatism and China's crisis of credibility in the War on Terror』, China (2015).

49 매일경제, (https://www.mk.co.kr/news/world/view/2021/02/193623/) 검색일: 2021.05.21

제8장 몽골제국 이후 동·서문명의 언어적 교류와 사전의 형성: 『화이역어(華夷譯語)』와 『라술리드 헥사글롯(Rasūlid Hexaglot)』의 비교를 중심으로 _____ 이광태

1 스기야마 마사아키 저, 임대희·김장구·양영우 역, 『몽골세계제국』(서울: 신서원, 1999); 김호동, 『몽골제국과 세계사의 탄생』(파주: 돌베개, 2010), pp.137-194.

2 Thomas T. Allsen, *Culture and Conquest in Mongol Eurasia* (Cambridge: Cambridge University Press, 2001).

3 재닛 아부-루고드(Jane Abu-Lughod)는 13~14세기 전지구적 교류 양상을 역사상 최초의 세계체제(World System)로 일컬었으나, 1350년 이후 세계체제가 쇠락했다고 보았다. 재닛 아부-루고드 저, 박흥식·이은정 역, 『유목민의 눈으로 본 세계사』(서울: 까치, 2011).

4 Reuven Amitai-Preiss and David O. Morgan eds., *The Mongol Empire and its Legacy* (Leiden: Brill, 2000); Nicola di Cosmo, Allen J. Frank and Peter B. Golden eds., *The Cambridge History of Inner Asia: The Chinggisid Age* (Cambridge: Cambridge University Press, 2009).

5 구자라트(Gujarat) 상인들을 중심으로 한 인도양의 기존 해상 무역망에 대해서는 Ashin Das Gupta, "Indian Merchants and the Western Indian Ocean: The Early Seventeenth Century," Modern Asian Studies, Vol. 19, Issue, 3 (November 2008), pp.481-499; Ghulam Nadri ed., *Eighteenth-Century Gujarat: The Dynamics of Its Political Economy, 1750-1800* (Leiden: Brill, 2008) 참조. 동남아시아 지역에 무역망에 대해서는 Anthony Reid, "An 'Age of Commerce' in Southeast Asian History," *Modern Asian Studies*, Vol, 24, No. 1 (Feb 1990), pp.1-30, 중앙아시아 지역 육로 무역망, 특히 부하라(Bukhara)를 중심으로 펼쳐진 장거리 교역에 대해서는 Audrey Burton, *The Bukharans: A Dynastic, Diplomatic and Commercial History 1550-1702* (New York: St. Martin's Press, 1997) 참조.

6 「조선관역어(朝鮮館譯語)」의 연구에 대해서는 주14 참조. 『화이역어』의 다른 언어들에 관한 대표적인 연구로는 곽새라·강은지, "화이역어 페르시아어편 문헌분석의 중요성과 연구 방향성 고찰", 『한국중동학회논총』 제 38권 제 3호 (2018), pp.225-242; Li, Young-Sŏng(이용성), "The Uighur Word Materials in a Manuscript of Hua-yi-yi-yu(華夷譯語) in the Library of Seoul National University," 『알타이학보』, 제 16권 (2006), pp.143-176.

7 石田幹之助, "女眞語硏究の新資料", 『桑原博士還曆記念東洋史論叢』(京都: 弘文堂書房, 1931),

pp.1271-1323.

8 『明史』卷 74「職官志」3 "掌譯書之事, 自永樂伍年, 外國朝貢, 特設蒙古, 女眞, 西番, 西天, 回回, 百夷, 高昌, 緬甸 八館, 置譯字生通事...通譯語言文字."

9 『大明會典』卷 2「京官 翰林院 提督四夷館官」, "正德六年又曾八百館, 萬曆七年又增暹羅館, 凡 十館."

10 粟林 均 編, 『『華夷譯語』(甲種本)モンコル語 全單語・語尾索引』(仙台: 東北大學東北アジア 研究センタ_, 2003); Louis Ligeti, *Monument en écriture 'phags-pa: Pièces de chancellerie en transcription chinoise* (Budapest: Akadémiai Kiadó, 1972), pp.129-166.

11 川本邦衛, "「占城國譯語」の成立: 明代言語資料の側面についての覺書", 『藝文研究』, Vol. 54 (1989), pp.315(102)

12 本田實信, "回回館譯語", 『モンゴル時代史研究』(東京: 東京大學出版會, 1991), pp.458-459.

13 규장각본의 온라인 열람은 http://kyudb.snu.ac.kr/book/view.do?book_cd=GR32248_00.

14 Shinpei Ogura(小倉進平), "A Corean Vocabulary," *Bulletin of the School of Oriental Studies*, Vol. IV, part I (1926), pp.1-10.

15 신태현, "화이역어 조선고어략고", 『조광(朝光)』(1940년 7월호); 이기문, "조선관역어의 편찬 년대", 『서울대학교 문리대학보』제 5권 제 1호 (1957년 3월), pp.10-18; 김민수, "조선관역 어고", 『일석이희승선생 송수기념 논총』(서울: 일조각, 1957), pp.95-138; 문선규, 『조선관역 어연구』(서울: 경인문화사, 1972).

16 石田幹之助, *op. cit.*, p.20; Ki-Moon Lee and S. Robert Ramsey, *A History of the Korean Language* (Cambridge: Cambridge University Press, 2011), p.101.

17 사이관(四夷館)은 예부(禮部) 소속이었던 반면 회동관(會同館)은 병부(兵部) 소속이었다.또 한 회동관은 통사(通事) 즉 통역의 양성기관인 동시에 외국 사신이 방문했을 때 숙소이기도 했다. 그에 따라 환영 혹은 환송 연회가 이루어지는 장소이면서 정부 공인 무역이 진행되는 곳이었다. 홍무 년간부터 남경(南京)에 설치되어 기능하다가 영락6년 북경으로 이전되어 계 속 유지되었다. 『明實錄』太宗文宗皇帝實錄 卷82 永樂6年 8月 6日 "辛巳設北京會同館, 改順 天府燕臺驛, 爲之置大使副使各一員." 명 성화(成化) 5년(1465)에는 조선관을 포함하여 18관 이 설치되었다.

사실 명 조정 안에서 예부와 병부 사이 명의 외교 관계의 기본 방침에 대해 이견이 있었다. 외 국 특히 중앙아시아 지역 사신들의 조공외교에 대해 예부와 호부(戶部)는 비용문제를 들어 조공사절단의 방문 횟수와 사절단 규모를 줄이려 했던 반면 병부(兵部)에서는 조공의 제한이 무력 시위를 낳을 수 있다는 점에서 이를 반대했기 때문이다. 예·호부와 병부 사이 서로 다 른 노선 갈등에 대해서는 Morris Rossabi, *China and Inner Asia: From 1368 to the Present Day* (New York: Pica Press, 1975), pp.62-63.

18 Paul Pelliot, "Le Ḫōja et le Sayyid Ḫusain de l'Histoire des Ming, Appendice Ⅲ. Le Sseu-yi-

kouan et le Houei-t'ong-kouan," *T'oung-pao*, Vol. 38 (1948), pp.81-292.

19 문선규, *op. cit.*, p.20.

20 馮蒸, "'華夷譯語'調査記", 『文物』, Vol. 297 (1981), pp.57-68.

21 물론 언어별로 주제 분류의 숫자에 차이가 있다. 예를 들어 런던대학에 소장된 『화이역어』 중 「점성국역어(占城國譯語)」의 경우 17문에 불과하다. 川本邦衛, *op. cit.*, p.325(92).

22 Peter B. Golden ed., Tibor Halasi-Kun, Peter B. Golden, Louis Ligeti and Edmund Schütz tr., *The King's Dictionary: The Rasûlid Hexaglot: Fourteenth Century Vocabularies in Arabic, Persian, Turkic, Greek, Armenian and Mongol* (Leiden: Brill, 2000).

23 *Ibid.*, p.50.

24 Daniel M. Varisco and G. R. Smith eds., *The Manuscript of al-Malik al-Afḍal al-ʿĀbbas b. ʿAlī Dāʾūd b. Yūsuf b. ʿUmar b. ʿAlī Ibn Rasūl. A Medieval Arabic Anthology from the Yemen* (Cambridge: Gibb Memorial Trust, 1998).

25 Peter Jackson, "The Dissolution of the Mongol Empire," *Central Asiatic Journal*, Vol.22, No. 3/4 (1978), pp.186-244.

26 Peter B. Golden, "The World of Rasūlid Hexaglot," Peter B. Golden (ed.), Tibor Halasi-Kun, Peter B. Golden, Louis Ligeti and Edmund Schütz (tr.), *The King's Dictionary: The Rasūlid Hexaglot: Fourteenth Century Vocabularies in Arabic, Persian, Turkic, Greek, Armenian and Mongol* (Leiden: Brill, 2000), pp.18-21.

27 A. C. Moule and Paul Pelliot eds., *Marco Polo: The Description of the World*, Vol. 1 (London: George Routledge and Sons Ltd., 1938), pp.440-441.

28 Roxani E. Margariti, *Aden and the Indian Ocean Trade: 150 Years in the Life of a Medieval Arabian Port* (Chapel Hill: North Carolina University Press, 2007); 栗山保之, 『海と共にある歴史: イエメン海上交流史の研究』 (東京: 中央大學出版社, 2012); 馬場多聞, "13世紀ラスール朝宮廷の食材: インド洋交易との関わりを中心に", 『西南アジア研究』, 79號 (2013), pp.40-55.

29 Thomas T. Allsen, "The Rasūlid Hexaglot in its Eurasian Cultural Context," Peter B. Golden (ed.), Tibor Halasi-Kun, Peter B. Golden, Louis Ligeti and Edmund Schütz (tr.), *The King's Dictionary: The Rasūlid Hexaglot: Fourteenth Century Vocabularies in Arabic, Persian, Turkic, Greek, Armenian and Mongol* (Leiden: Brill, 2000), pp.25-48.

30 Louis Ligeti, "Un vocabulaire sino-mongol des Yuan. Le Tche-yuan yi-yu déchiffré par, édité par G. Kara," *Acta Orientalia Academiae Scientiarum Hungaricae*, Vol. 44, No. 3 (1990), pp.259-277; G. Kara, "Zhiyuan yiyu. Index alphabétique des mots mongols," *Acta Orientalia Academiae Scientiarum Hungaricae*, Vol. 44, No. 3 (1990), pp.279-344; Igor de Rachewiltz, "Some Remarks on the *Chih-Yüan I-Yü* 至元譯語 Alias *Meng-Ku I-Yü* 蒙古譯語,

the First Known Sin-Mongol Glossary," *Acta Orientalia Academiae Scientiarum Hungaricae*, Vol. 59, No. 1 (March 2006), pp.11-28.

31 중국의 원조와 이란의 일칸조는 모두 창시자가 칭기스칸의 넷째 아들 톨루이(Tolui)의 아들들(원조의 경우 쿠빌라이, 일칸조의 경우 훌레구)이라는 점에서 두터운 우호 관계 속에 긴밀한 협력을 이어나갔다. Peter Jackson, *The Mongols and the Islamic World: From Conquest to Conversion* (New Haven: Yale University Press, 2017) pp.210-241.

32 『明實錄』, 洪武十五年 正月六日 戊戌條. 물론 『화이역어』의 편찬은 이후 명의 사신들이 몽골의 북원(北元) 왕조를 왕래할 때 그들의 '정서'를 잘 이해하게 된 실용적인 측면도 존재했다.

33 Golden, *op. cit.*, p.18.

34 Paul Pelliot, *Notes sur l'histoire de la Horde d'Or* (Paris: Adrien-Maisonneuve, 1949), pp.164-165.

35 寺田隆信, 『世界航海史上の先驅者: 鄭和』 (東京: 淸水書院, 2017), p.199.

36 정화는 선덕제(宣德帝)의 명을 받아 1430년에서 1433년까지 제7차 항해를 진행한다. 비록 이후 막대한 경비 지출로 인해 중단되지만, 명나라 시기 인도양 지역에 대한 원정은 계속 논의되었다. 기록에 따르면 1457년 천순제(天順帝) 시기 원정에 대한 계획이 논의되었고, 성화(成化) 년간(1447~1487)에도 원정의 논의가 있었다고 한다. *Ibid.*, pp.96, 112-114.

37 Golden, *op. cit.*, p.15.

38 정화 원정단의 '기린 운송'은 영락제의 정치적 정통성을 강화하는 수단으로 선전되었다. 조영헌, 『대운하 시대 1415~1784: 중국은 왜 해양 진출을 '주저'했는가?』 (서울: 민음사, 2021), pp.48-54.

39 Rossabi, *op. cit.*, pp.64-65.

40 혹자는 명나라에서 해상무역을 금지한 해금(海禁) 정책을 들어 명나라가 대외무역에 소극적이었다고 본다. 그러나 해금 정책이 명나라 치세 전반에 걸쳐 균일하게 집행되지 않았다는 점, 1567년 복건성 장주(漳州) 월항(月港) 개항을 통한 이른바 '월항체제'를 성립했다는 점에서 명나라가 해양 교역 통제에 적극적이었다는 것을 강조하는 학자들도 있다. 명 해금정책에 관한 역사적 평가에 대해서는 조영헌, 『대운하와 중국상인: 회·양 지역 휘주 상인 성장사, 1415~1784』 (서울: 민음사, 2011), pp.98-106.

제9장 한중 문화교류의 매개체로서 중국 애니메이션의 가능성: 〈부니베어: 브램블의 신비한 모험(熊出没之雪岭熊风)〉을 중심으로 _____ 정원대

1 헤럴드경제, "갓은 중국이 원조" 中 배우 황당 주장, http://news.heraldcorp.com/view.php?ud= 20211207000571, 2021.12.07.

2   이외에도 동북공정(東北工程)(2002), 강릉 단오제 문화유산 등재(2005), 장춘 동계 아시안게
    임 시상식(2007), 공자 한국인설(2008), 베이징 올림픽 성화 봉송 폭력 사태(2008), 아리랑 중
    국 국가무형문화재 등록(2011) 등 다양한 한중 갈등의 사례가 있다. 해당사례 또한 서로의 문
    화 다양성과 차이를 제대로 인지하지 못해 발생한 한중 갈등의 상황이라고 할 수 있다. 한중
    양국의 갈등과 충돌은 서로 간의 이해와 무지를 넘어선다면 극복 가능한 사안이라고 판단된
    다. 정재서, "오래된 미래, 동아시아 문화공동체를 향하여- 한중 문화갈등의 극복 방안", 『中國
    語文學誌』 제37집, (2011), pp.534-535, 538 참조.

3   김규원, "문화교류, 어떻게 할 것인가", 『충북 Issue & Trend』 19호, (2015) p.29.

4   Paull Wells, 한창완 옮김, 『애니마톨로지@애니메이션 이론의 이해와 적용』, (서울:한울, 2001),
    p.30.

5   김재희, "유라시아 곰 신앙과 단군신화의 쑥과 마늘을 통해 본 웅녀의 재해석", 『한국민속학』
    제67집, (2018) pp.33-34 참조.

6   김경애, "애니메이션에 표현된 토테미즘 : 애니메이션 〈곰이 되고 싶어요〉를 중심으로", 『디지
    털디자인학연구』 제7권 제2호, (2007), p.53 참조.

7   김관웅, "고조선(古朝鮮)의 단군신화(檀君神話)와 동이문화(東夷文化)의 련관성(聯慣性) -곰
    토템 숭배를 주축으로 한 신화전설을 중심으로-", 『淵民學志』 제15권, (2011), pp.7-9 참조.

8   김재희, 앞의 논문, pp.33-34.

9   곽진석, "시베리아 만주-퉁구스족 곰 신화의 양상과 유형에 대한 연구", 『동북아문화연구』 제
    26집, (2011), pp.439-440 참조.

10 류경아, "원형신화를 모티브로 한 애니메이션 스토리텔링 기법 연구-이성강 감독의 오늘이
    를 중심으로", 『만화애니메이션연구』 통권 제44호, (2016), p.219.

11 董静·丁萍, 《熊出没之雪岭熊风》的叙事策略探析", 『现代商贸工业』 第14期, (2017), p.178. 참조.

12 조윤경, "동북아시아 곰신화 곰전설의 연관성에 관한 연구 -중국 어룬춘족어원커족의 기원
    신화와 한국 전설을 중심으로", 『동북아 문화연구』 제28집, (2011), pp.11-13 참조.

13 표정옥, "동화와 애니메이션에 재현된 '곰'의 신화적 상상력 연구 -동, 서양 '곰' 신화의 기호
    학적 비교연구를 통하여-", 『동화와 번역』 제14호, (2007), p.8 참조.

14 김경애, "애니메이션에 표현된 토테미즘 : 애니메이션 〈곰이 되고 싶어요〉를 중심으로", 『디지
    털디자인학연구』 제7권 제2호, (2007) pp.51-52 참조.

15 조미라, "애니메이션의 변신(變身) 모티프 연구", 『만화애니메이션 연구』 통권 제11호, (2007)
    pp.156-157.

16 임대근, "'트랜스 아이덴티티'의 개념과 유형: 캐릭터, 스토리텔링, 담론", 『외국문학연구』 제
    62권, (2016), p.132 참조.

17 Erikson, E. H. "The problem of ego identity", *Routledge for the Institute of Psycho-Analysis*,
    (1956), p.57.

18   Paull Wells, 한창완 옮김, 『애니마톨로지@애니메이션 이론의 이해와 적용』, (서울:한울, 2001), p.100 참조.

19   임대근, 위의 논문, p.134

20   임대근, 앞의 논문, p.136 참조.

21   정원대, "〈나타지마동강세(哪吒之魔童降世)〉의 트랜스아이덴티티적대자 캐릭터를 중심으로 -", 『문화와 융합』 통권 86호, (2021), pp.724-725 참조.

22   정원대·임대근, "〈센과 치히로의 행방불명〉의 캐릭터 분석 : 주인공의 정체성 분석을 중심으로", 『인문콘텐츠』 통권 제45호, (2017), p.198.

23   임대근, 앞의 논문, p.140.

24   김하림, "《木蘭詩》에서 애니메이션《뮬란(MULAN)》으로", 『중국인문과학』 제43집, (2009), p.570 참조.

25   정원대, 앞의 논문, p.726 참조.

26   박명진·심우일, "색계에 나타난 젠더와 내셔널리즘 연구", 『어문론집』 제39집, (2008), pp.177-178 참조.

27   이종현, "얼굴 미학을 통한 트랜스 아이덴티티의 표상 : 영화 〈죽여주는 여자〉를 중심으로", 『영화연구』 제72호, (2017), pp.251-252 참조.

28   임대근, 앞의 논문, p.142 참조.

29   정원대, "한중 문화교류의 매개체로서의 〈나의 붉은 고래(大鱼海棠)〉", 『애니메이션연구』 제17권 4호, (2021), pp.232-233 참조.

30   곽진석, 앞의 논문, p.439.

31   董静·丁萍, 앞의 논문, p.178.

32   브램블은 어린 시절 잠든 네바와 만난적이 있다. 브램블은 우연히 설산 어딘가의 초월적인 시공간에 잠들어 있던 네바를 깨우게 된다. 그로 인해 브램블은 비록 짧은 만남이었지만 네바를 그리워하게 되고, 숲 주민과 다른 친구들은 이와 같은 상황이 거짓말이라고 치부하게 된다. 그러던중 브램블은 꿈에 그리던 네바를 만나면서 자신의 사랑에 도전하려 한다.

33   조윤경, 앞의 논문, pp.12-13 참조.

34   조미라, 앞의 논문, p.157 참조.

35   김관웅, 앞의 논문, p.8 참조.

36   안정아, "중국 80-90后와 외국 대중문화의 선택적 수용- 베이징 사례", 『한국콘텐츠학회논문지』 제14권 6호, (2014), p.37 참조.

37   신지현, "한국을 떠나는 여성-청년들 : 경계를 넘는 초국가적 이동 주체", 『미디어, 젠더 & 문화』, 제36권 제3호, (2021), p.134 참조.

제10장 중국 공공외교:
코로나19 이후 보건외교를 중심으로 _____ 정태요, 전세영

1 이원준, "중국의 외교정책과 공공외교 -중국 공공외교의 한계와 도전", 「사회과학연구논총」, 2010, p.154.

2 신상범, "공공외교의 관점에서 본 한국 보건외교 현황과 과제", 『아세아연구』, 제62권 3호, 2019, p.177.

3 「국제관계 동향과 분석」 제70호, 국회입법조사처, 2020, p.3.

4 任晶晶, 「疫情影响下的中国外交：凝聚全球共识, 推动国际合作」, 『东北亚学刊』, 2020, pp.26~27; 贺文萍, 「抗击疫情与中国国家形象塑造」, 『公共外交季刊』, 2020.

5 Zhao Kejin, "The Motivation Behind China's Public Diplomacy", *The Chinese Journal of International Politics*, 2015, pp.2~3.

6 "本政府为代表中华人民共和国全国人民的唯一合法政府。凡愿遵守平等、互利及互相尊重领土主权等项原则的任何外国政府, 本政府均愿与之建立外交关系。"
   中国网, "新中国这样走来-《中华人民共和国中央人民政府公告》", 2019.11.16.（검색일: 2021.12.30.）

7 이장원, "중국의 공공외교: 배경, 목표, 전략", 『동서연구』, 제23집 (2011), p.105.

8 채하연, "중국의 소프트파워로서 공자콘텐츠의 전개현황 및 의의", 『유교사상문화연구』, 제33집 (2008), p.327.

9 "十六大以来党的对外工作的新发展：在国内国际大局互动中构建立体式政党外交新格局", 共产党员网, 2012.10.16.

10 자오치정, 「민간외교에서 공공외교로」, 『외교평론』, 제5기, 2009, p.2.

11 "胡锦涛: 我国改革发展稳定面临新的机遇和挑战", 人民日报, 2009.07.21.

12 이희옥, "중국공공외교의 확산: 체계와 목표", 『중국학연구』 제54집, 2010, pp.363~364.

13 김흥규, 『시진핑 시기 중국 외교안보』, (서울: 동아시아재단, 2015), p.162.

14 표나리, "공공외교 관점에서 본 코로나19정세 下 중국의 보건외교", IFANS 주요국제문제분석 49호, 국립외교원 외교안보연구소, 2020, pp.4~5.

15 김흥규, 『시진핑 시기 중국 외교안보』, (서울: 동아시아재단, 2015), p.175.

16 高辉, "习近平与中国特色公共外交", 『党政论坛』, 第9期, 2018, pp.43~45.

17 유럽 43개국 187곳, 아프리카 46개국 61곳, 아시아 39개국 135곳, 대양주 7개국 20곳, 미주 39개국 138곳이다. 자료 : 孔子学院 http://www.ci.cn/#/site/GlobalConfucius (검색일: 2022.01.06.)

18 "习近平2014访欧要论", 人民网, 2014.04.02. http://politics.people.com.cn/n/2014/0402/c1001-24800558.html (검색일: 2022.01.05.)

19 도윤주, "중국의 문명굴기 - 중국의 문화외교를 중심으로", 『중국학논총』, 제56집 (2017), p.195.

20 Dale, Helle C·Cohen, Ariel·Smith, Janice A. "Challenging America: How Russia, China and Other Countries Use Public Diplomacy to Compete with the U.S.", *BACKGROUNDER* No. 2698, 2012, p.6.

21 Zhao Kejin, 「The Motivation Behind China's Public Diplomacy」, *The Chinese Journal of International Politics*, 2015, pp.14~18.

22 王莉丽, "从'智库公共外交'看智库多元化功能", 『中国社会科学报』第4期, 2014, p.1.

23 이교덕, 이기현, 전병곤, 신상진, 『중국의 대한국 통일 공공외교 실태』, 통일연구원 경제 · 인문사회연구회 협동연구총서, (서울: 통일연구원, 2012), pp.14~15.

24 이교덕, 이기현, 전병곤, 신상진, 『중국의 대한국 통일 공공외교 실태』, 통일연구원 경제 · 인문사회연구회 협동연구총서, (서울: 통일연구원, 2012), p.17.

25 이원준, "중국의 외교정책과 공공외교 -중국 공공외교의 한계와 도전", 「사회과학연구논총」, 2010, pp.172~173.

26 李立明, "切实加强我国公共卫生体系建设", 『中国人文社会科学季刊』, 第20期(2003), p.43.

27 표나리, "공공외교 관점에서 본 코로나19정세 下 중국의 보건외교", IFANS 주요국제문제분석 49호, 국립외교원 외교안보연구소, 2020, pp.8~9.

28 "逆"势"增长, 中欧班列成为特殊时期的"外交官"", 中国一带一路网 (2020-04-23), https://www.yidaiyilu.gov.cn/xwzx/gnxw/123721.htm (검색일, 2022.1.3.)

29 "国家卫生计生委关于推进"一带一路"卫生交流合作三年实施方案(2015-2017)", 中国政府网 https://www.cmef.com.cn/g1205/s3604/t3407.aspx

30 김철민, "서부 발칸의 '코로나 19'대응 특징과 중국 '코로나 외교'에 관한 연구: 크로아티아, 세르비아 간 상호비교를 중심으로", 『EU연구』2020년 제56호, p.161

31 *Ibid.*, p.162.

32 인도는 영국의 아스트라제네카가 개발하고 인도의 세럼연구소가 생산한 코비실드와 인도 자체 제약회사인 바라트 바이오테크가 개발한 코백신에 대해 긴급 사용승인을 받았다.

33 시노팜 공시자료, http://www.sinopharm.com/s/1223-4126-38840.html (2020. 12. 31), (검색일: 2022. 1. 9).

34 시노백 공시자료, http://www.sinovac.com.cn/?optionid=468&auto_id=1872 (2021. 2. 6), (검색일: 2022. 1. 9)

35 KIEP 세계경제포커스, 「인도와 중국의 코로나 19 백신 개발 및 외교동향과 시사점」2021.3.8. vol. 4 No. 10 p.7

36 KIEP 세계경제포커스, *op. cit.*, p.2

37 "习近平在第73届世界卫生大会视频会议开幕式上的致辞", 人民网(2020. 2. 18), http://cpc.people.com.cn/n1/2020/0518/c64094-31713792.html (검색일: 2021. 12. 13).

38 "外交部: 中国决定向"新冠肺炎疫苗实施计划"提供1000万剂疫苗", 新华网 (2021. 2. 3),

http://www.xinhuanet.com/2021-02/03/c_1127060311.htm (검색일: 2021. 12. 13).

39 인민넷, "스리랑카 광명행 공익의료활동 콜롬보서 개최" http://korean.people.com. cn/78529/15788456.html(2019.11.12.).

40 KIEP 세계경제포커스, *op. cit.*, p.9

41 중앙일보, "시진핑 '건강 실크로드'에 벌컥한 美NSC, "미·EU 이간질 말라" (2020.3. 20)

42 미국의 보수성향이 강한 AEI에서 관련 내용에 관한 내용이 주장되기도 했다. John Yoo, "How to make China pay for COVID-19," AEI, April 28, 2020, https://www.aei.org/op-eds/how-to-make-china-pay-for-covid-19/, (검색일: 2022 01.6.).

43 The Jakarta post, "COVID-19: China says it has sold nearly four billion masks aboad" (2020.4.6.)https://www.thejakartapost.com/news/2020/04/06/covid-19-china-says-it-has-sold-nearly-four-billion-masks-abroad.html (검색일. 2022.1.3.)

44 조선비즈, "중국산 진단키트, '무더기 결함'에 팔수록 국가 이미지 '먹칠'" (2020. 4. 1)

제1장 노태우 정부 이후 역대 정부의 북방정책:
통일정책에서 국가전략으로 _____ 정기웅

공보처. 1992. 『제6공화국실록: 외교통일국방편』. 서울: 공보처.

김경원. 2006. "역동적 환경과 균형의 전략: 대한민국의 대전환기 생존전략." 한상진·임동원·김경원·박찬욱·김성국. 『민주정치와 균형외교』. 파주: 나남출판.

김덕. 1992. 『약소국 외교론』. 서울: 탐구당.

김동기. 2020. 『지정학의 힘: 시파워와 랜드파워의 세계사』. 파주: 아카넷.

김상배 편. 2016. 『신흥안보의 미래전략: 비전통 안보론을 넘어서』. 사회평론아카데미.

김상배. 2020. "신흥무대의 중견국 외교." 김상배 엮음. 『신흥무대의 중견국 외교: 복합지정학의 시각』. 서울: 사회평론아카데미.

김우상. 2016. 『중견국 책략』. 서울: 세창출판사.

김정원. 1996. 『한국외교발전론』. 서울: 집문당.

김태현. 1998. "외교안보정책." 백종천·김태현 편. 『탈냉전기 한국 대외정책의 분석과 평가』. 성남: 세종연구소.

남궁곤. 2012. "외교정책 결정요인." 김계동 외. 『현대외교정책론』 제2판. 서울: 명인문화사.

노진환. 1993. 『외교가의 사람들』. 서울: 서울미디어.

노태우. 1988. 제13대 대통령 취임사. http://15cwd.pa.go.kr/korean/data/expresident/ntw/speech. html (검색일: 2020년 12월 15일).

백소용. 2020. "남북관계 위기로 멀어져 가는 이산 상봉." 『세계일보』. 2020년 6월 24일. http://m.segye.com/view/20200623520700 (검색일: 2020년 12월 15일).

백종천·김태현 편. 1998. 『탈냉전기 한국 대외정책의 분석과 평가』. 성남: 세종연구소.

변현섭. 2020. "신북방정책과 초국경협력사업." (미발표 자문원고, 2020년 8월 21일).

오기평. 1994. 『한국외교론: 신국제질서와 불확실성의 논리』. 서울: 도서출판 오름.

외교안보연구원. 1988. 『북방외교』. 정책자료. 88-7.

외무부. 1992. 『외교백서』. 서울: 외무부.

이강국. 2018. 『일대일로와 신북방 신남방 정책』. 파주: BOOKSTAR.

이기택. 1974. "한국의 대중소외교의 가능성." 『북한』 1974년 2월.

이석호. 1988. "한국북방정책의 변천과정과 결정요인." 『국제정치논총』 28집 2호.

이정민. 1993. "한국외교정책의 방향과 제도적 접근의 문제." 정일영. 『한국외교 반세기
   의 재조명』. 서울: 나남.

이철. 1974. "소련의 대한국접근정책 전망과 대소외교의 문제점." 『국토통일』 1974년 1월.

전웅. 1993. "한국외교정책의 전통과 연구현황." 이범준·김의곤 공편. 『한국외교정책:
   이론과 실제』. 서울: 법문사, 1993.

전재성. 2003. "노태우 행정부의 북방정책 결정요인과 이후의 북방정책의 변화과정 분
   석." 하용출 외. 『북방정책: 기원, 전개, 영향』. 서울: 서울대학교출판부.

정기웅. 2020. "남북한 스포츠 교류 결정 요인 연구: 1964년 도쿄, 2018년 평창, 2032년
   서울·평양의 사례를 중심으로." 『국제지역연구』 24권 2호.

정일영. 1993. 『한국외교 반세기의 재조명』. 서울: 나남

청와대. 2017. "동방경제포럼 기조연설." https://www1.president.go.kr/articles/944 (검
   색일: 2020년 12월 15일).

하용출 외. 2003. 『북방정책: 기원, 전개, 영향』. 서울: 서울대학교출판부.

하용출. 2003. "서론." 하용출 외. 『북방정책: 기원, 전개, 영향』. 서울: 서울대학교출판부.

홍우택·김규륜·홍석훈·조원빈. 2016. 『2016년 통일예측시계』. 서울: 통일연구원.

홍원표. 2011. 『아렌트: 정치의 존재이유는 자유다』. 파주: 한길사.

홍현익. 2012. "한국의 외교정책." 김계동 외. 『현대외교정책론』 제2판. (서울: 명인문화사)

Arendt, Hannah. 지음. 홍원표 옮김. 2019. 『정신의 삶: 사유와 의지』. 서울: 푸른숲.

Breen, Michael. 지음, 장영재 옮김. 2018. 『한국, 한국인』. 용인: 실레북스.

Carlsnaes, Walter. 2016. "Actors, structures, and foreign policy analysis." Steve Smith, Amelia Hadfield, Time Dunne. Eds. *Foreign Policy*. Oxford: Oxford University Press.

Cooper, Andrew F., Richard A. Higgott, and Kim R. Nossal. 1993. *Relocating Middle Powers: Australia and Canada in a Changing World Order*. Vancouber: UBC Press.

Jervis, Robert. 1976. *Perception and Misperception in International Politics*. Princeton, N.J.: Princeton University Press.

Klinghoffer, Arthur Jay. 지음. 이용주 옮김. 2007. 『지도와 권력』. 파주: 알마.

McCoy, Alfred. 지음. 홍지영 옮김. 2019. 『대전환』. 파주: 사계절.

Mesquita, Bruce Bueno de. 2014. *Principles of International Politics* 5th Edition. London: CQ Press.

Mesquita, Bruce Bueno de. and Alastair Smith. 2011. *The Dictator's Handbook: Why Bad Behavior Is Almost Always Good Politics*. New York: Public Affairs.

Singer, J. David. 1961. "The Level-of-Analysis Problem in International Relations." *World Politics* 14-1.

Viotti, Paul R. and Mark V. Kauppi. 2012. *International Relations Theory* 5th Edition. New York: Pearson.

제2장 북방 문화 접점 식별을 위한 이론적 토대와 확장성 검토 _____ 김진형

김진형, 『북방: 번영의 경제, 평화 외교의 축』(경기: 한국학술정보(주), 2021a).

김진형, "중국의 권력-자본경제에 대한 문화적 접근: 개념적 논리에 대한 이론적 토대", 『제2차 HK(+)연합학술대회 자료집II』(서울: 한국외국어대학교 국제지역연구센터, 2021b). pp.241-251.

윤경진, "고려향리(高麗鄕吏)의 신분변화(身分變化)에 관한 연구(研究)", 『國史館論叢』,

제13호 (1997년).

우리역사넷, "서리직", http://contents.history.go.kr/mobile/nh/view.do?levelId=nh_01
  3_0020_0020_0010_0030#ftid_0231) (검색일 2022. 01. 22.).

한국민족문화대백과사전, "이속", http://encykorea.aks.ac.kr/Contents/Item/E0044801
  (검색일 2022. 01. 21.).

Arrow, K.J., Dasgupta, P., Goulder, L.H., Mumford, K.J., & Oleson, K., "Sustainability
  and the measurement of wealth", *Environment and Development Economics*, Vol. 17
  (2012), pp.317-353.

Chua, R. Y., Huang, K. G., & Jin, M., "Mapping cultural tightness and its links to innovation,
  urbanization, and happiness across 31 provinces in China", *Proceedings of the
  National Academy of Sciences*, Vol. 116, No. 14 (2019), pp.6720-6725.

Flora, C. B., Flora, J. L., & Gasteyer, S. P, Rural communities: Legacy and change (Routledge,
  2018).

Gelfand and Michele, Rule makers, rule breakers: Tight and loose cultures and the secret
  signals that direct our lives (Scribner, 2019).

Gelfand, M. J. et al, "Differences between- tight and loose cultures: A 33-nation study",
  Science, No. 332 (2011), pp.1102.

Guan, X., H. Wei, S. Lu, Q. Dai, and H. Su., " Assessment on the Urbanization Strategy
  in China: Achievements, Challenges and Reflections." *Habitat International*, Vol.
  71 (2018), pp.97-109.

Hong, Z., The price of China's economic development: Power, capital, and the poverty
  of rights (University Press of Kentucky, 2015).

Lee, C. K., The Specter of Global China (University of Chicago Press), 2020.

Nordhaus, W. D., "How should we measure sustainable income? (No. 1101) in Cowles
  Foundation for Research in Economics", (New Haven: Yale University, 1995).

Nordhaus, W. D., "New directions in national economic accounting", *American
  Economic Review*, Vol. 90 (2000), pp.259-263.

Pearce, D.W., G.D. Atkinson, and W.R., Dubourg. "The economics of sustainable development", *Annual Review of Energy and the Environment*, Vol. 19 (1994), pp.457-474.

Pelto, Pertii J. "The differences between "tight" and "loose" societies."*Trans-action* 5.5 (1968): 37-40.

Pender, J. L., Weber, B. A., Johnson, T. G., & Fannin, J. M. (Eds.), Rural wealth creation (Routledge, 2014).

Uz and Irem., "The index of cultural tightness and looseness among 68 countries", *Journal of Cross-Cultural Psychology*, Vol. 46, No. 3 (2015), pp.319-335.

제3장 동북아시아 교류와 충돌, 혼종문화의 접점 사할린 _____ 이은경

〈한국어 자료〉

국립민속박물관 편. 『러시아 사할린·연해주 한인동포의 생활문화』. 서울: 국립민속박물관, 2001.

권석영. 『온돌의 근대사』. 서울: 일조각, 2010.

석순희. 『조선인과 아이누 민족의 역사적 유대: 제국의 선주민·식민지 지배의 중층성』 (이상복 옮김). 서울: 어문학사, 2019.

윤성학. 『모피로드』. 서울: K북스, 2021.

에드워드 W. 사이드. 『문화와 제국주의』. 김성곤, 정정호 역. 서울: 도서출판 장, 2021.

정혜경. 『아시아태평양 전쟁에 동원된 조선의 아이들: 태평양에서 남사할린까지 침략전쟁에 희생된 작은 사람들』. 고양: 섬앤섬, 2019.

최길성. 『사할린 유형과 기민의 땅』. 서울: 민속원, 2003.

류시욱. 『오호츠크해의 바람』. 방일권 역. 경기: 선인, 2013.

〈러시아어 자료〉

Бойко, В. И. (ред.). *Нивхи Сахалина: Современное социально- экономическое развитие*. Новосибирск: Наука. Сиб. отд-ние., 1988.

Василевский, А. А. *Каменный век острова Сахалин*. Южно- Сахалинск: Сахалинское книжное издательство, 2008.

Василевский, А. А. Потапова, Н. В. *Очерки истории Курильских островов*. Южно-Сахалинск: Сахалинская областная типография, 2017.

Высоков, М. С. (ред.) *История Сахалина и Курильских островов с древнейших времён до начала XXI столетия*. Южно- Сахалинск: Сахалинское книжное издательство, 2008.

Елизарьев, В. *Подлинная история Курильских островов и Сахалина XVII-XX вв.* М.: Алгоритм, 2008.

Иконникова, Е. А. *Сахалин и Кульские острова: язык, литература, культура*. Южно-Сахалинск: СахГУ, 2019.

Островский, А. Б. *Мифология и верование нивхов*. СПб.: Центр "Петербургское Востоковедение", 1997.

Подмаскин В. В. Гвоздев, Р. В. "Историко-культурные в взаимоотношения айнов, тунгусо-маньчжуров, нивхов: проблемы этногенеза и этнической истории". *Труды института истории, археологии и этнографии ДВО РАН*. Т. 31. Владивосток. 69-83, 2020.

Потапова, Н. В. *Вероисповедная политика Российской империи и религиозная жизнь дальнего востока во второй половине XIX-начале XX вв.* Южно-Сахалинск: Сахалинское книжное издательство, 2009.

Соколов, А. М. *Айны: от истоков до современности*. СПб.: МАЭ РАН, 2014.

Спеваковский, А. Б. *Духи, оборотни, демоны и божества айнов*. М.: Наука, 1988.

Чехов, А. П. *Собрание сочинений*. Т. 10. М.: Художественная литература, 1956.

Щепкин, В. В. (ред.) *Айны в истории российско-японсикх отношенийXVIII-XIX вв*. СПб.: Лема, 2020.

Яншина, Э. М. *Каталог гор и морей*. М: Наука, 1977.

제4장 북방 경제문화의 통로:
유라시아 경제회랑을 통한 협력과 한국의 대응 _____ 송병준

북방경제협력위원회. 『신북방정책의 전략과 중점과제(안)』. 서울: 북방경제협력위원회 제2차 회의, 2018, pp.1-25.

Akhmetova, Aigerim T. "Armenia–Azerbaijan Wars: Looking for Nagorno–Karabakh Conflict Resolution". *Air University Advanced Research Program*. (2021), pp.1-10.

Charaia, Vakhtang, Archil Chochia and Mariam Lashkhi. "The Caucasus 3 Plus the Baltic 3 and Economic Cooperation with China". *Baltic journal of European studies*. Vol. 8. No. 2 (2018), pp.44-64.

Ismailov, Eldar and Vladimer Parava. "Caucasian Tandem and the Belt and Road Initiative". *Central Asia and the Caucasus*. Vol. 19. Iss. 2 (2018), pp.7-17.

Kenderdine, Tristan and Péter Bucsky, "Middle Corridor-policy Development and Trade Potential of the Trans-Caspian International Transport Route, Asian Development Bank Institute". *ADBI Working Paper Series. No. 1268* (2021), pp.1-32.

Kennedy, Thomas. "Competitiveness Annalysis of the Caucasus Transit Corridor Improving Transit Potential for Central Asia-Europe Trffic." *UsAid Economic Prosperity Initiative (EPI)* (2012), pp.1-51.

Mammadov, Seymur, "Another route from China to Europe in the South Caucasus", China Dairy.
https://www.chinadaily.com.cn/a/202104/29/WS608a5c75a31024ad0babb4e9.html (검색일: 2021년 6월 26일)

Mushfig, Guliyev and Huseynova Khatira. "Transformative impacts of globalization on the economy of South Caucasus and Central Asia". *SHS web of conferences*. Vol. 92 (2021), pp.1-11.

Papava, Vladimer. "One Belt One Road Initiative and Georgia". *Georgian Foundation for Strategic and International Studies Expert Opinion*. No. 93, (2017), pp.1-19.

Poghosyan, Benyamin (2018), "China's OBOR Initiative: Opportunities for the South Caucasus". *IndraStra Global*. Vol. 4. No. 7, (2018), pp.1-5.

Pomfret, Richard. "The Eurasian Land Bridge The Role of Service Providers in Linking the Regional Value Chains in East Asia and the European Union". *ERIA Discussion Paper Series* (2018), pp.1-20.

Schmidt, Katherine, "Azerbaijan's Port on China's Road, Reconnecting Asia".

https://reconasia.csis.org/azerbaijans-port-on-chinas-road/ (검색일: 2021년 12월 4일)

Schuhbert, Arne and Hannes Thees. "Of Routes and Corridors: Challenges and Opportunities for Silk Road Destinations in the Southern Caucasus". (2020), pp.1-10.

Scott, James Wesley and Ilkka Liikanen. "Civil Society and the 'Neighbourhood'? Europeanization through Cross-Border Cooperation?", *Journal of European Integration* Vol. 32. No. 5 (2010), pp.423-438.

Smolnik, Franziska et. al. "China's Belt and road Initiative and the South Caucasus". *Caucasus Analytical digest*. No. 111 (2019), pp.1-19.

South Caucasus and Central Asia MTI team. "South Caucasus and Central Asia: Belt and Road Initiative Azerbaijan Country Case Study", *World Bank* (2020), pp.1-30.

Starr, S. Frederick. "US Perspectives on China's Belt and Road Initiative in Central Asia and the South Caucasus," *International studies*. Vol. 56. Iss. 2-3 (2019), pp.79-91.

Stegen, Karen Smith and Julia Kusznir. "Outcomes and strategies in the 'New Great Game': China and the Caspian states emerge as winners", *Journal of Eurasian Studies*. Vol. 6. Iss. 2 (2015), pp.91-106.

The Astana Times, "Kuryk Seaport Plans to Increase Shipment Capacity".
https://astanatimes.com/2021/08/kuryk-seaport-plans-to-increase-shipment-capacity/ (검색일: 2021년 12월 4일)

Torres, José Ignacio Castro. "Nagorno Karabakh: A Gordian Knot in the Middle of Caucasus", *IEEE Analysis Paper.* 34/2020, 2 (2020), pp.1-19.

TRACECA. "TRACECA History".
http://www.traceca-org.org/en/about-traceca/history-of-traceca/ (검색일: 2021년 11월 25일)

UNU-CRIS. "Towards Greater Connectivity: The South Caucasus as a Railway Hub between the EU and China", *Policy Brief* (2019), pp.1-10.

Vakhtang Charaia and Vladimer Papava. "Belt and Road Initiative: Implications for Georgia and China-Georgia Economic Relations". *China International Studies.* (November / December 2017), pp.122-139.

Valiyev, Anar. "U.S. Disengagement from the South Caucasus The Throne is Never Vacant", *PONARS Eurasia Policy Memo.* No. 545 (2018), pp.1-7.

Yayloyan, Diana and Inan Ambeent. "New Economic Corridors in the South Caucasus and the Chinese One Belt One Road". *The Economic Policy Research Foundation of Turkey* (2018), pp.1-90.

Yellinek, Roie. "Opinion - The Impact of China's Belt and Road Initiative on Central Asia and the South Caucasus", *E-International Relations.* (2020), pp.1-3.

Zemke, Leszek Tymoteusz, "Armenia, Road Project, North-South Corridor, section in the northern part of the corridor Yerevan to Bavra, World Bank Eastern Partnership Transport Panel". (2017).
https://collaboration.worldbank.org/content/sites/collaboration-for-development/en/groups/eastern-partnership-transport-panel/documents.entry.html/2017/05/21/2017_-_armenia_road-mpi7.html (검색일: 2021년 12월 5일)

Arendt, Hannah. Eichmann in Jerusalem: A Report on the Banality of Evil. New York: Viking Press. 1963.

Cresswell, Tim. Geographic Thought: a Critical Introduction. Hoboken, NJ: John Wiley & Sons. 2012.

Chowdhry, Geeta. "Edward Said and contrapuntal reading: Implications for critical interventions in international relations". Millennium, Vol. 36, No. 1 (December 2007), pp.101-116.

Diamond, Jared. Guns, Germs and Steel: A History of Everybody for the Last 13,000 Years. London: Vintage. 2005.

Dimsdale, Joel. Anatomy of Malice. New Haven, CT: Yale University Press. 2016.

Harvey, David. The Condition of Postmodernity. Cambrige, MA: Blackwell. 1990.

Lefebvre, Henri. The critique of everyday life: The one-volume edition. New York: Verso Books. 2014.

Michalopoulos, Stelios. and Papaioannou, Elias. National institutions and African development: Evidence from partitioned ethnicities. Cambridge, MA: National Bureau of Economic Research. 2012.

Mortimer, Mildred. Edward Said and Assia Djebar: a contrapuntal reading. *Research in African Literatures*, Vol. 36, No. 3 (Autumn 2005), pp.53-67

Said, Edward. Orientalism. London: Penguin Books. 2003.

Said, Edward. Culture and Imperialism. New York: Vintage. 2012.

Edward Said, "Life and Career", http://www.edwardsaid.org/

Every Note, https://everynote.com/guitar.show/4803.note

강인욱. "중국 서남부 고원지역 차마고도 일대와 북방초원지역 유목문화의 교류". 『중앙아시아연구』. 제 18권 제 2호 (2013년 11월), pp.87-112.

강준영·정기웅·박홍서. "한반도와 북방, 공간 구조에 관한 소고: 문화·국가·자본의 상호

작용을 중심으로”. 『문화와 세계』. 제 1권 제 1호 (2020년 11월), pp.189-228.

강진웅. “대한민국 민족 서사시: 종족적 민족주의의 전개와 그 다양한 얼굴”. 『한국사회학』. 제 47권 제 1호 (2013년 2월), pp.185-219.

김대열. “동아시아세계의 형성과 전개에 미친 정보문화교류의 역사적 계기”. 『고조선단군학』. 제 29호 (2013년 12월), pp.29-57.

김연철. “노태우 정부의 북방정책과 남북기본합의서 - 성과와 한계”. 『역사비평』. 통권 97호 (2011년 11월), pp.80-110.

김한송·오재연·김경란. “유아교사의 다문화 경험과 고정관념이 다문화 교수효능감과 다문화 교육태도에 미치는 영향”. 『어린이미디어연구』, 제 14권 제 2호 (2015년 7월), pp.127-155.

김혜숙·김도영·신희천·이주연. “다문화시대 한국인의 심리적 적응: 집단정체성, 문화적응 이데올로기와 접촉이 이주민에 대한 편견에 미치는 영향”. 『한국심리학회지: 사회 및 성격』. 제 25권 제 2호 (2011년 5월), pp.51-89.

김혜승. “한국 민족주의의 현상과 전망: 운동권 민족주의의 실체파악과 21세기 전망”. 『한국동양정치사상사연구』. 제 5권 제 1호 (2006년 3월), pp.141-163.

김희영. “19세기 말 서양인의 눈에 비친 조선사회의 현실과 동학 농민 봉기: 이사벨라 버드 비숍의 『조선과 그 이웃나라』를 중심으로”. 『동학연구』. 제 23집 (2007년 9월), pp.1-23.

나용우 외. 『신남방정책·신북방정책 추진전략과 정책과제』. 통일연구원. 2020.

박미혜. “초등학생의 다문화 인식과 다문화 경험, 학부모의 고정관념이 초등학생의 다문화 효능감에 미치는 영향”. 『한국산학기술학회 논문지』. 제 15권 제 5호 (2014년 5월), pp.2749-2757.

안영은. “이소룡(李小龍) 신화는 끝나지 않았다”. 『중국현대문학』. 제 78권 (2016년), pp.159-195.

우준모. “‘신북방정책’ 비전의 국제관계이론적 맥락과 러시아 신동방정책과의 접점”. 『국제지역연구』. 제 21권 제 5호 (2017년 12월), pp.105-129.

윤인진·송영호. “한국인의 국민정체성과 다문화수용성”. 『한국사회학회 사회학대회 논문집』. (2009년 6월). pp.579-591.

윤지환. "한반도-북방 관계성 이해를 위한 공간인식 정립의 소고". 『국제지역연구』. 제
    25권 제 3호 (2021a년 7월), pp.73-98.

윤지환. "익선동 한옥거리의 변증법적 공간 해석과 젠트리피케이션의 시사점 모색".
    『한국경제지리학회지』. 제 24권 제 3호 (2021b년 9월), pp.217-236.

이명종. "근대 한국인의 만주인식 연구". 한양대학교 대학원 박사학위논문, 2014.

이성환. "한국인의 북방영토 인식: 간도 및 간도문제를 중심으로". 『동북아 문화연구』.
    제 31집 (2012년 6월), pp.231-251.

이송이. "마르그리트 뒤라스의 『부영사 Le Vice-Consul』에 나타난 탈경계와 혼종성 -
    탈식민주의적 비평관점을 통하여". 『프랑스문화예술연구』, 제 24집 (2008년 5월),
    pp.131-155.

이해정·이용화. "신북방정책 추진의 기회와 위협 요인". 『VIP Report』, 제 701권 (2017년
    9월), pp.1-13.

장덕준. "'북방정책' 재고(再考): '유라시아 이니셔티브'의 재검토 및 새로운 대륙지향
    정책을 위한 원형 모색". 『슬라브학보』. 제 32권 제 1호 (2017년 3월), pp.277-
    318.

장현근. "한국에서 대중국관념의 변화: 중화주의, 소중화주의, 탈중화주의". 『아태연구』,
    제 18 제 2호 (2011년 8월), pp.97-123.

정연구·송현주·윤태일·심훈. "뉴스 미디어의 결혼이주여성 보도가 수용자의 부정적 고
    정관념과 다문화지향성에 미치는 영향". 『한국언론학보』. 제 55권 제 2호 (2011
    년 4월), pp.405-427.

정용길. "서독의 동방정책과 한국의 북방정책". 『국제정치논총』. 제 29권 제 2호 (1990
    년 3월), pp.53-69.

정용화. "한국인의 근대적 자아 형성과 오리엔탈리즘". 『정치사상연구』. 제 10권 제 1호
    (2004년 5월), pp.33-54.

최강민. "단일민족의 신화와 혼혈인". 『어문론집』. 제 35집 (2006년 9월), pp.287-314.

카리모바·이지은. "중앙아시아와 중국의 역사적 관계". 『서석사회과학논총』. 제 1권 제 2호

(2008년 12월), pp.427-441.

허태용. "동아시아 중화질서의 변동과 조선왕조의 정치사상적 대응". 『역사학보』. 제
　　221집 (2014년 3월), pp.33-60.

김쌍주. 2018. "[특별기획] 역대 정부의 북방정책 기조... 그 흐름은 어떻게 진행되어 왔나?"
　　『일요주간』, 10월6일자, http://ilyoweekly.co.kr/news/newsview.php?ncode=
　　179569754663277

구글이미지, https://www.google.com/imghp?hl=en

북방경제협력위원회, "신북방대상국가", https://infocreative.co.kr/portfolio-item/북
　　방경제협력위원회-신북방대상국가-맵인포그래픽/

북방경제협력위원회, "신북방정책이란", https://bukbang.go.kr/bukbang/

제6장 홍콩정체성의 대중국 이탈에 관한 연구:
　　　　질 들뢰즈의 영토화 개념에 따른 중국식 애국주의
　　　　분열 기제 운용을 중심으로 _____ 박근찬, 강준영

국문자료(國文資料)

강준영·정기웅·박홍서, "한반도와 북방, 공간 구조에 관한 소고: 문화·국가·자본의 상호
　　작용을 중심으로", 『Culture and the World Review』, Vol. 1, No. 1 (2020 November),
　　pp.189-228.

구라다 도루·장위민 저, 이용빈 역, 『홍콩의 정치와 민주주의』, 파주: 한울, 2019.

김인희, 『중국 애국주의와 고대사 만들기』, 서울: 동북아역사재단, 2021.

김진용, "우산혁명은 왜 지속되지 못했는가?: 홍콩 시위의 발발과 파급력, 그리고 한계",
　　『동아연구』, 제35권 2호(통권 71집) (2016), pp.189-225.

金珍鎬, "중국의 일국양제와 홍콩의 민주화: 중화 애국심과 홍콩 본토화", 『현대중국연
　　구』, 제22집 1호, (2020), pp.39-67.

노영돈·최영춘, "홍콩기본법에 관한 연구: 홍콩기본법상 고도자치권을 중심으로", 『법
　　학논총』, 31권 4호 (2014), pp.91-114.

류영하,『방법으로서의 중국-홍콩 체제』, 서울: 소명출판, 2020.

미셸푸코 저, 김상운 역,『사회를 보호해야 한다』, 서울: 난장, 2015.

박홍서,『미중카르텔』, 서울: 후마니타스, 2020.

신원우, "홍콩에서의 일국양제 제도화 과정과 불안요인에 관한 연구",『아시아연구』, 24(1) (2021), pp.19-37.

여현정, "홍콩 〈국가안전법〉 시행에 따른 홍콩의 정치·사회 동향 연구",『국제학논총』, 제33집 (2021), pp.73-108.

오일환, "21세기 중국의 국가이익과 홍콩특별행정구",『중국연구』, 제40권 (2007), pp.53-66.

오창우, "공중의 심리적 기저 인정받기의 개념적 논의 악셀 호네트의 인정투쟁을 바탕으로",『한국사회과학연구』, 제36권 1호 (2017), pp.111-133.

유영하,『홍콩: 천 가지 표정의 도시』, 파주: 살림, 2008.

윤영도, "홍콩 레논 벽과 포스트잇, 그리고 정동정치-홍콩 우산혁명과 송환법 반대 시위를 중심으로",『중국문화연구』, 제46집 (2019), pp.107-130.

윤태희, "시진핑 시기 중국 당국의 홍콩 정책 연구: 범죄자 송환법안 반대 시위 대응 사례를 중심으로",『중국과 중국학』, 제42호 (2021), pp.87-118.

이동률, "90년대 중국 애국주의 운동의 정치적 함의",『중국학연구』, 제21집 (2001), pp.321-344.

이언 뷰캐넌 저, 이규원·최승현 역,『안티-오이디푸스 읽기』, 서울: 그린비, 2020.

이혜수, "기억의 초국가적 이동과 다방향적 접합: 홍콩 시민들의 투쟁이 부른 민주화 운동의 기억들",『한국언론정보학보』, 통권 102호 (2020), pp.189-216.

任桂淳, "19세기 후반기 국제 항구도시, 홍콩의 서양인사회",『中國史研究』, 제44집 (2006), pp.245-277.

장정아, "이 폐허를 응시하라: 홍콩 우산혁명과 그 이후의 갈등이 드러낸 것",『황해문화』, (2016), pp.53-85.

정융녠 저·승병철 역,『21세기는 중국의 시대인가: 민족주의, 정체성, 그리고 국제관계』, 과천: 문화발전소, 2005.

조영남, 『후진타오 시대의 중국정치』, 파주: 나남, 2006.

질 들뢰즈·펠릭스 과타리 저, 김재인 역, 『안티 오이디푸스: 자본주의와 분열증』, 서울: 민음사, 2014.

질 들뢰즈·펠릭스 가타리 저, 김재인 역, 『천개의 고원』, 서울: 새물결, 2001.

김표향, "'홍콩 엑소더스' 시작됐다…2주 만에 5000명 영국行 신청", 한국일보, 2021년 2월 18일, https://www.hankookilbo.com/News/Read/A2021021814450005293, (검색일: 2022년 2월 3일)

모종혁, "홍콩인 엑소더스에도 미소짓는 시진핑", 시사저널, 2021년 4월 27일, https://www.sisajournal.com/news/articleView.html?idxno=215823, (검색일: 2022년 2월 3일)

"홍콩 국가보안법 1주년…홍콩인들의 삶은 어떻게 바뀌었나", BBC NEWS 코리아, 2021년 7월 1일, https://www.bbc.com/korean/international-57675714, (검색일: 2022년 2월 3일)

"홍콩 시위: 국가보안법에 반대하는 시위대를 향해 홍콩 경찰이 최루탄을 사용했다", BBC NEWS 코리아, 2020년 5월 25일, https://www.bbc.com/korean/international-52790087, (검색일: 2022년 2월 3일)

표준국어대사전, 「애국주의」, https://stdict.korean.go.kr/search/searchResult.do (검색일: 2021년 12월 19일)

영문자료(英文資料)

Chan Chi Kit, "China as "Other": Resistance to and ambivalence toward national identity in Hong Kong", China Perspectives, Vol. 97, No. 1 (2014), pp.25-34.

Chan Chi Kit, Anthony Fung Ying Him, "Disarticulation between Civic Values and Nationalism", China Perspectives, Vol. 114, No. 3 (2018), pp.41-50.

Joshua Wong and Archie Hall, "Three Years After The Umbrellas: An Interview With Student Activist Joshua Wong", Harvard International Review, Vol. 38, No. 2 (Spring 2017), pp.50-53.

Michael Garnett, "Taking the Self out of Self-Rule", Ethical Theory and Moral
　　Practice, Vol. 16, No. 1 (February 2013), pp.21-33.

Suisheng Zhao, "A State-Led Nationalism", Communist and Post-Communist Studies,
　　Vol. 31, No. 3 (September 1998), pp.287-302.

Suisheng Zhao, "Nationalism's Double Edge", The Wilson Quarterly, Vol. 29, No. 4
　　(Autumn, 2005), pp.76-82.

중문자료(中文資料)

黄修荣,『中国共产党80年知识问答』, 北京: 中共中央党校出版社, 2001.

解永强, ""一国两制"构想与海外统一战线工作: 兼论中国共产党海外统一战线工作的产生
　　与发展", 陕西社会主义学院学报, No. 4 (October 2013), pp.14-30.

唐凯麟·李培超, "民族生存与发展的深层透视: 中华民族爱国主义的历史观照和现代价值
　　审思", 北京大学学报(哲学社会科学版), 第38卷 第3期 (2001), pp.5-11.

习近平, "党的伟大精神永远是党和国家的宝贵精神财富", 实践(党的教育版), (2021),
　　pp.4-11.

萧功秦,『中国的大转型』, 北京: 新星出版社, 2008.

冷溶, "人民日报: 什么是中国梦, 怎样理解中国梦", 人民网, 2013年 4月 26日 http://
　　opinion.people.com.cn/n/2013/0426/c1003-21285328.html (검색일: 2022
　　년 2월 3일)

全国人民代表大会, "中华人民共和国香港特别行政区维护国家安全法", http://www.
　　npc.gov.cn/npc/c30834/202007/3ae94fae8aec4468868b32f8cf8e02ad.shtml
　　(검색일: 2021년 12월 15일)

周文其, "香港《2021年完善选举制度(综合修订)条例》正式生效", 新华社, 2021年 5月
　　31日, https://baijiahao.baidu.com/s?id=1701256629268389257&wfr=spider
　　&for=pc (검색일: 2021년 12월 15일)

김덕주, "상하이 협력기구의 현황과 발전전망", 『외교안보연구원』. (2002).

김성진, "러시아 외교정책의 성격: 상하이 협력기구에 대한 정책을 중심으로", 『중소연구』, 제32권 제2호 (2008).

김유경, "신장 위구르무슬림 분리주의운동의 원인분석 연구", 『중동연구』, 제29권, 제2호, (2010).

박병광, "중국 소수민족정책의 형성과 전개: 민족 동화와 융화의 변주곡에 관하여", 『국내정치논총』, 제40권 제4호, (2000).

박병인, "상하이 협력기구(SCO) 성립의 기원: 상하이 5국에서 상하이 협력기구로", 『국제정치논총』, 제33집, (2005).

오홍엽, 『중국 신장』. (서울:친디루스, 2009).

우홍예, "신장 위구르족과 한족 간의 민족갈등", 『민족연구』, 제38집, (2009).

이대성·김태진, "중국의 테러리즘 분석과 그 전망: 신장 위구르족을 중심으로", 『한국콘텐츠학회논문지』 Vol. 14 No. 9, (2014).

이동률, "90년대 중국 애국주의 운동의 정치적 함의", 『중국학연구』, 제21집, (2001).

이동률, "중국 신장의 민족갈등: 중국화와 저항의 동학" 『역사비평』, 제85집, (2008).

이동률, "중국 신장의 분리주의 운동: 현황과 영향력", 『국제정치논총』, 제43권 제3호, (2003).

이양호, "민족과 불평등: 중국 신장의 위구르족", 『민족연구』, 제55집, (2013).

이양호, "종족, 민족 그리고 민족주의", 『민족문제연구』, 제9집, (2001).

조정남, 『중국의 민족문제』, (서울:교양사, 1998).

조정남, 『현대정치와 민족문제』, (서울:교양 사회, 2002).

莫邦富, "과격·확대되는 신강 독립운동", 『민족연구』, 제9호, (2002).

제임스 A. 밀워드 지음, 김찬영.이광태 옮김, 『신장의 역사 – 유라시아의 교차로』, (서울: 사계절, 2013).

Garder Bovingdon, "Autonomy in Xinjiang Han Nationalist Imperatives and Uygbur Discontent". (Washington: East-West Center, 2004).

Krisian Petersen, "Usurping the mation: Gyber-leadership in the Uighur nationalist movement". *Journal of Muslilm Minority Affairs, Bol.26, No. 1.* (2006.)

Lufti, A. "Uyghur separatism and China's crisis of credibility in the War on Terror". China. (2015).

Michael Clarke, "The Problematic Progress of 'Integration' in the Chinese State's Approach to Xinjiang, 1759-2005", *Asian Ethmicity, vol.8.no.3.* (2007)

陣家勤 編, 『沿邊開放: 跨世紀戰略』, (北京: 經濟科學出版社, 1995).

贾秀慧, "19世纪20世纪初新疆的政治整合", 『新疆地方志』, 第2期, (2016).

高亞雄, "新講民族問題現況與發展探究", 中央民族大學 中國民族理論與民族政策研究員 博士學位論文, (2004).

段连勤, 『高车与铁勒』, (广西师范大学出版社, 2006).

龙群, "论新疆宗教特点", 『兵团教育学院学报』, 第10卷 第2期, (2000).

刘仲康, "党的宗教政策在新疆的实践及基本经验", 『新疆社会经济』, 第6期, (1997).

馬麗雅 外. (2007). 中國民族語文政策與法律述評. 民族出版社.

潘志平, "论土耳其与泛突厥主义", 『史学集刊』, 第4期, (2004).

孙先伟·翟金鹏, "东突恐怖主义活动发展特点及防范打击对策", 『Journal of Chinese Peoples Public Security University』, (2008).

丁明仁, 『伊斯兰文化在中国』, (宗教文化出版社, 2003).

齐清顺, "清代新疆行政体制变革的重大胜利", 『西域研究』, 第2期, (1994).

李德洙, "高度重视切实做好民主工作", 『学习时报』, (2007).

陣家勤 編, 『沿邊開放: 跨世紀戰略』, (經濟科學出版社, 1995).

蒲瑶, "泛突厥主义与中国西部安全", 『理论导刊』, 5月, (2002).

楊發仁. (1999). 鞏固化發展中國各民族的大團結. 新疆社會經濟.

中国国家民委主任李德洙, "高度重视切实做好民主工作", 『学习时报』, (2007).

陈蓝, "1990-2007: 中国反击'东突'十七年" (http://www.infzm.com/content/498) (2010).

泛伊斯兰主义 (http://myy.cass.cn/file/2006010517637.html)

国务院新闻办公室, '东突'恐怖势力难脱罪责. (http://www.fmprc.gov.cn/ce/chn/xwdt/

t875 90.htm)

关于正确认试和处理新形势下新疆宗教问题的调查报告.(http://www.xjass.com/
mzwh/content/2008-11/01/content_38110.htm.)

중국외교부. http://www.fmprc.gov.cn/

中华人民共和国国务院新闻办公室. 新疆的历史与发展.(http://www.gov.cn/
zwgk/2005-05/27/content_1463.htm)

신윤재. 최악 성노예 수용소 위구르서 드러난 '중국몽'의 민낯. 매일경제. https://www.
mk.co.kr/news/world/view/2021/02/193623/ (2021.2.27.)

정지우. 中가처분소득 지역별 최대 4배 이상 티베트·신장 '최하'. 파이낸셜 뉴스
https://www.fnnews.com/news/202107201214176341 (2021.7.20.)

제8장 몽골제국 이후 동·서문명의 언어적 교류와 사전의 형성: 『화이역어(華夷譯語)』와 『라술리드 헥사글롯(Rasūlid Hexaglot)』의 비교를 중심으로 _____ 이광태

『明史』. 北京: 中華書局, 1984.

『明實錄』. 臺北: 中文出版社, 1966.

『大明會典』. 楊州: 廣陵書社, 2007.

곽새라·강은지, "화이역어 페르시아어편 문헌분석의 중요성과 연구 방향성 고찰".『한
국중동학회논총』. 제 38권 제 3호 (2018), pp.225-242.

김민수. "조선관역어고".『일석이희승선생 송수기념 논총』. 서울: 일조각, 1957, pp.95-
138.

김호동.『몽골제국과 세계사의 탄생』. 파주: 돌베개, 2010.

문선규.『조선관역어연구』. 서울: 경인문화사, 1972.

스기야마 마사아키 저, 임대희·김장구·양영우 역.『몽골세계제국』. 서울: 신서원, 1999.

신태현. "화이역어 조선고어략고".『조광(朝光)』 (1940년 7월호).

이기문. "조선관역어의 편찬 년대".『서울대학교 문리대학보』 제 5권 제 1호 (1957년 3
월), pp.10-18.

재닛 아부-루고드 저, 박홍식·이은정 역.『유목민의 눈으로 본 세계사』. 서울: 까치, 2011.

조영헌.『대운하와 중국상인: 회·양 지역 휘주 상인 성장사, 1415~1784』. 서울: 민음사, 2011.

조영헌.『대운하 시대 1415~1784: 중국은 왜 해양 진출을 '주저'했는가?』. 서울: 민음사, 2021.

馬場多聞. "13世紀ラス_ル朝宮廷の食材：インド洋交易との関わりを中心に".『西南アジア研究』. 79號 (2013), pp.40-55.

本田實信.『モンゴル時代史研究』. 東京: 東京大學出版會, 1991.

寺田隆信.『世界航海史上の先驅者: 鄭和』. 東京: 淸水書院, 2017.

石田幹之助. "女眞語研究の新資料".『桑原博士還曆記念東洋史論叢』. 京都: 弘文堂書房, 1931, pp.1271-1323.

栗林 均 編.『『華夷譯語』(甲種本)モンコル語 全單語·語尾索引』. 仙台: 東北大學東北アジア研究センタ_, 2003.

栗山保之.『海と共にある歷史: イエメン海上交流史の研究』. 東京: 中央大學出版社, 2012.

川本邦衛. "「占城國譯語」の成立: 明代言語資料の側面についての覺書".『藝文研究』. Vol. 54 (1989), pp.313(104)-331(86).

馮蒸. "‘華夷譯語’調査記".『文物』. Vol. 297 (1981), pp.57-68.

Allsen, Thomas T. "The Rasûlid Hexaglot in its Eurasian Cultural Context." Peter B. Golden (ed.), Tibor Halasi-Kun, Peter B. Golden, Louis Ligeti and Edmund Schütz (tr.). *The King's Dictionary: The Rasûlid Hexaglot: Fourteenth Century Vocabularies in Arabic, Persian, Turkic, Greek, Armenian and Mongol*. Leiden: Brill, 2000.

Allsen, Thomas T. *Culture and Conquest in Mongol Eurasia*. Cambridge: Cambridge University Press, 2001.

Amitai-Preiss, Reuven and David O. Morgan eds. *The Mongol Empire and its Legacy*. Leiden: Brill, 2000.

Burton, Audrey. *The Bukharans: A Dynastic, Diplomatic and Commercial History 1550-1702*. New York: St. Martin's Press, 1997.

de Rachewiltz, Igor. "Some Remarks on the *Chih-Yüan I-Yü* 至元譯語 Alias *Meng-Ku I-Yü* 蒙古譯語, the First Known Sin-Mongol Glossary." *Acta Orientalia Academiae Scientiarum Hungaricae*. Vol. 59, No. 1 (March 2006), pp.11-28.

di Cosmo, Nicola, Allen J. Frank and Peter B. Golden eds. *The Cambridge History of Inner Asia: The Chinggisid Age*. Cambridge: Cambridge University Press, 2009.

Golden, Peter B. "The World of Rasūlid Hexaglot." Peter B. Golden (ed.), Tibor Halasi-Kun, Peter B. Golden, Louis Ligeti and Edmund Schütz (tr.). *The King's Dictionary: The Rasûlid Hexaglot: Fourteenth Century Vocabularies in Arabic, Persian, Turkic, Greek, Armenian and Mongol*. Leiden: Brill, 2000.

Golden Peter B. ed., Tibor Halasi-Kun, Peter B. Golden, Louis Ligeti and Edmund Schütz tr., *The King's Dictionary: The Rasûlid Hexaglot: Fourteenth Century Vocabularies in Arabic, Persian, Turkic, Greek, Armenian and Mongol*. Leiden: Brill, 2000.

Gupta, Ashin Das. "Indian Merchants and the Western Indian Ocean: The Early Seventeenth Century." *Modern Asian Studies*. Vol. 19, Issue 3 (November 2008), pp.481-499.

Jackson, Peter. "The Dissolution of the Mongol Empire." *Central Asiatic Journal*. Vol. 22, No. 3/4 (1978), pp.186-244.

Jackson, Peter. *The Mongols and the Islamic World: From Conquest to Conversion*. New Haven: Yale University Press, 2017.

Kara, György. "Zhiyuan yiyu. Index alpahbétique des mots mongols," *Acta Orientalia Academiae Scientiarum Hungaricae*, Vol. 44, No. 3 (1990), pp.279-344

Li, Young-Sŏng(이용성). "The Uighur Word Materials in a Manuscript of Hua-yi-yi-yu(華夷譯語) in the Library of Seoul National Univeristy." *Altai Hakpo(알타이 학보)*. Vol.16 (2006), pp.143-176.

Ligeti, Louis. *Monument en écriture 'phags-pa: Pièces de chancellerie en transcription chinoise*. Budapest: Akadémiai Kiadó, 1972.

Ligeti, Louis. "Un vocabulaire sino-mongol des Yuan. Le Tche-yuan yi-yu déchiffré par, édité par G. Kara," *Acta Orientalia Academiae Scientiarum Hungaricae*. Vol. 44, No. 3 (1990), pp.259-277.

Margariti, Roxani E. *Aden and the Indian Ocean Trade: 150 Years in the Life of a Medieval Arabian Port*. Chapel Hill: North Carolina University Press, 2007.

Moule, A. C. and Paul Pelliot eds. *Marco Polo: The Description of the World*. 2 Vols. London: George Routledge and Sons Ltd., 1938.

Nadri, Ghulam ed. *Eighteenth-Century Gujarat: The Dynamics of Its Political Economy, 1750-1800*. Leiden: Brill, 2008.

Ogura Shinpei(小倉進平). "A Corean Vocabulary." *Bulletin of the School of Oriental Studies*. Vol. IV, part I (1926), pp.1-10.

Pelliot, Paul. "Le Ḫōja et le Sayyid Ḥusain de l'Histoire des Ming: Appendice III. Le Sseu-yi-kouan et le Houei-t'ong-kouan." *T'oung-pao*. Vol. 38 (1948), pp.81-292.

Pelliot, Paul. *Notes sur l'histoire de la Horde d'Or*. Paris: Adrien-Maisonneuve, 1949.

Reid, Anthony. "An 'Age of Commerce' in Southeast Asian History." *Modern Asian Studies*. Vol. 24, No. 1 (Feb 1990), pp.1-30.

Rossabi, Morris. *China and Inner Asia: From 1368 to the Present Day*. New York: Pica Press, 1975.

Varisco, Daniel M. and G. R. Smith eds. *The Manuscript of al-Malik al-Afḍal al-'Abbas b. 'Alī Dā'ūd b. Yūsuf b. 'Umar b. 'Alī Ibn Rasūl. A Medieval Arabic Anthology from the Yemen*. Cambridge: Gibb Memorial Trust, 1998.

제9장 한중 문화교류의 매개체로서 중국 애니메이션의 가능성: 〈부니베어: 브램블의 신비한 모험(熊出没之雪岭熊风)〉을 중심으로 _____ 정원대

김경애, "애니메이션에 표현된 토테미즘 : 애니메이션 〈곰이 되고 싶어요〉를 중심으로", 『디지털디자인학연구』 제7권 제2호, (2007).

김규원, "문화교류, 어떻게 할 것인가", 『충북 Issue & Trend』 19호, (2015).

김관웅, "고조선(古朝鮮)의 단군신화(檀君神話)와 동이문화(東夷文化)의 련관성(聯慣性) -곰 토템 숭배를 주축으로 한 신화전설을 중심으로-", 『淵民學志』 제15권, (2011).

김재희, "유라시아 곰 신앙과 단군신화의 쑥과 마늘을 통해 본 웅녀의 재해석", 『한국민속학』 제67집, (2018).

김하림, "《木蘭詩》에서 애니메이션 《뮬란(MULAN)》으로", 『중국인문과학』 제43집, (2009).

곽진석, "시베리아 만주-퉁구스족 곰 신화의 양상과 유형에 대한 연구", 『동북아문화연구』 제26집, (2011).

류경아, "원형신화를 모티브로 한 애니메이션 스토리텔링 기법 연구-이성강 감독의 오늘이를 중심으로", 『만화애니메이션연구』 통권 제44호, (2016).

박명진·심우일, "색계에 나타난 젠더와 내셔널리즘 연구", 『어문론집』 제39집, (2008).

신지현, "한국을 떠나는 여성-청년들 : 경계를 넘는 초국가적 이동 주체", 『미디어, 젠더 & 문화』 제36권 제3호, (2021).

안정아, "중국 80-90后와 외국 대중문화의 선택적 수용- 베이징 사례", 『한국콘텐츠학회논문지』 제14권 6호, (2014).

이종현, "얼굴 미학을 통한 트랜스 아이덴티티의 표상 : 영화 〈죽여주는 여자〉를 중심으로", 『영화연구』 제72호, (2017).

임대근, "'트랜스 아이덴티티'의 개념과 유형: 캐릭터, 스토리텔링, 담론", 『외국문학연구』 제62권, 외국문학연구소, (2016).

정원대, "〈나타지마동강세(哪吒之魔童降世)〉의 트랜스아이덴티티적대자 캐릭터를 중심으로 -”,『문화와 융합』 통권 86호, (2021).

정원대, “한중 문화교류의 매개체로서의 〈나의 붉은 고래(大鱼海棠)〉”,『애니메이션연구』 제17권 4호, (2021).

정원대·임대근, “〈센과 치히로의 행방불명〉의 캐릭터 분석 : 주인공의 정체성 분석을 중심으로”,『인문콘텐츠』 통권 제45호, 인문콘텐츠학회, (2017).

정재서, “오래된 미래, 동아시아 문화공동체를 향하여 - 한중 문화갈등의 극복 방안”,『中國語文學誌』 제37집, (2011).

조미라, “애니메이션의 변신(變身) 모티프 연구”,『만화애니메이션 연구』 통권 제11호, 한국만화애니메이션학회, (2007).

조윤경, “동북아시아 곰신화 곰전설의 연관성에 관한 연구 -중국 어룬춘족어원커족의 기원신화와 한국 전설을 중심으로”,『동북아 문화연구』 제28집, (2011).

표정옥, “동화와 애니메이션에 재현된 ‘곰’의 신화적 상상력 연구 - 동, 서양 ‘곰’ 신화의 기호학적 비교연구를 통하여 -”,『동화와 번역』 제14호, (2007).

헤럴드경제, “갓은 중국이 원조” 中 배우 황당 주장, http://news.heraldcorp.com/view.php?ud=20211207000571, 2021.12.07.

Erikson, E. H. “The problem of ego identity”, *Routledge for the Institute of Psycho-Analysis*, (1956).

Paull Wells, 한창완 옮김,『애니마톨로지@애니메이션 이론의 이해와 적용』, (서울:한울, 2001).

董静·丁萍, 《熊出没之雪岭熊风》的叙事策略探析”,『现代商贸工业』 第14期, (2017).

제10장 중국 공공외교:
코로나19 이후 보건외교를 중심으로 _____ 정태요, 전세영

김철민, “서부 발칸의 ‘코로나 19’대응 특징과 중국 ‘코로나 외교’에 관한 연구: 크로아티아, 세르비아 간 상호비교를 중심으로”,『EU연구』 2020년 제56호.

김흥규,『시진핑 시기 중국 외교안보』, (서울: 동아시아재단, 2015).

도윤주, "중국의 문명굴기 – 중국의 문화외교를 중심으로", 『중국학논총』, 제56집 (2017).

신상범, "공공외교의 관점에서 본 한국 보건외교 현황과 과제", 『아세아연구』, 제62권 3호, 2019.

이교덕, 이기현, 전병곤, 신상진, 『중국의 對한국 통일 공공외교 실태』, 통일연구원 경제·인문사회연구회 협동연구총서, (서울: 통일연구원, 2012).

이원준, "중국의 외교정책과 공공외교 – 중국 공공외교의 한계와 도전", 「사회과학연구논총」, 2010.

이희옥, "중국공공외교의 확산: 체계와 목표", 『중국학연구』 제54집, 2010.

자오치정, 「민간외교에서 공공외교로」, 『외교평론』, 제5기, 2009, p.2.

채하연, "중국의 소프트파워로서 공자콘텐츠의 전개현황 및 의의", 『유교사상문화연구』, 제33집(2008).

표나리, "공공외교 관점에서 본 코로나19정세 下 중국의 보건외교", IFANS 주요국제문제분석 49호, 국립외교원 외교안보연구소, 2020.

KIEP 세계경제포커스, 「인도와 중국의 코로나 19 백신 개발 및 외교동향과 시사점」 2021.3.8.

Dale, Helle C·Cohen, Ariel·Smith, Janice A. "Challenging America: How Russia, China and Other Countries Use Public Diplomacy to Compete with the U.S.", *BACKGROUNDER* No. 2698, 2012.

Zhao Kejin, "The Motivation Behind China's Public Diplomacy", *The Chinese Journal of International Politics,* 2015.

高辉, "习近平与中国特色公共外交", 『党政论坛』, 第9期, 2018.

「国家卫生计生委关于推进"一带一路"卫生交流合作三年实施方案(2015-2017)」,

任晶晶, 「疫情影响下的中国外交：凝聚全球共识, 推动国际合作」, 『东北亚学刊』, 2020.

王莉丽, "从'智库公共外交'看智库多元化功能", 『中国社会科学报』 第4期, 2014.

중앙일보

조선비즈

人民网

新华网

中国政府网

孔子学院

북방 문화의 갈등과 통합

초판인쇄 2022년 2월 28일
초판발행 2022년 2월 28일

지은이 정기웅, 김진형, 이은경, 송병준, 윤지환, 박근찬,
       강준영, 정보은, 이광태, 정원대, 정태요, 전세영
펴낸이 채종준
펴낸곳 한국학술정보(주)
주 소 경기도 파주시 회동길 230(문발동)
전 화 031-908-3181(대표)
팩 스 031-908-3189
홈페이지 http://ebook.kstudy.com
E-mail 출판사업부 publish@kstudy.com
출판신고 2003년 9월 25일 제406-2003-000012호

ISBN 979-11-6801-409-1 93340